■ **国家自然科学基金项目**
　　"基于人车环境动态数据协同推演的汽车驾驶倾向性辨识方法研究"
　　（NO: 61074140）

■ **山东省自然科学基金项目**
　　"适应驾驶倾向性的汽车纵向防撞预警技术研究"（NO: ZR2011EEM034）
　　"基于交通态势评估的道路安全推理研究"（NO: ZR2010FM007）

道路交通运输规划与管理丛书

基于动态人车环境协同推演的汽车驾驶倾向性辨识

王晓原　张敬磊　Xuegang(Jeff) Ban　◎著

科学出版社

北京

内 容 简 介

本书是作者在驾驶员行为、意识及情感计算领域多年研究成果的系统总结。在全面总结国内外相关研究现状及发展趋势的基础上，本书着重介绍作者在这一领域的最新研究成果，主要包括：汽车驾驶倾向性综合评判方法、基于动态车路协同推演的汽车驾驶倾向性辨识模型及计算方法、基于人车环境动态数据协同推演的汽车驾驶倾向性特征提取及辨识。

本书可以为交通运输工程、控制科学与工程、系统科学与工程、车辆工程及智能科学等多学科交叉领域从事驾驶员行为、意识及情感研究的相关专业技术人员提供参考，也可以作为相关专业的研究生和高年级本科生教材。本书给出的大量参考文献可供希望进一步深入了解本书内容的读者查阅。

图书在版编目(CIP)数据

基于动态人车环境协同推演的汽车驾驶倾向性辨识／王晓原等著.
—北京：科学出版社，2013
　(道路交通运输规划与管理丛书)
　ISBN 978-7-03-038071-5

Ⅰ.①基… Ⅱ.①王… Ⅲ.①汽车驾驶–研究 Ⅳ①U471.1

中国版本图书馆 CIP 数据核字（2013）第 142486 号

责任编辑：林　剑／责任校对：胡小洁
责任印制：赵　博／封面设计：耕者设计工作室

科 学 出 版 社 出版
北京东黄城根北街 16 号
邮政编码：100717
http://www.sciencep.com

北京科印技术咨询服务有限公司数码印刷分部印刷

科学出版社发行　各地新华书店经销

＊

2013 年 6 月第　一　版　开本：720×1000 1/16
2025 年 4 月第三次印刷　印张：19 3/4
字数：393 000

定价：98.00 元
（如有印装质量问题，我社负责调换）

前　言

不同驾驶倾向性的汽车操控主体，在相同交通态势下行为表现往往大相径庭，因此把驾驶倾向性引入汽车安全驾驶预警系统有重要意义。当前，对驾驶倾向性的认识，多停留在交通安全领域普通心理学研究的宏观层面，微观层面特别是对其在识别车路环境中的作用机理、演化特点、表征方式和识别方法还不十分清楚。本书以驾驶倾向性为对象，综合考虑其与驾驶员行为序贯活动、车辆状态、行驶环境之间的影响，采用心理测量、模拟驾驶、计算机仿真、道路实验等手段系统研究。本书研究借鉴情感计算思想，利用人-车-环境动态数据协同推理，对个体驾驶倾向性进行剖析，在学术上可促进人工智能与交通安全交叉，在应用上可避免信息不全，为"以人为中心"基于驾驶倾向性识别的个性汽车安全驾驶预警系统提供新思路和理论依据。

多年来，作者所在的研究团队一直围绕驾驶员行为与安全等 ITS 重点研究课题，致力于驾驶员行为、意识与情感计算等方面的探索性研究，取得了一些研究进展，并整理汇集到此书之中，与读者共享研究成果。

全书共 14 章，主体内容分为三篇。第 1 章 绪论，主要介绍了本书内容的研究背景；第一篇（第 2 章~第 5 章），主要介绍了汽车驾驶倾向性综合评判方法；第二篇（第 6 章~第 10 章），主要介绍了基于动态车路协同推演的汽车驾驶倾向性辨识模型及计算方法；第三篇（第 11 章~第 14 章），主要介绍了基于人车环境动态数据协同推演的汽车驾驶倾向性特征提取及辨识。

全书由王晓原、张敬磊、Xuegang（Jeff）Ban 执笔统稿，宋以庆、张元元、刘金分别参与了第一、第二、第三篇的研究工作或资料整理工作。在前期资料收集及整理、数据调查及实验过程中，吴磊、杨新月、陈绍志、吕丹丹、王国玲、马丽云、董成国、王晓龙、王广艳、王梦莎、张小梅、王克刚等做了大量艰苦但富有成效的工作。研究及交流过程中，美国伦斯勒理工大学（Rensselaer Polytechnic Institute，RPI）土木、交通运输及环境工程研究中心（Center for Infrastructure，Transportation，and the Environment）的 Jose Holguin-Veras 教授、John M Reilly 教授、Xiaokun（Cara）Wang 教授，博士研究生郝鹏、孙湛博、马睿、Eric Richardson、杨霞等，北京理工大学王武宏教授，武汉理工大学吴超仲教授，中南大学冯芬玲副教授，山东理工大学交通与车辆工程学院院长任传波教授，副院

— i —

长高松教授、程成教授，交通运输工程系主任谭德荣教授、李瑞先副教授等及交通工程系主任宇仁德副教授、曹凯副教授、刘秀清副教授等，北京市公安局公安交通管理局丁振警官、王荣彬警官等，均给予了大量富有建设性的意见和各种无私帮助。

在本书的编写过程中，我们得到了多方的支持，并受到国家自然科学基金（项目编号：61074140）、山东省自然科学基金（项目编号：ZR2011EEM034、ZR2010FM007）、山东省重点学科（实验室）优秀骨干教师国际交流项目以及山东理工大学青年教师发展支持计划的资助，在此一并深表感谢！

由于作者的水平与对驾驶员行为的研究有限，书中肯定有不少的缺点与疏漏之处，敬请读者批评指正。

作　者

2013 年 2 月

目　　录

第一篇　汽车驾驶倾向性综合评判方法

第二篇　基于动态车路协同推演的汽车驾驶倾向性辨识模型及计算方法

第三篇　基于人车环境动态数据协同推演的
汽车驾驶倾向性特征提取及辨识

1 绪　　论

1.1　研究背景与意义

汽车作为主要的交通工具，给人们出行带来了极大的方便，但同时也带来了交通安全问题。统计表明，我国道路交通事故死亡人数仅次于美国，居世界第 2 位，而万人死亡率则居世界第 1 位。随着城市化进程和车辆的普及，交通运输问题日益严重，道路交通事故近年来虽有所下降，但交通环境恶化趋势没有根本解决。图 1-1 列出了 2001~2011 年我国公路交通事故的相关统计数据。

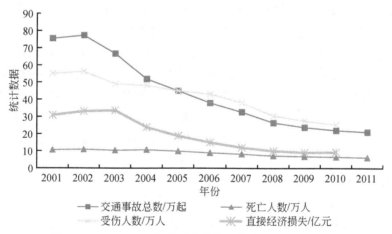

图 1-1　2001~2011 年我国公路交通事故的相关统计数据

在人-车-路-环境组成的交通系统中，哪一个环节出现了问题，都有可能发生影响交通安全的事故。对汽车交通事故的分析结果表明，在所发生的交通事故中，人为因素对交通事故的影响高达 90% 以上，其中由于驾驶员原因引起的交通事故占 70% 以上。在影响交通安全的因素中，驾驶员自身的内在因素是造成交通事故的主要因素之一，而车-路-环境通过人——驾驶员同时影响交通安全。控制驾驶员行为依旧是提高汽车行驶安全的主要因素。

根据国内外一些学者的研究，驾驶员的生理-心理特性与交通安全是密切相关的，其中心理特性是比生理特性更重要的影响驾驶员行为的因素。驾驶员的生理-心理特性包括性别、年龄、驾龄、行车经验、个性、驾驶倾向性等指标，并且性别、年龄、驾龄、行车经验及个性的差异所导致的驾驶行为差异，通常都可以归纳反映到驾驶倾向性差异上。因此，驾驶员生理-心理特性对交通安全的影响主要表现在驾驶倾向性的影响上。

德国奔驰公司的专家们在对各类交通事故进行系统研究分析后得出：若驾驶员能在事故发生前提早 1 秒钟意识到会有交通事故发生，并采取相应的正确措施，则绝大多数事故都可能避免。因此，大力研究开发主动式汽车安全技术，减少驾驶员的负担和判断错误，对于提高交通安全将起到重要作用。但是，由于驾驶过程是一个高度智能化的过程，尽管学术界对汽车自动驾驶的研究投入了大量的精力，但尚不能建立一个确定的模型以全面真实地反映驾驶过程，因此，目前还不能依赖现有自动驾驶技术的某些功能来避免交通事故。汽车安全驾驶预警系统是目前预防人为交通事故最为行之有效的技术设施，对改善交通安全起到了重要的作用，成为学术界研究的热点。

现有的汽车安全驾驶预警系统存在不足。目前，国内外汽车安全驾驶预警系统研究主要集中在环境信息感知、安全距离判别和预警方式等方面，开发出了多种安全辅助驾驶警告系统，典型的安全警告系统的结构如图1-2所示。这些系统对驾驶员预警起到了一定的作用，但是作为汽车安全驾驶预警系统的核心部分——碰撞预警算法，由于其中的态势评估和意图辨识忽略了驾驶员心理生理特性的影响，预警的有效性和准确性不高，易产生误报现象。例如，针对驾驶倾向性偏于迟钝的驾驶者，当前方障碍物距离低于通常意义上的安全距离时再发出警报，虽然其可能具有减速意图，但由于其反应的迟滞性，可能为时已晚，预警无效；而对于驾驶倾向性偏于兴奋的驾驶者则正好反之，虽然前方障碍物开始接近安全距离，但由于驾驶员反应灵敏，其期望间距往往低于通常意义上的安全间距，过早报警往往属于误报。另外，兴奋型的驾驶员出于利益考虑常频于换道，若单纯考虑车道偏离现象而不充分考虑驾驶员倾向性等更为本源的问题，就容易频发误报。频繁的误报严重时会使驾驶员分神或精神紧张，导致本可避免的道路交通事故却意外发生的现象出现。产生这种现象的根本原因是系统在态势评估和意图辨识中没能识别驾驶员倾向性，预警系统对不同驾驶员在相同环境中的差异性缺乏认知。再一方面，即使是同一驾驶员，其倾向性当处于不同行驶环境中时也表现出较大的差异。例如，平时驾驶倾向偏于普通型的驾驶员，在车流密度较大且交通流构成复杂时可能表现出兴奋型驾驶员的特性；而车流密度较小且交通流构成简单时又可能出现偏安静型驾驶员的特征。因此，系统在态势评估和意图辨识中必须具备动态识别驾驶员倾向性及其演化规律的能力，避免误报。由此可见，忽略驾驶员倾向性的预警，是在信息不全的基础上做出的判断，准确性和可靠性不高，预警效果绝非最优。

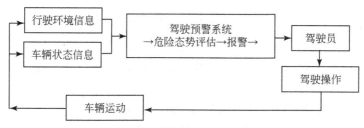

图 1-2 典型的安全警告系统的结构

如果把驾驶员特性中反映驾驶员个体差异的驾驶倾向性引入到汽车安全驾驶预警系统中（图 1-3），就可以利用预先采集的驾驶员行为、车辆状态和行驶环境历史数据（即人车环境动态数据）建立驾驶倾向性指标体系和辨识模型，然后利用辨识模型识别驾驶员的类型，并针对不同类型的驾驶员建立个性化驾驶预警系统。此预警系统能在驾驶员采用异于常态的驾驶行为时进行预警，并在不同驾驶倾向性间转换时进行不同程度的预警，能进一步提高安全预警系统的准确性和可靠性。因此，汽车主动安全技术研究应当"以人为中心"，把驾驶倾向性引入汽车安全驾驶预警系统。研究驾驶倾向性的机理、表征及动态测度及辨识方法具有非常重要的意义。

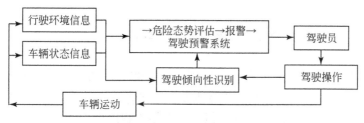

图 1-3 引入驾驶倾向性的汽车安全驾驶预警系统

然而，目前对驾驶员倾向性机理的认识还不十分清楚。以往这方面的研究多集中于从相对静态和宏观角度出发的驾驶员心理特性测量和对交通安全的影响。既没有考虑行驶环境，也没有考虑车辆运动和驾驶行为的历史序列。对驾驶倾向性的动态测度、表征方法和在线识别等方面的研究还尚未发现。如果从驾驶倾向性演化机理、特征提取、筛选及测度方法入手，研究驾驶倾向性的动态辨识方法，就可以根据不同驾驶倾向性进行不同的意图识别和态势评估并短时预测驾驶员的下一步行为，大大提高预警的有效性和准确性。

1.2　国内外研究现状分析

驾驶倾向性的辨识属于人工心理、情感辨识范畴。本研究借鉴人工心理和情感计算的理论和方法，研究利用人车环境在线动态数据，识别驾驶员的驾驶倾向性，赋予汽车安全驾驶预警系统更多的情感智慧，以提高预警的准确性和可靠性。

人工心理学是利用信息科学的手段，对人的心理活动（着重人的情感意志、性格、创造）更全面内容的再一次人工机器（计算机、模型算法等）实现。人工心理学以人工智能现有理论和方法为基础，是对人工智能的继承与发展，是人工智能的高级阶段，是自动化乃至信息科学的全新研究领域，它的研究大大促进了拟人控制理论、情感计算机、人性化的商品设计和市场开发等方面的进展。人工情感（artificial emotion）是利用信息科学的手段对人类情感过程进行模拟、识别和理解，使机器能够产生类人情感并与人类自然和谐进行人机交互的研究领域。所谓情感计算就是试图赋予计算机像人一样的观察、理解和生成各种情感特征的能力。情感计算研究就是试图创建一种能感知、识别和理解人的情感，并能针对人的情感做出智能、灵敏、友好反应的计算机系统。目前国内外与情感计算相关的研究主要包括心理、情感与行为机理、情感状态辨识方法及在各个领域的应用等方面。

1.2.1　人工心理、情感与行为机理

人工智能发展到今天，人们意识到单纯的逻辑推理无法适应复杂多变的环境。对照人类的决策过程，可以发现人脑在记忆力、计算速度等方面远逊色于计算机，却能在短时间内做出最佳决策。这在很大程度上得益于人类情感的参与。这也印证了人工智能的奠基人之一 Minsky 所说的，没有情感的机器怎么能是智能的？计算机如具有情感，无疑将大大提高其决策速度和效率。有了情感的指引，决策过程将具有更加明确的目的性和方向性，而不是在庞大的求解空间中盲目地尝试。此外，情感计算机将具有更大的自主性，在遇到突发事件时，能自动地调整算法或行为，从而主动地、创造性地完成任务。通过情感记忆库，计算机还将能够及时总结经验教训，逐步具备自主学习的能力。情感计算的研究无疑将为人工智能的发展提供一条新的途径。

人工情感主要是情感计算方面的研究，而人工心理内容包括人工情感、人工意识及认知与情绪的人工数字化技术。应该说，人工情感是人工心理的一个主要

研究内容。心理学家认为，人工智能下一个重大突破性的发展可能来自于与其说赋予机器更多的逻辑智能，倒不如说赋予计算机更多的情感智能。人工情感是在人工智能理论框架下的一个质的进步。因为从广度上讲它扩展并包容了情感智能，从深度上讲情感智能在人类智能思维与反应中体现了一种更高层次的智能。

日本从 20 世纪 90 年代就开始了感性工学（kansei engineering）的研究。按照他们的定义，所谓感性工学，就是将感性与工程结合起来，在感性科学的基础上，通过分析人类的感性，把人的感性情感加入到商品设计和制造中去。它是一门从工程学的角度实现给人类带来喜悦和满足的商品制造的技术科学。日本已经形成了举国研究感性工学的高潮。1996 年日本文部省以国家重点基金的方式开始支持"情感信息的信息学、心理学研究"的重大研究课题，参加该项目的有十几个大学和研究单位，日本每年都有全国性的感性工学大会召开。与此同时，一向注重经济利益的日本，在感性工学产业化方面取得了很大成功。日本各大公司竞相开发、研究和生产了所谓的个人机器人（personal robot）产品系列，其中以SONY 公司的 AIBO 机器狗（已经生产 6 万只，获益近 10 亿美元）和 QRIO 型情感机器人及 SDR24X 型情感机器人为典型代表。可以说，日本在人工情绪技术的应用方面是领先全世界的。

欧盟国家也在积极地对情感信息处理技术（表情识别、情感信息测量、可穿戴计算等）进行研究。欧洲许多大学成立了情感与智能关系的研究小组，其中比较著名的有：日内瓦大学 Klaus Scherer 领导的情绪研究实验室、布鲁塞尔自由大学 D. Canamero 领导的情绪机器人研究小组以及英国伯明翰大学的 A. Sloman 领导的认知与情感项目（Cognition and Affect Project）。A. Sloman 教授提出了情感三层体系结构认知情感体系（cogAff agent architecture），其目的是探讨情感与认知的相互作用。

我国对人工情感的研究始于 20 世纪 90 年代，大部分研究工作针对人工情感单元理论与技术实现。哈尔滨工业大学研究了多功能感知机，主要包括表情识别、人脸识别、人脸检测与跟踪、手语识别、手语合成、表情合成、唇读等内容，并与海尔公司合作研究服务机器人。清华大学研究了基于人工情感的机器人控制体系结构。北京交通大学进行多功能感知机同情感计算的融合研究。中国科学院自动化研究所主要研究基于生物特征的身份验证。中科院心理学所、生物所主要侧重于情绪心理学与生理学关系的研究。中国科技大学开展了基于内容的交互式感性图像检索的研究。中国科学院软件所主要研究智能用户界面。浙江大学研究 E-Teatrix 中虚拟人物及情绪系统构造。

1.2.2　心理、情感辨识方法

情感计算本质是一个典型的模式识别问题。智能机器通过多种传感器，获取人的表情、姿态、手势、语音、语调、血压、心率等各种数据，结合当时的环境、语境、情境等信息，识别和理解人的情感。在实际的自然交互系统中，智能机器还需要对上述信息做出及时的、恰当的、情感化的反应。

人工心理及人工情感的应用涉及各行各业（如人文艺术、商业、经济、体育、教育、娱乐、卫生、健康、科学等）。Picard 教授在 MIT（Massachusetts Institute of Technology）的技术报告中至少给出了约 50 种应用，如情感饰物（饰物中设计有传感器，可以随时获取当事人的情感信息，根据情感信息产生相应的反应）、情商（相对于智商，情商可能有着更重要的意义，通过情感计算机可以研究有关人类情商的有关问题）、情感教学（教者可根据学者的情感变化，适当调整自己的状态和方法，使教学质量达到最佳）、司机的情感监测（通过监测司机情感的变化，可时刻提醒司机，并可根据结果自动控制）、情感 CD（当人高兴时，它会自动播放快乐的曲子，并可根据自己的口味，自动选曲）、情感玩具（根据人们的态度，玩具自动产生相应情感的变化）、情感地毯（可根据脚的压力自动生成各种音乐等）、情感眼镜、情感鼠标、虚拟现实中的情感真实再现等。

1. 商品推荐系统中消费者心理辨识方法

互联网的飞速发展和广泛应用，刺激了人们对推荐信息的需求。推荐系统应运而生，减轻了信息过量对人们的威胁。目前，个性化已经成为一种发展趋势，而能使网站更具个性化的推荐系统也将逐渐成为一种必需的网上服务。

德国 Mehrdad Jalali-Soli 等在 2001 年提出了基于 EMBASSI 系统的多模型购物助手。EMBASSI 是由德国教育及研究部（Bunclesministerium für Bildung und Forschung，BMBF）资助并由 20 多个大学和公司共同参与的、以考虑消费者心理和环境需求为研究目标的网络型电子商务系统，其目标是研究如何满足用户购物的预需求，多模型购物助手能够简单有效地实现用户的需求。该系统考虑了用户购物过程中的心理和环境影响因素。Volker Roth 等在 2000 年提出了基于移动智能体（agent）的网络个人商业助手模型，该模型描述了移动智能体服务器（mobile agent server，MAS）结构，其目标主要是代替用户从事高层次购物活动，如为生日晚会备办食物等。

国内这一领域在慢慢展开，浙江大学 2002 年开发的建立在多个服务器基础上的 EasyMall 系统，利用 Blaxxun 实现顾客与虚拟环境的交互，该系统利用虚拟现实建模语言（VRML）、Java3d、扩展性标示语言（XML）及计算机网络技术来实现多用户的交互式虚拟环境，在这个环境中，每个顾客都有自己的用户化身，可以自由地和其他的用户化身、商城中的商品及智能体交流。王志良等（2001）应用人工心理理论，对人性化商品设计开发及商品选购中的重要因素——消费者心理进行研究，构建了考虑消费者心理的数学模型，并编制了基于这个模型的商品选购专家系统。谷学静等（2006）提出了基于数量化 I 类理论的人工心理模型的建模方法，并介绍了该模型在个性化商品推荐系统中的应用。

2. 远程教育领域中学生情感辨识方法

随着计算机技术的迅速发展和网络的普及，现代化服务业尤其是创新型服务业已成为经济增长的重要动力和现代化的重要标志。现代远程教育（E-learning 系统）作为创新型服务业中具有代表性的一类服务业态，得到越来越多人的关注，并且取得了一定的发展；然而当前的各类现代远程教育系统缺乏教师与学生的情感互动，教师无法针对学习者的学习情况因材施教，系统也没有充分考虑教学环节中教学双方的情绪状态对教学的影响。马希荣等（2007）将 E-Learning 系统和情感计算结合在一起，提出了一个基于情感计算的 E-Learning 系统模型，旨在有效解决 E-Learning 系统中情感交流匮乏的问题。解迎刚、王志良于 2008 年结合 Agent 技术、情绪心理学相关理论，设计了一个基于 Agent 技术的 E-Learning 系统，以个性化教学、情感交互及人性化智能交互为核心，实现了现代远程教育过程的个性化、人性化和智能化。侯凤芝等（2008）在分析适应性学习理论及网络学习适应性现状的基础上，构建了一个基于情感计算的适应性网络学习系统模型，并对系统的用户登录模块、情感交互模块、评价模块、适应性学习过程模块及数据库模块进行了研究，以期解决传统适应性网络学习系统的情感缺失问题。

1.2.3 驾驶倾向性辨识方法

驾驶倾向性反映的是时变动态环境中汽车操作者的心理情感状态，无法直接精确测量而只能根据驾驶过程中的间接信息进行推测，因此是交通安全研究领域中的一个难点。以往的研究主要集中在驾驶员意图的辨识、驾驶员性格分析及驾驶行为的预测上，绝大部分没有涉及时变条件下的驾驶员个性、心理、情感等及其演化规律，特别是利用时变条件下的人车环境数据对其动态量化计算等深层次的内容。

例如在驾驶员意图的辨识方面，瑞典学者 Gunnarsson 将驾驶意图与车载信息系统采集得到的车辆轨迹相结合并设计了一种新的预警模型，运用该模型的车辆主动安全系统，可实时预测发生交通事故时车辆周边交通状况（Gunnarsson et al., 2006）。希腊学者 Tsogas 应用 D-S 证据理论研究驾驶员在驾车过程中的决策类型，并通过调查驾驶员的真实意图来优化模型的意图识别能力（Tsogas et al., 2007）。Taha 等（2007）使用部分可观性马尔可夫决策过程（partially observable Markov decision processes, POMDPs）来进行大范围的操作者意图识别并将其应用到新型辅助轮椅驾驶系统中。其他学者如美国加利福尼亚大学圣迭戈分校 Trivedi（2007）、Cheng（2006）、我国学者宗长富等（2009）也从其他多个角度对驾驶员意图进行了分析；在驾驶员性格分析方面，韩国学者 Ko Joonho 等（2010）利用配备 GPS 的车辆对加速噪音条件下的驾驶员心理特性进行了分析，日本学者 Cheng Bo 等（2005）对跟车条件下的驾驶员性格特性进行了研究，瑞典学者 Brundell-Freij Karin 等（2005）从影响城市驾驶模式角度对驾驶员性格特性进行了分析，我国姚佼、杨晓光利用实验平台对驾驶员在交叉口的性格特性进行了研究；在驾驶员行为预测方面，日本学者 Kishimoto Yoshifumi 等利用驾驶员先前动作数据对其未来的行为进行了预测分析，Amata Hideomi 等利用交通状态与驾驶员类型对驾驶员未来的行为进行了预测研究，Kumagai Toru 等利用动态贝叶斯网络对驾驶员将来的行为进行了预测分析，我国学者吴超仲、王晓原等也从不同角度对驾驶员行为特性进行了研究。

情感是人类具有智能的一个重要体现，然而如何通过情感来提高 Agent 的智能性已成为亟待解决的关键问题。余腊生和何满庆（2009）在综述跟驰模型研究的基础上，对司机驾驶行为中与人的因素有关的经典模型及其研究进展进行评述，提出未来智能交通流中应充分考虑司机情感对智能车辆建模与仿真的影响，以期正确地揭示出交通流的特性和本质。以上研究成果为未来获取驾驶员倾向性（心理、情感）方法奠定了一定基础。

1. 驾驶倾向性机理研究

通过对汽车道路驾驶过程的观测，对实时录像的车辆运动状态、车内驾驶行为、车外动态道路环境进行分析。开展室内模拟器驾驶和道路实车实验，结合对驾驶员的心理学测试，以及外生、内生环境变量下驾驶员生理、心理特征等交通心理学、工程心理学的已有研究成果，对驾驶倾向性的机理进行解析，研究不同类型的驾驶员所对应的驾驶倾向性指标及特点，定义各种驾驶倾向性的内涵及判定法则，并进一步解剖相同驾驶倾向性在不同车路环境匹配条件下特征指标的演化规律及触发的外部条件与内部关联。

此部分将开展四类实验：

（1）心理学测试实验。采用典型的心理测量方式，对相关人员进行测试并统计分析结果，并与实车道路驾驶实验、室内模拟器驾驶实验进行比照、分析。

（2）驾驶行为实际观测及数据分析。利用淄博市关键路段及交叉口的摄像装备实时获取并存储车辆交通流信息。对数据进行定量分析，运用统计分析方法研究车辆换道、转弯、加速、减速、停车、拐弯等规律，并与实车道路驾驶实验相配合、协同。

（3）室内模拟驾驶实验。利用汽车驾驶模拟器全面采集环境信息、车辆运动信息（位移、速度、加速度等）、驾驶操作信息（加速、减速、停车、换道、转弯等），并对实验过程进行录像。实验结束后对照实验录像核实，并与实验数据进行对比分析。

（4）实车道路驾驶实验。开展道路实车实验（配备摄像机、GPS 定位系统、测距雷达等，可以采集车内、外环境信息，车辆运动状态信息、驾驶操作信息等），采集实验数据，并对实验过程进行录像，实验结束后对照实验录像核实，与实验数据进行对比分析。

2. 驾驶倾向性特征提取及筛选

首先，深入分析并提取出驾驶员行为信息、车辆状态信息与道路环境信息三类信息的全部特征。驾驶员行为信息包括加速、减速、停车、换道、转弯等特征；车辆状态信息包括位移、速度、加速度等特征；道路环境信息包括车外运动目标与目标车构成的态势特征及交通环境特征。

其次，利用主因子分析法、灰色关联度分析法、正交实验等传统方法分析各特征的贡献率，根据序列曲线几何形状的相似程度来判断其联系是否紧密，缩小特征范围，并通过大量的数据样本，运用经典的非线性分类器产生错误概率，利用免疫优化、集群智能等算法来进行优化，最终选择出合理的特征向量，剔除信息冗余的特征组合。

本部分将进一步深入开展室内模拟驾驶实验和道路驾驶实验。

3. 驾驶倾向性相关信息的获取及预处理技术

根据筛选出的表征驾驶倾向性的特征向量，确定信息获取的方式。对各特征的序列长度进行优化，并根据其时域和频域特性确定最佳采样周期和频率。对采集信息进行滤波、降噪、二值化和尺寸标准化等预处理，考虑引入概率密度核窗方法、小波变换方法等对构建驾驶倾向性识别的信号进行多尺度细化分析。

4. 驾驶倾向性辨识模型的构建及算法实现

决策树方法能融知识获取与表示于一身，简单直观、便于人类专家检验，因此本研究主要采用决策树方法。在此基础上，将其与模板匹配推理相结合，以优化算法可靠性。首先通过室内驾驶模拟实验和道路实车实验，获取大量数据样本，建立冷静型（偏安全型）、一般型和冲动型（偏兴奋型）等典型驾驶倾向性的模式串；其次定义一种合理的测度和代价来测试参考模式与测试模式之间的距离或贴近度，每个参考模式和测试模式都由测度参数的序列（串）表示，然后搜索出最佳匹配。由于驾驶倾向性识别的实时性要求高，因此对搜索算法的性能要求比较高。本研究拟运用免疫优化算法、量子进化算法、粒子群算法和遗传算法相结合的方法提高搜索性能。

目前，用于研究知识获取与表示的方法主要有模糊理论、专家系统、Petri网、人工神经网络等人工智能方法。其中，模糊理论和专家系统采用基于规则的知识表示方法，简单、直观；Petri网以图的形式表示知识，所表示的知识简单明了，有较高的推理速度；人工神经网络能融知识获取与表示于一身，能实现知识的自动获取。这些建模方法也可以用来进行驾驶倾向性识别。本项目也研究这些传统方法在驾驶倾向性识别中的应用，并和基于量子进化、粒子群等方法搜索的模式匹配方法进行比较研究，提出新的融合各自优势的驾驶倾向性识别模型。

考虑到驾驶个体的差异，不能用统一的模型对驾驶倾向性进行识别。因此必须引入支持向量机和投影寻踪、概率密度核函数等非参数统计在线学习方法。例如，支持向量机方法采用结构风险最小化原则代替传统机器学习方法中的经验风险最小化原则，这在解决小样本、非线性及高维模式识别问题中表现出许多特有的优势。因此，本研究拟运用这些方法实现在线学习。

5. 室内模拟实验验证与评价

在汽车驾驶模拟器上设计多种典型交通场景，特定车路环境匹配组合下，选择不同类型的驾驶员进行驾驶模拟实验。在实验过程中要求存储实验数据并全程录像。实验结束后，利用模型实时计算出的驾驶倾向性，并与利用心理学测试得到的驾驶员性格、气质特征进行对比分析，修正相应的模型参数，为道路实车实验奠定基础。

6. 道路驾驶实验验证与评价

选择淄博市内典型路段，收集其道路条件和交通条件、环境条件资料，然后进行道路实验。选择不同类型的驾驶员，分车型、分时间、分速度高低等进行实验，存储实验数据并全程录像。实验结束后，对照录像和收集整理的其他数据，实时计算出驾驶员倾向性，并与驾驶员性格、气质真实特征对比核实，以确定模型识别的有效性和可靠性，并以此为依据修正模型参数，形成最终的汽车驾驶倾向性识别理论、方法及模型。

7. 计算机仿真实验

根据道路实验情况构建交通流仿真微观模型，选择输入不同驾驶倾向性，将模拟出的交通流宏观规律（如流量、密度、换道次数等）和微观规律（如速度、位移等）与道路实验情况相对比，进行驾驶倾向性推理效果的验证。

1.3   研究技术路线

本书主采用理论方法研究与试验相结合的技术路线。通过调研收集资料，在观测实验、模拟驾驶和实车实验的基础上进行驾驶倾向性特征提取和筛选，结合上述理论方法对驾驶倾向性进行建模，再通过实验进行验证和模型修订，为最终建立一个能针对不同类型的驾驶员进行不同程度预警的个性化驾驶预警系统提供依据。总体技术路线如图 1-4 所示。

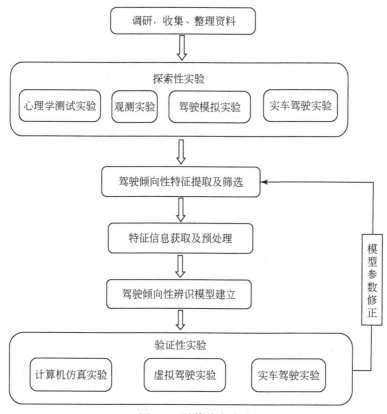

图 1-4   总体技术路线

探索性实验为深入研究汽车驾驶倾向性的机理提供数据支撑，同时为特征向量提取奠定基础。

驾驶倾向性特征筛选分为两步：一是利用主因子分析法、灰色关联法等传统的指标筛选法进行指标初选；二是选定一个成熟的非线性分类器（如神经网络）作为判断出错概率的工具，然后运用量子进化算法、粒子群算法、免疫和进化算法等进行优化，筛选出最适合表征驾驶倾向性的特征向量。根据选定的特征向量，确定信息数据结构及精度要求，优化各特征的数据序列长度，利用概率核窗估计、小波分析等的频域特性，确定最优采样周期。

在此基础上进行驾驶倾向性数学建模，设计快速搜索求解算法，实现实时识别；引入支持向量机等自适应学习方法，对不同驾驶个体差异进行在线修正。同时通过计算机仿真实验、室内模拟实验、实车道路实验对模型进行反复修订与验证。具体技术路线如图1-5所示。

1.4　现有研究存在的主要问题分析

通过上述文献分析，可以得到如下结论。

（1）心理、情感是可以进行量化研究的。国内外的研究已经在个性机器人、个性化商品导购系统、远程情感数字化教学系统等方面取得了成果并得到了应用，这说明心理及情感可以进行量化并可以进行准确的辨识。

（2）不同领域情感辨识在研究方法上存在较大的差别。不同领域的情感由于表现形式不同，所使用的方法也不一样。各个领域的情感辨识方法可以相互借鉴，但不能完全照搬。

（3）以往涉及驾驶员心理情感等方面的微观研究很少，且主要侧重于探讨驾驶员特性及其对驾驶行为的影响，以及从人车环境等因素出发对驾驶行为的推导和预测上。但是反过来，从人车环境多源信息出发推演驾驶员特性，特别是驾驶倾向性等更深刻的问题却极少。而这一问题，对汽车驾驶安全，从主动安全预警，到黑匣子分析系统，都极为重要。

（4）汽车驾驶倾向性的研究尚处于起步阶段。以往研究多集中于相对静态条件下从交通安全宏观角度进行的驾驶员心理测量及其对道路交通安全的影响分析等方面，基本未涉及驾驶员主动安全等领域。同时，由于驾驶员、车辆、行驶环境等因素都存在个体显著差异，而不同因素的动态组合导致系统的极端复杂性，因此驾驶员倾向性的动态辨识极其复杂。目前驾驶倾向性辨识的研究存在以下不足。

第一，缺乏面向汽车安全驾驶预警系统的驾驶倾向性研究。现在已有驾驶意

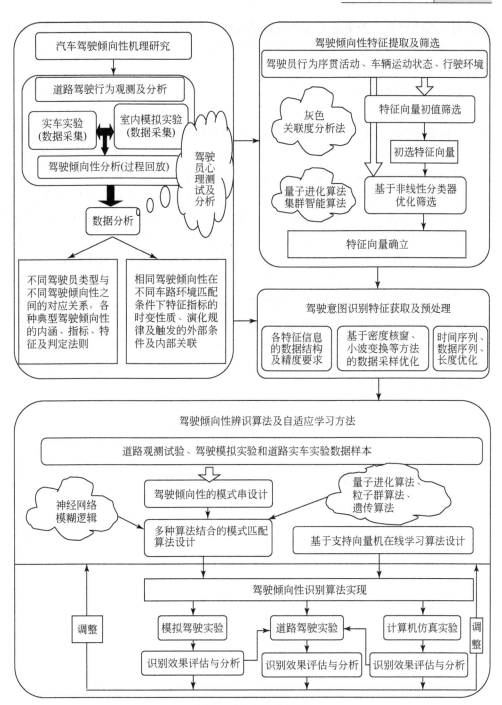

图 1-5 具体技术路线

图识别方面的研究，而更进一步的驾驶员倾向性辨识及其对意图识别和态势评估影响方面的研究少见报道，缺乏具有较强识别能力和自适应能力的驾驶倾向性动态辨识模型。

第二，驾驶倾向性识别方法单一，用于辨识驾驶倾向性的信息不够全面。目前文献大多采用相对静态的普通心理测量方式，没有考虑与时变环境中驾驶行为、车辆状态和行驶环境的历史信息联系起来的协同推理。驾驶倾向性反映的是驾驶员在车辆操作和运动过程中表现出的心理情感状态，采用传统静态研究方法必然导致对驾驶倾向性辨识这一基本科学问题认识的不足。

综上所述，从现有研究存在的问题出发，以开发"以人为中心"的汽车主动安全驾驶预警系统为目的，以面向汽车安全驾驶预警系统的驾驶倾向性辨识为研究对象，揭示驾驶员行为、车辆状态及行驶环境与驾驶倾向性之间的对应机制，运用心理测量、模拟驾驶、计算机仿真与实车道路实验相结合等手段，开展汽车驾驶倾向性的度量、建模、辨识等理论和方法研究，从而准确、快速识别各种驾驶倾向。探讨利用人车环境动态数据获取用于表征驾驶倾向性特征向量和指标体系的方法，进而建立驾驶倾向性辨识模型。本研究尝试利用量化方法对大脑意识进行剖析，在学术方面可以促进人工心理、感性工学与交通安全的学科交叉，在应用方面可以为研发基于驾驶倾向识别的个性化汽车安全驾驶预警系统提供新思路和理论依据。

1.5 研究目标及内容

1.5.1 研究目标

交通工程心理学中研究的驾驶员的差异性除性别、年龄外，还包括情感气质等方面。为了表征这些差异，传统上常把驾驶员划分为几种典型类型，简单的如冷静型（偏安全型）、一般型和冲动型（偏兴奋型），并利用驾驶倾向性指标来集中描述驾驶员的这种区别。本项目通过对驾驶倾向性进行系统的理论研究及试验分析，拟达到如下目标：

（1）阐明反映驾驶员直接操纵过程中心理情感等状态的驾驶倾向性机理，解析其在时变复杂环境下的演化规律。

（2）设计出驾驶倾向性测度方法，筛选出能量化和表征驾驶倾向性的特征向量。

（3）建立驾驶倾向性辨识模型及求解算法。

研究成果可为开发基于驾驶倾向性识别的、以人为中心的汽车安全驾驶个性化预警系统提供理论依据和试验参考。

1.5.2 研究内容

从探索利用人车环境动态数据协同推演驾驶倾向性的机理入手，以心理测量、汽车驾驶模拟、计算机仿真和实车道路实验为主要实验手段，系统研究驾驶倾向性定量描述方法及特征指标筛选，提出合理的信息获取及预处理方法，构建汽车驾驶倾向性识别模型及自适应计算方法。研究内容具体如下：

（1）驾驶倾向性机理研究。研究不同驾驶员类型与不同驾驶倾向性之间的对应关系，不同类型驾驶员所对应的驾驶倾向性指标及特征，定义各种驾驶倾向性的内涵及判定法则；解剖相同驾驶倾向性在不同车路环境匹配条件下特征指标的时变性质、演化规律及触发的外部条件与内部关联。

（2）驾驶倾向性特征提取及筛选。研究三类信息（驾驶员行为信息、车辆状态信息与行驶环境信息）与典型驾驶倾向性直接或间接的数据映射关系模型，如研究某时段一定道路环境条件下，人车状态（反应时间、期望速度、期望加速度、期望间距、期望换道间隙等）与驾驶倾向性之间的数据映射关系；

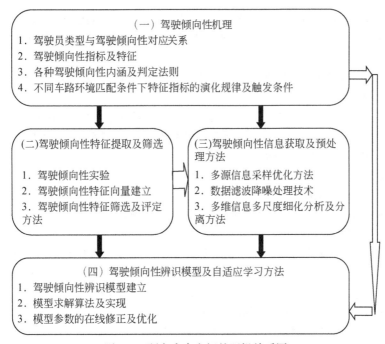

图1-6 研究内容之间的逻辑关系图

设计每一类信息的特征提取方法及数据结构，建立基于人车环境动态数据的驾驶倾向性特征向量；研究特征筛选及评定方法，确定表征驾驶倾向性的具体特征。

（3）驾驶倾向性相关信息的获取及预处理技术。根据筛选出的驾驶倾向性特征指标确定信息采集数据需求、样本周期、数据结构和精度要求；利用概率密度核窗方法、小波变换、投影寻踪等分析多维信息时频特性，建立时间序列的信息采样优化方法；设计各类可采集数据滤波降噪处理技术及高效率预处理方法；提出面向驾驶倾向性识别的多维信息多尺度细化分析及分离方法。

（4）驾驶倾向性辨识模型及算法实现。在确定了驾驶倾向性度量特征及获取方式的基础上，构建驾驶倾向性识别模型；结合系统实时性要求，设计驾驶倾向性实时识别快速求解算法；考虑驾驶员个体的差异性，提出自适应学习方法，对模型参数进行在线修正，以满足识别不同驾驶个体的要求。研究内容之间的逻辑关系，如图1-6所示。

参 考 文 献

陈雪梅，高利，吴绍斌. 2007. 行车紧急度主观判断与车辆行驶控制. 公路交通科技，24（8）：144-148.

方靖，杨屹东，温学均. 2000. 高速公路运行速度研究. 公路交通科技，19（1）：81-83.

冯雨芹，房春泉，等. 2007. 驾驶员特性评价指标聚类分析. 黑龙江交通科技，（11）：161-163.

付锐，林开荣，苏国辉. 2002. 排行学在驾驶员事故倾向性分析中的应用. 人类工效学，8（2）：58-60.

傅锐. 1995. 减少道路交通事故的安全策略探讨. 中国公路学报，8（4）：90-95.

高珍伟，朱卫东，张晨. 2008. 基于证据理论的事故倾向性综合测评研究. 合肥工业大学学报（自然科学版），31（6）：918-921.

谷学静，王志良，刘冀伟. 2006. 人工心理模型在个性化商品推荐系统中的应用. 微计算机信息，22（1-2）：198-200.

何忠波，白鸿柏，孔庆春，等. 2005. 基于驾驶员意图的 AMT 车辆控制研究. 军械工程学院学报，17（3）：24-28.

侯凤芝，夏洪文，潘瑞雪. 2008. 基于情感计算的适应性网络学习系统模型设计. 现代教育技术，18（12）：91-93.

解迎刚. 2007. 基于人工心理的智能化 E-Learning 系统研究. 北京科技大学.

金会庆. 1995. 驾驶适性. 安徽：安徽人民出版社.

梁红玉. 2002. 安全进出高速路. 汽车与安全，（1）：69-71.

罗森林，潘丽敏. 2003. 情感计算理论与技术. 系统工程与电子技术，25（7）：905-908.

马希荣，刘琳，桑婧. 2005. 基于情感计算的 E-Learning 系统建模. 计算机科学，32（8）

131-133.

钱尧平, 张成国. 2006. 驾驶员事故倾向性心理初探及对策. 汽车运用, (10):

腾少冬. 2006. 应用于个人机器人的人工心理模型的研究. 北京: 北京科技大学.

王洪利. 2008. 基于人工心理偏好表示的多方-多属性谈判支持系统. 计算机应用, 28 (5): 1272-1275.

王晓原, 杨新月, 王凤群. 2007. 基于灰关联熵理论的驾驶决策影响因子分析. 中国安全科学学报, 17 (5): 126-133.

王晓原, 杨新月, 王晓辉, 等. 2007. 多源信息刺激下驾驶员任务集聚综合认知拓扑结构. 交通标准化, 4: 178-187.

王晓原, 王雷. 2007. 基于认知活动链的驾驶行为协调仿真模型. 西南交通大学学报, 42 (2): 238-242.

王晓原, 杨新月. 2006. 基于三次样条非参数拟合的驾驶行为仿真模型. 系统仿真学报, 18 (9): 2691-2694.

王晓原, 杨新月. 2007. 基于非参数最近邻估计的跟车行为仿真模型. 交通运输工程学报, 7 (1): 76-81.

王晓原, 杨新月. 2008. 基于决策树的不同驾驶行为决策机制研究. 系统仿真学报, 20 (2): 415-420.

王玉海, 宋健, 李兴坤. 2005. 基于模糊推理的驾驶员意图识别研究. 公路交通科技, 22 (12): 113-118.

王玉洁. 2007. 基于人工心理的情感建模及人工情感交互技术研究. 北京: 北京科技大学.

王志良, 祝长生, 解仑. 2009. 人工情感. 北京: 机械工业出版社.

王志良, 赵彦玲, 都春辉, 等. 2001. 采用人工心理理论的商品选购专家系统. 北京科技大学学报, 23 (4): 376-378.

王志良. 2006. 人工心理与人工情感. 智能系统学报, 1 (1): 38-43.

王志良. 2007. 人工心理. 北京: 机械工业出版社.

吴超仲, 严新平, 马晓凤. 2007. 考虑驾驶员性格特性的跟驰模型. 交通运输工程与信息学报, 5 (4): 18-22.

吴超仲, 张晖, 毛喆, 等. 2007. 基于驾驶操作行为的驾驶员状态识别模型研究. 中国安全科学技术学报, 17 (4): 162-165.

谢京丹. 2009. 交通事故心理倾向及对策研究. 城市车辆, (4): 43-44.

杨国亮. 2006. 人工心理相关技术研究. 北京: 北京科技大学.

于凤河, 王秉刚, 乌小健, 等. 2000. 高速公路运营管理. 北京: 人民交通出版社.

余腊生, 何满庆. 2009. 基于 Agent 和情感计算的司机驾驶行为模型研究. 企业技术开发, 28 (3): 19-21.

张雪元. 2007. 基于人工心理的服务机器人交互平台相关技术研究. 北京: 北京科技大学.

张迎辉, 林学闇. 2008. 情感可以计算——情感计算综述. 计算机科学, 35 (5): 5-8.

宗长富, 杨肖, 王畅, 等. 2009. 汽车转向时驾驶员驾驶意图辨识与行为预测. 吉林大学学报 (工学版), 39 (s1): 27-32.

Ahn H, Picard R W. 2005. Affective-cognitive learning and decision making: a motivational reward framework for affective agents. Beijing: The 1st International Conference on Affective Computing & Intelligent Interaction. Beijing, China.

Amata H, Miyajima C, Nishino T. 2009. Prediction model of driving behavior based on traffic conditions and driver types. IEEE Conference on Intelligent Transportation Systems: 747-752.

Barrett G V, Thormton C L. 1968. Relationship between pereeptual style and driver reaction to an emergency situation. Journal of Applied Psychology, 52 (2): 169-171.

Brundell-Freij K, Ericsson E. 2005. Influence of street characteristics, driver category and car performance on urban driving patterns. Transportation Research Part D: Transport and Environment, 10 (3): 213-229.

Cheng B, Taniguchi T, Hatano T. 2005. Characteristics of driver behavior in car-following. Review of Automotive Engineering, 26 (2): 191-199.

Cheng S Y, Trivedi M M. 2006. Turn-intent analysis using body pose for intelligent driver assistance. Pervasive Computing Oct-Dec 2006, IEEE: 28-37.

Gunnarsson J, Svensson L, Bengtssont E. 2006. Joint driver intention classification and tracking of vehicles. Nonlinear Statistical Signal Processing Workshop, IEEE: 95-98.

Hu J B, Cao X T. 2009. Analysis of characteristic of driver involved in road traffic accident. China Journal of Highway and Transport, 22 (6): 106-110.

Kishimoto F, Oguri K. 2008. A modeling method for predicting driving behavior concerning with driver's past movements. the 2008 IEEE International Conference on Vehicular Electronics and Safety: 132-136.

Ko J, Guensler R, Hunter M. 2010. Analysis of effects of driver/vehicle characteristics on acceleration noise using GPS-equipped vehicles. Transportation Research Part F: Traffic Psychology and Behaviour, 13 (1): 21-31.

Kumagai T, Akamatsu M. 2006. Prediction of human driving behavior using dynamic bayesian networks. IEICE Transactions on Information and Systems, E89-D (2): 857-860.

Taha T, Valls Miro J, Dissanayake G. 2007. Wheelchair driver assistance and intention prediction using POMDPs. Intelligent Sensors, Sensor Networks and Information, 2007 ISSNIP 3rd International Conference: 449-454.

Trivedi M M. 2007. Driver intent interface and dynamic displays for active safety: an overview of selected recent studies. SICE Annual Conference 2007, Kagawa University, Japan: 2402-2403.

Tsogas M, Polychronopoulos A, Floudas N. 2007. Situation refinement for vehicle maneuver identification and driver's intention prediction. 2007 10th International Conference IEEE: 1-8.

Ward R D, Marsden P H. 2004. Affective computing: problems, reactions and intentions. Interacting with Computers, 16 (4): 707-713.

Xu L, Zhuge Z R, Yang J. 2004. Artificial emotion and its ecognition, modeling and applications: an overview. Proceedings of the World Congress on Intelligent Control and Automation, 3: 2380-2385.

Yao J, Yang X G, Zhu T. 2009. Chinese driver behavior characteristics research at intersection based on Intelligent Vehicle-Infrastructure Integration Experimental Platform. 2009 2nd International Conference on Intelligent Computing Technology and Automation, 3: 523-528.

Zadeh S H, Shouraki S B. 2008. Artificial emotions for artificial systems. 2008 AAAI Spring Symposium: 46-49.

第一篇

汽车驾驶倾向性综合评判方法

心理学把情感定义为人对客观现实的一种特殊反映形式，是人对于客观事物是否符合人的需要而产生的态度的体验，其中，"态度"和"体验"均是人对事物的价值特性的认识方式或反映方式。驾驶倾向性是在各种因素影响下的驾驶员对客观现实交通状况的态度及其表现出的与之相适应的决策倾向的心理特征，反映了驾驶员在车辆操作和运动过程中表现出的心理情感状态（图 A）。目前国内外对驾驶员情感的研究还相对较少，但是对情感的研究已经相对成熟，如何把已有情感的研究成果应用到驾驶员行为研究中将是目前研究的重点。

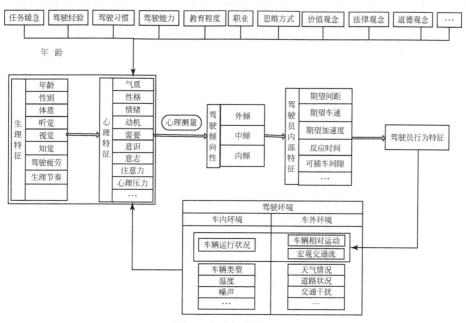

图 A　驾驶倾向性机理

本篇主要内容

第二章　基于交通工程学、工程心理学已有的研究成果，给出了驾驶倾向性的定义，然后详细地剖析了驾驶倾向性的影响因素和表现特征，最后对驾驶倾向性进行了分类。

第三章　从驾驶员性格、个性、气质出发，从现实生活和驾驶情境中取材，筛选出少许代表性强的题目，形成一份可以测试驾驶员倾向性的小问卷，然后对问卷的信度和效度进行分析，最后对调查结果进行因子分析。

第四章　基于驾驶倾向性心理调查问卷对驾驶员进行分类，然后对不同驾驶倾向驾驶员的特征进行调查与分析。

第五章　针对驾驶员心理变化大、个体差异明显、驾驶倾向性测评难度大的情形，构建了驾驶倾向性的评判体系，运用模糊多层次综合评判和证据理论对驾驶员驾驶倾向进行评判；针对驾驶员驾驶倾向性的难确定性，基于人－车－环境的综合计算，从分析驾驶员心理—物理特性的角度出发，应用决策树方法对影响驾驶倾向性的各因素进行分析，描述了驾驶员在多因素影响下驾驶倾向性的确定情况，建立驾驶倾向性模型。

2 驾驶倾向性机理的研究

2.1 驾驶倾向性

倾向性也就是意志的倾向性，数理情感学认为，意志的倾向性是指人在决策过程中将会表现出不同的决策倾向，它反映了意志的行为价值的偏好性。驾驶倾向性是在各种因素影响下的驾驶员对客观现实交通状况的态度以及其表现出的与之相适应的决策倾向的心理特征，反映了驾驶员在车辆操作和运动过程中表现出的心理情感状态，它是推动驾驶员进行驾驶活动的动力系统，决定着驾驶员对周围交通环境的认知以及态度的选择和趋向。纵观这方面的研究，共经历了两个阶段，前一阶段的研究多集中于从相对静态和宏观角度出发的驾驶员心理特性测量和对交通安全的影响上；目前阶段的研究则侧重于时变条件下的驾驶员个性、心理、情感等及其演化规律，特别是利用时变条件下的人车环境数据对其动态量化计算等深层次的内容。根据这两个阶段的研究内容将驾驶倾向性分为静态驾驶倾向性和动态驾驶倾向性两种。

2.1.1 静态驾驶倾向性

静态驾驶倾向性是指驾驶员在不受其他因素影响下的比较稳定的、具有核心意义的驾驶倾向，它是驾驶员在以往的驾驶经历中培养出的比较稳定的、深刻的个性心理特征，它始终处于意识的控制之下，且多以内隐的形式存在。

2.1.2 动态驾驶倾向性

动态驾驶倾向性是指驾驶员在其他因素影响下（如交通密度、交通态势及天气变化等）短暂瞬时的驾驶倾向，它具有情境性、冲动性和短暂性，它往往由某种情境引起，一旦发生，外显的成分比较突出，而时过境迁，这种驾驶倾向会随之减弱或消失。例如，平时驾驶倾向偏于普通型的驾驶员，随着车流密度较大且交通流构成越来越复杂时可能表现出兴奋型驾驶员的特性，而当车流密度变小且交通流构成变得简单时又可能会恢复普通驾驶员的特征。

2.2 驾驶倾向性的影响因素

2.2.1 驾驶员自身因素

1. 生理特性

驾驶员驾驶倾向的差异与其自身的生理特征有很大的相关性。

1) 性别

女性驾驶员与同龄、具有相同驾驶经历的男性驾驶员相比，反应速度慢、反应时间长，对高速行车较慎重，紧急状态下比较紧张，表现有依赖性；男性驾驶员则反应时间短，对高速行车不在乎，紧急状态下，多想办法摆脱等。

2) 年龄

由于年龄的增长，驾驶员身体各生理指标不断下降，会出现反应、视力等方面的问题。青年驾驶员身体素质好、精力旺盛、反应时间短、易高速行车，驾驶倾向性较为冒险；中年驾驶员反应比较快，选择的车速也较快，驾驶倾向性较谨慎；老年驾驶员由于身体素质、精力等均有衰退，所以反应时间较长，多采用低速行驶，驾驶倾向性较为保守。

3) 感知特性

所谓感知，即驾驶员通过感知器官对外部客观事物的要素及特性在头脑中所做出的反映。驾驶员在行车驾驶过程中需要时刻感知各种各样交通信息，统计结果表明，各种感觉器官给驾驶员提供交通信息的比例如下：视觉80%，听觉10%，触觉2%，味觉2%，嗅觉2%。驾驶员的视觉、听觉、触觉、味觉和嗅觉等特性对驾驶员的感知能力有重要的影响，尤其是视觉机能和听觉机能。视觉机能包括静视力、动视力、夜视力、视野、立体视觉和色觉等。没有良好的视觉机能，就无法胜任驾驶工作。

对一个驾驶员而言，感知能力的强弱与其感觉灵敏度、驾车经历、行车经验及心理素质等因素有关。其中主要有以下几种感知能力：对车体的感知能力、车速的感知能力、车距的感知能力、道路的感知能力、交通信息的感知能力等。感知能力的强弱影响着驾驶员的倾向性，感知能力强的驾驶员，在行车中能够根据各种诸如路面条件、交通环境、车辆技术状况等信息，准确控制好行车速度、跟车距离等，对车辆操纵自如，在关键时刻能够做到化险为夷。

4) 健康状况

驾驶员的健康状况对驾驶倾向性也有较明显的影响。机动车驾驶员比较常见的疾病有：血压高、胃病、腰肌痛、肌炎、神经根炎、下肢静脉曲张、痔疮等。驾驶员在病态下开车，注意力和反应力会大大降低，动作不协调，准确性和速度也会下降，从而对驾驶倾向性产生影响。

驾驶员常常服用的药物包括：催眠药物、止痛药物、兴奋剂、治疗癫痫的药物及治疗高血压的药物等，服用这些药物后会使驾驶员反应迟钝，降低注意力集中的能力和工作能力，影响驾驶倾向性。

5）疲劳驾驶

机动车驾驶人长时间固定坐在驾驶操纵位置上，活动受到一定范围的限制，由于长时间集中精力和判断车外各种信息情况，精神状态处于高度紧张中，从而出现驾驶疲劳。疲劳根据其程度可分为轻度疲劳、中度疲劳和重度疲劳。疲劳驾驶会对驾驶员的驾驶倾向性产生重要影响。表2-1列出了不同疲劳程度下的驾驶员征兆。

表2-1　不同疲劳程度下的驾驶员征兆

疲劳程度	征兆
轻度疲劳	眼皮沉重，经常打挡欠，换档不准确、不及时
中度疲劳	全身发热，口干舌燥，眼睛痛，驾驶车辆时走神
重度疲劳	头不由自主地往下耷拉，出现瞬间意识模糊，浑身发颤，心跳加快，出冷汗

2. 心理特性

由于人的心理活动特性的多样性，其多微量、多层次、多品种的叠加和组合，就形成了驾驶员个体纷繁多样，迥然不同的能力、气质、性格和意志等。这些心理特性在具体的驾驶员身上所形成的驾驶倾向，标志了驾驶员个体差异的心理世界和精神面貌。

1）能力

个人所具有的能力是符合活动要求、影响活动效果的个性心理特征的综合。人们所从事的活动往往是很复杂的，需要人们具有多种能力。对于驾驶员在驾驶活动中的能力，根据国内外心理学家的研究，机动车驾驶员的驾驶能力包括：感知觉能力、注意力、对距离和速度的判断力、风险认知能力、驾驶动作的反应能力以及准确性、灵活性、协调性等。

2）气质

所谓气质，是指人的脾气、秉性或叫做性情。它是与人的身体素质、精神类型相联系的心理特征，是一种比较稳定的心理活动特征。气质不受个人活动目的、动机和内容的影响，但它影响个人活动的一切方面，表现为心理活动的速度（如语言速度、思维速度等）、强度（如情绪体验强弱、意志努力程度等）、稳定性（如注意力集中时间的长短）和指向性（如内向或外向）等方面的特点和差异。人的气质在很大程度上受先天和遗传因素的影响，具有天赋性。

古希腊著名医生希波克拉特认为，人体体液的不同会表现出不同的气质，他把气质分为四种类型：胆汁质、多血质、黏液质和抑郁质。驾驶员的气质，是指表现在驾驶员个体驾驶行为方面的气质特征。根据驾驶员的气质可以把驾驶员分为胆汁质驾驶员、多血质驾驶员、黏液质驾驶员、抑郁质驾驶员。不同气质的驾驶员在行车过程中驾驶行为及表现不同，见表2-2。

表2-2　不同气质类型驾驶员的行为及其表现

驾驶员类型	行为及表现
胆汁质驾驶员	精力充沛，工作热情高，工作效率高但对细致的工作或长途运输缺乏细心和耐心，爱开快车，爱超车，有时急躁；心境变化快，直率，不善自制，情绪容易冲动，爱开斗气车
多血质驾驶员	对情况的反应和判断交通情况比较迅速，操作反应迅速，动作敏捷；工作效率高，精力充沛，喜欢与乘客高谈阔论；但注意力容易转移，对长途驾驶而又单调的刺激缺乏耐性；有时浮躁，交叉路口不瞭望，不细心观察，会车时不减速，对复杂情况可能会轻率处理
黏液质驾驶员	严守交通规则，性情安静，观察周到，起步与刹车平稳，不爱开快车，紧跟前车不轻易超车；不与乘客交谈，善于克制情感；按既定程序操作，遇复杂交通情况深思熟虑；反应缓慢，可能判断迟钝，错过当机立断的机会；注意力不易转移，应变能力较差
抑郁质驾驶员	遇复杂交通情况比较镇静，自制力强，不易违章驾驶；对外界刺激敏感，而且体验细致、深刻，感情不外露；对乘客、行人态度温和；但处理紧急情况优柔寡断，谨慎小心；一旦出事故惊慌失措，害怕发生交通事故

3）性格

性格是个人在个体生活过程中所形成的、对现实的稳定态度和与之相适应的习惯化行为方式，是人与人相互区别的主要方面。不同性格的人处理问题的方式和效果有所不同。在危险面前，有的人优柔寡断、惊慌失措，有的人则临危不乱、坚毅果断；有的人细心周到，有的人粗枝大叶、丢三落四；有的人常出错误，有的人操作准确。显然，人头脑中的某些想法及行为总是和其性格特点习惯地联系在一起。同样，驾驶人性格不同，其反应决策和动机的差异也是较大的，具体反应在对道路情况的判断和处理上。

（1）性格外向的驾驶人：①延迟回避；②临近威胁才设法适应；③采取控制动作较急速；④以快速趋近威胁；⑤对风险估计低；⑥唤醒水平高；⑦易接受

情绪感染力强的交通安全宣传；⑧情绪不稳定。

（2）性格内向的驾驶人：①事先回避；②力求提前适应；③采取控制动作较从容；④以缓速趋近威胁；⑤对风险估计高，容忍力弱；⑥唤醒水平低；⑦易接受说理性强的交通安全宣传；⑧反应不敏捷。

4）情绪

情绪是人的心理活动的产物，是人们对待客观事物的一种态度，反映了主、客观之间的关系，是人对客观事物是否符合自己需要的态度的体验。只有那些与人的需要有直接或间接发生关系的事物，才能引起人的不同情绪体验，产生不同的内部体验和外部表现。研究证明，情绪能影响认知操作的效果（图2-1），其影响效应取决于情绪的性质和强度。

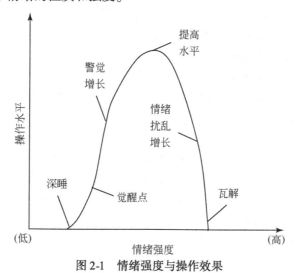

图2-1 情绪强度与操作效果

（1）心境。心境是人情绪的一种较持久而又微弱的状态，是非定向的、弥散性的情绪体验，产生原因往往是生活中的一般事件，但影响其最主要的因素是人的主观世界（理想、信念等），它能影响人的整个行为表现。事实证明，良好的心境有助于活动积极性的发挥，提高工作效率，驾驶员在这种情绪状态下驾驶车辆就会判断敏捷、操作准确、感知清晰，而心境不良则会使驾驶员沉闷，妨碍其驾驶工作，影响其身心健康，还会使驾驶员感到什么都不顺眼，在驾驶过程中可能会产生不良的驾驶倾向，强行超车，开斗气车等。

（2）激情。激情是一种强烈的、激动而短促的情绪状态，它往往是由一个人生活中具有重要意义的事件所引起的，有很明显的外部表现，有冲动性和激动性，指向性较明显，发作短促。激情具有双重作用，积极的情绪是人类行为的巨大动力，而消极的情绪可产生不良的后果。例如，为了眼前的经济利益，私营的公交车想要超越前方的车辆，而前方车辆为了自己的利益而占道不让，始终不甘落后，这种情况下后车驾驶员通常会愤怒并产生消极的激情状态，产生不良的驾驶倾向，导致发生交通事故。

（3）应激。应激是出乎意料的紧张情况所引起的情绪状态。在危险或突如其来的情境下，汽车驾驶员几乎没有选择余地，必须迅速做出决定，使情绪处于应激状态。迫切紧急的情况会使整个有机体调动起来，使得有机体的激活水平很快地得到改变，从而使行动更加积极化和情绪高度应激化。但应激有时也会使驾驶员全身兴奋、行为紊乱，缩小知觉和注意范围，尤其是在危险出现之前没有做好充分的思想准备，可能会做出不适当的反应。

5）意志

意志是人们自觉地确定目的，并自觉地调节行为去克服困难以实现预定目的的心理活动过程。每个人所形成的意志特点叫做意志品质。维护驾驶员积极的意志品质包括自觉性、果断性、坚持性和自制性等。

（1）自觉性。自觉性是指一个人能够充分认识行动的社会意义，使自己的行动服从于社会的要求，并在行动中有明确的目的性。驾驶员遵守交通规章就需要这种意志上的自觉性。

（2）果断性。果断性是指一个人善于明辨是非，毫不犹豫，当机立断地采取决定的能力。驾驶操作就需要这种意志上的果断性。随着车辆制造、道路建设水平和质量的不断提高，人们对出行时间要求不断缩短，车辆运行的速度越来越快。在紧急状态下，驾驶员果断地采取正确的操作，就可避免交通事故的发生。

（3）坚持性。坚持性是指一个人能够长时间地保持充沛的精力和毅力来实现符合既定的目的而表现出来的意志品质。坚持性是对于正确而言的，对于错误的看法或行为以及偏离了既定目的的活动应该及时纠正。

（4）自制性。自制性是指善于控制和支配自己行为的能力。在行车过程中，一个驾驶员与其他驾驶员、行人等交通参与者存在着各种冲突点。一个缺乏自制力的驾驶员容易冲动、粗暴地处理这些冲突点。

3. 其他

驾驶员的职业、道德、文化程度、家庭背景、收入、婚姻状况、驾驶经历、驾驶水平、驾驶风格、对驾驶环境的熟悉程度以及自身精力、睡眠质量、心情好坏等都会对驾驶倾向性产生影响。

2.2.2 车辆因素

不同驾驶员在驾驶不同类型、不同性能的车辆时，其驾驶倾向也会不同。

1）车辆属性

就车辆属性而言，车辆的种类、长度、宽度等都影响着驾驶员的驾驶倾向性。一般大型车的动力性能比小型车要差，行驶速度相对缓慢，驾驶员对自身期望速度要求不高（过境车一般速度较快，而公共汽车因站点停靠及安全方面的原因，车速较慢），驾驶倾向性较为保守，小型车则相反。

2）车辆性能

车辆性能包括车辆的动力性、燃油经济性、通过性、舒适性、安全性等。在等级一定的道路上，如果驾驶员在行车过程中所驾驶车辆的性能状况较差，驾驶员会主动降低其心目中的期望车速，驾驶倾向性比较保守。反之，如果驾驶车辆的性能状况始终保持在优良状态，则驾驶员会提高其心目中的期望车速，驾驶倾向性相对冒险。

3）车辆设施

车辆设施有操纵杆、仪表、转向盘、后视镜、前照灯、脚踏板、挡风玻璃、尾灯等。车辆设施的完善程度及其性能都对驾驶员的驾驶倾向性有一定的影响。

2.2.3 环境因素

不同驾驶员所处的驾驶环境不同，驾驶倾向也不同。

1. 车内环境

汽车的车内环境直接影响汽车的正常行驶和驾驶员的精神状态，从而影响驾驶员生理和心理感觉。驾驶员对车内环境的舒适感受是一个综合的主观判断，然而影响其舒适感受的因素往往是众多的，有与心理感受相关的，有与声感觉相关的，有与热感觉相关的，有与视感觉相关的，还有一些其他因素，如个人情绪、驾驶的舒适程度和车内的安全感等，各种因素之间也会产生影响。具体的相关因素如表 2-3 所示。

表 2-3　车内环境的影响因素

主观感受	物理刺激	热环境：温度、湿度、气流速度等
		声环境：声压、频率、声强等
		光环境：色度、照度等
		空气品质：二氧化碳含量、新风量等
	心理刺激	心理感觉：情绪波动、受误解或尊敬等
		其他：卫生、安全、空间的大小等

2. 车外环境

1）道路状况

道路有公路和城市道路。公路按技术等级（交通量、任务及性质）分为高速公路、一级公路、二级公路、三级公路、四级公路五个等级；按行政等级分为国道、省道、县道、乡道和专用公路五个行政等级。城市道路分为快速路、主干路、次干路和支路。驾驶员在不同类别和不同等级的道路上行驶，其驾驶倾向也会不同。

路段特性（起始点、方向及各个方向上的车道数、车道宽度及速度限制等）、交叉口的形式（有控制交叉路口、无控制交叉路口、环岛交叉路口、立体交叉口及直角交叉路口、T形交叉路口、斜交交叉路口、Y形交叉路口、十字道交叉路口等）、道路线形（弯道平曲线半径、坡道坡度等）、道路交通设施（交叉路口的信号灯控制装置、交通信息电子公告牌、道路交通标志、道路交通标线、人工结构物等）、道路景观等也会影响驾驶员的驾驶倾向性。此外，路面强度、湿度、平整度、抗滑性、损坏程度、材料等，也会影响驾驶员的驾驶倾向。

2）天气情况

天气变化多端（如晴朗、雾天、雨天、路面结冰等），会给驾驶员的心理带来的一系列变化，从而影响驾驶员的驾驶倾向。例如，晴空万里常常给驾驶员带来不错的心情，驾驶过程比较顺畅自如；而阴天则通常会使驾驶员的心情灰暗、沮丧，造成驾驶员心情压抑，动作迟缓，反应迟钝，从而影响驾驶员的驾驶倾向。

3）交通干扰

交通干扰主要包括信号灯、交通标志、侧向净空、街道化程度等。交通干扰越严重，驾驶员行驶过程中受到的干扰就越多，对驾驶倾向性的影响越大。

4）交通密度

交通密度指的是一个车道单位长度内某一瞬时存在的车辆数。交通密度很小时，车辆间几乎无干扰，可以自由行驶，驾驶员心理情感变化不大，其驾驶倾向一般不会受到影响；然而，当交通密度很大时，车辆多处于紧急跟驰状态，行驶受到限制，此时驾驶员多处于一种紧张焦虑的状态，心理情感变化较大，对驾驶倾向的影响较明显。

5）交通态势

交通态势指的是研究区域（兴趣感应区域）内所有交通实体部署和行为所构成的状态和形势，它包含交通实体所能感知到的所有信息。交通态势随时间动态变化且变化无穷，这种通过集群行为、自组织演化规律以及车辆间不断变更的位置关系所引起的交通态势的变化对驾驶员驾驶倾向性的影响很大，会促使不同驾驶员驾驶倾向的增长、消退或转移。

2.2.4 其他

此外，对驾驶员驾驶倾向的影响还包括驾驶员的出行目的、任务缓急等因素（图2-2）。

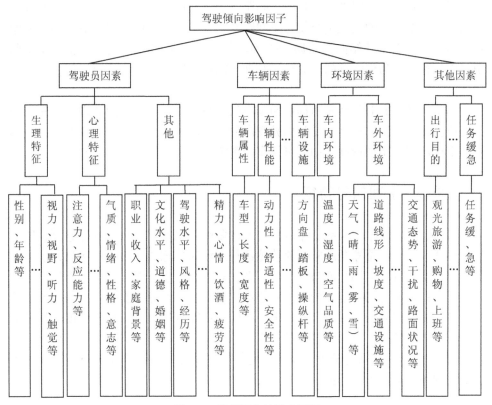

图2-2 驾驶倾向性影响因子

2.3 驾驶倾向性的表现特征

2.3.1 心理期望特征

1）期望车速

英国的 Mclean 首先提出了期望车速的定义，期望车速（或称为心理车速）是指车辆行驶过程中，在不受或基本不受其他车辆约束的条件下，驾驶员所希望达到的最高"安全"车速。不同驾驶倾向的驾驶员的期望车速不同，如对于驾驶倾向比较兴奋的驾驶员，其期望车速比较高，而驾驶倾向比较保守的驾驶员，其期望车速可能会低一些。

2）期望间距

期望间距就是道路使用者（驾驶员）根据实际的道路条件、交通条件及环境条件，按照自己的主观愿望所选择的行车间距。一般来说，驾驶员会综合安全、舒适及效率三项因素来选择行车间距，舒适或更安全的期望将会使行车间距增大，而效率因素的期望则会使行车间距变小。不同驾驶倾向驾驶员的期望间距是不同的，对于驾驶倾向为冒险型的驾驶员，其期望间距一般小于基本安全间距；而驾驶倾向为保守型的驾驶员，其期望间距一般大于基本安全间距。

3）其他

期望是指人们对每样东西提前勾画出的一种标准，驾驶员的心理期望是对当前交通状况勾画出的标准，是其驾驶倾向的直接反应。此外，反应驾驶员心理期望的指标还有期望加速度、期望可插车间隙等。

2.3.2 生理信号特征

目前，MIT媒体实验室已经研制出了许多种传感器，包括汗液传感器、肌电流传感器、脉压传感器及皮肤电流传感器等。汗液传感器是一种带状物，能通过其伸缩的变化时刻监测汗液与呼吸的关系；肌电流传感器能够测得肌肉运动时的弱电压值；脉压传感器能时刻监测由心动变化而引起的脉压变化；皮肤电流传感器能实时测量皮肤的电导率，通过电导率的变化能测量用户的紧张程度。驾驶员在受到外界刺激时，会引起驾驶员一系列的生理变化，透过这些生理信号反应值（如血压、呼吸、心跳、脑电波及皮肤电等）的变化，可以为驾驶员在驾驶过程中的驾驶倾向提供参考依据。

2.3.3 生理反应特征

驾驶员的外在生理表现是驾驶员内在心理（即驾驶倾向性）最直接的体现，所以驾驶倾向性可以通过驾驶过程中驾驶员的表情、姿态、手势、眼睛闭合的频率等各种数据，结合当时的交通环境、情境等体现出来。

2.3.4 行车状态特征

不同驾驶倾向的驾驶员在速度、行车间距及换道时插车间隙等的选择上往往是不同的，如驾驶倾向为冲动型的驾驶员行车速度一般较快，行车间距通常低于基本安全间距，插车间隙一般也比较小；而驾驶倾向为保守型的驾驶员则恰恰相反。由此可见，驾驶员驾驶倾向不同，行车状态也是不同的。

2.3.5 驾驶操纵特征

驾驶员对汽车的操纵反映了其对汽车的行驶状态和外界环境的感知和认定，因而可以通过对驾驶员操纵行为的推理，来预测驾驶员的驾驶倾向性。所以，基于这一思路，通过变速器上的通用传感器来获知驾驶员的操纵特征参数（油门踏板开度及其变化率、刹车踏板力度、方向盘握力及转角等），以此来推知驾驶员的驾驶倾向性（图2-3）。

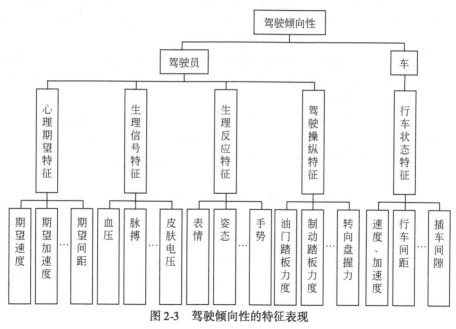

图2-3　驾驶倾向性的特征表现

2.4　驾驶倾向性的分类

人的性格从心理活动倾向上划分，可分为内向型和外向型。在心理学中，内向型人的性格特点是：心理内倾、沉思寡言、情感深沉、富于幻想、办事谨慎、反映缓慢、顺应困难、性情孤僻、不好交际、处理问题不果断，敢于自我评价；外向型人的性格特点是：心理外倾、开朗活泼、兴趣广泛、感情易露、决策果断、独立性强、不拘小节、喜欢交际、比较轻率，缺乏自我批评勇气。对于驾驶员类型的划分，曾有研究人员将不同气质类型的驾驶员简单分为普通型、冷静型和冲动型三种。日本学者稻叶正太郎经过多年的研究，提出了人体行为倾向的特征参数CCN（cybernetic control number），并根据人的大脑反应判断与手、足等器官动作快慢分为四种基本行为特征类型，即反应判断快，动作亦快者为敏捷型；反应判断快，而动作慢者为慎重型；反应判断慢，而动作快者为轻率型；反应判断慢，动作亦慢者为迟钝型。本篇将驾驶员的驾驶倾向分为内倾、中倾和外倾三类（表2-4），其中内倾型和外倾型根据其强弱程度又可分为强内倾、中内倾、弱内倾、强外倾、中外倾和弱外倾。

表2-4　驾驶倾向类型及其表现

驾驶倾向类型	表现
内倾型	沉稳、慎重、注意力稳定且不易转移、善于忍耐、反应较迟钝、情绪不易外漏、行动迟缓、对外界刺激敏感体验深刻、不易产生冒险动机、易低速行车且少超车、处理紧急情况谨慎小心、优柔寡断、害怕发生交通事故、一旦出事故惊慌失措
中倾型	机敏、经历旺盛、性情安静、感情不外露、严守交通规则、起步与刹车平稳，观察周到、紧跟前车不轻易超车、不爱开快车、遇复杂交通情况深思熟虑、比较镇静、自制力强、不易违章驾驶
外倾型	活泼、好动、敏感、易产生冒险动机、反应比较迅速、动作敏捷、精力充沛、注意力容易转移、易于高速行车和超车、会车时不减速、交叉路口不瞭望、有时浮躁、不细心观察、对复杂情况可能轻率处理

2.5　驾驶倾向性的量化

驾驶员的驾驶倾向类型用驾驶倾向粒度 l 描述：驾驶倾向最内倾的驾驶员的驾驶倾向粒度用0表示，最外倾的驾驶员的驾驶倾向粒度用1表示，不同驾驶倾向类型的驾驶员的驾驶倾向粒度用 [0，1] 区间的一个实数表示，驾驶倾向粒度越小，表明驾驶员的驾驶倾向越内倾，反之则越外倾如表2-5所示。

表2-5　不同驾驶倾向类型所对应的驾驶倾向粒度

驾驶倾向类型	强内倾	中内倾	弱内倾	中倾	弱外倾	中外倾	强外倾
驾驶倾向粒度	0，0.1	0.2	0.3，0.4	0.5	0.6，0.7	0.8	0.9，1

2.5.1　量化方法

模糊逻辑方法采用对语言变量进行近似推理的形式，适于刻画建立在驾驶员知识和经验基础上的主观判断过程。本篇利用此方法来综合考虑驾驶员的反应时间、换道频率和加油频率三个方面因素，并对驾驶倾向粒度进行合理地评分，如表2-6所示。一条典型的语言模糊规则如下：若反应时间短且换道频率高且加油频率高，则驾驶倾向粒度为1。

表2-6 模糊推理规则

规则数	反应时间	换道频率	加油频率	驾驶倾向粒度
1	短	高	高	1.0
2	短	高	中	0.9
3	短	中	高	0.9
4	中	高	高	0.9
5	短	高	低	0.8
6	短	低	高	0.8
7	长	高	高	0.8
8	中	中	高	0.7
9	中	高	中	0.7
10	短	中	中	0.7
11	短	中	低	0.6
12	短	低	中	0.6
13	中	高	低	0.6
14	中	中	中	0.5
15	中	低	高	0.4
16	长	中	高	0.4
17	长	高	中	0.4
18	中	中	低	0.3
19	中	低	中	0.3
20	长	中	中	0.3
21	长	低	高	0.2
22	长	高	低	0.2
23	短	低	低	0.2
24	长	低	中	0.1
25	长	中	低	0.1
26	中	低	低	0.1
27	长	低	低	0.0

表2-6列出了27条规则，其中反应时间、换道频率和加油频率表示三个不同的输入变量，驾驶倾向粒度是输出变量。长、中、短、高、低表示输入的语言变量（模糊集），使用三角隶属度函数，如图2-4~图2-6所示。

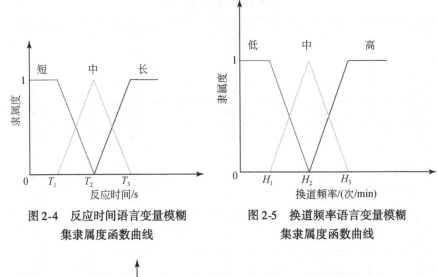

图2-4　反应时间语言变量模糊
集隶属度函数曲线

图2-5　换道频率语言变量模糊
集隶属度函数曲线

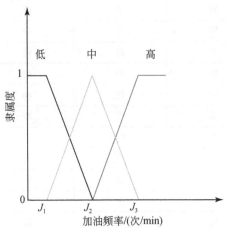

图2-6　加油频率语言变量模糊集隶属度函数曲线

图2-4中T_1、T_2和T_3是论域反应时间中模糊子集的边界值，图2-5中H_1、H_2和H_3是论域换道频率中模糊子集的边界值，图2-6中J_1、J_2和J_3是论域加油频率中模糊子集的边界值。根据统计结果，将T_1、T_2和T_3定为0.6、0.9和1.2，将H_1、H_2和H_3定为0.1、0.2和0.3，将J_1、J_2和J_3定为0.2、0.3和0.4。

2.6　本章小结

本章阐述了驾驶倾向性的定义，详细剖析了驾驶倾向性的影响因素及表现特征，最后给出了驾驶倾向性分类及量化方法。

参 考 文 献

付锐，林开荣，苏国辉．2002．排行学在驾驶员事故倾向性分析中的应用．人类工效学，8（2）：58-60．

贺玉龙，卢仲贤，马国雄．2002．高速公路直线段车辆稳定运行速度模型．公路，10（10）：99-103．

李江等．2002．交通工程学．北京：人民交通出版社．

钱尧平，张成国．2006．驾驶员事故倾向性心理初探及对策．汽车运用，10（10）：21-22．

荣建，任福田，刘小明，等．1999．高速公路基本路段仿真模型研究报告．交通部公路科学研究所，1（16）：22-26．

王晓原，张敬磊，张元元．2011．汽车驾驶倾向性研究进展．山东理工大学学报（自然科学版），25（6）：1-5．

王晓原．2003．微观交通流仿真建模理论及一体化仿真环境研究．长春：吉林大学．

吴磊，王晓辉，杨新月，等．2007．交通态势识别及状态转换机制研究．交通标准化，2（162）：61-66．

谢京丹．2009．交通事故心理倾向及对策研究．城市车辆，4（4）：43-44．

尹贵章，袁富国．1995．驾驶员的行为特征分类．汽车运用，5（55）：20．

张华．2010．驾驶员心理特征与驾驶安全的关系研究．工业安全与环保，36（2）：55-56．

张元元，王晓原，张敬磊．2011．基于驾驶模拟实验的自由流状态汽车驾驶倾向性辨识模型验证方法．武汉理工大学学报，33（9）：82-87．

朱玉仙，等．1994．模糊数学方法．吉林：吉林大学出版社．

Hu J B, Cao X T. 2009. Analysis of characteristic of driver involved in road traffic accident. China Journal of Highway and Transport, 22（6）：106-110.

3 静态驾驶倾向性心理测量问卷 设计及调查数据分析

3.1 心理测量问卷

心理测量（psychological measurement）是指采取一定的程序进行操作，并应用心理学理论，给人的心理健康、人格及能力等行为和心理特性给出一种数量化的价值。广义的心理测量不仅包括以心理测验为工具的测量，还包括用心理物理法、实验法、问卷法、访谈法、观察法等方法进行的测量。心理测量是通过标准、客观、科学的测量手段对人的特定素质进行分析、测量、评价。这里所提到的特定素质，是指完成特定活动或工作所需要的或者与之相关的动机、兴趣、性格、气质、能力、技能、感知等个人特征，这是人们以一定的速度和质量完成活动或工作的必要基础。心理测量可以从个体的创造力、能力倾向、智力、心理健康、人格等方面对个体进行全面地描述，以此来获知个体的行为和心理特性。心理测量可以比较同一个体的不同心理特征间的差异，对其不足或者优势进行确定，找出行为发生变化的根本原因，从而给决策提供必要的信息。同时，心理测量还可以确定不同个体心理特征的差异，以此对个体在某个领域未来成功的可能性进行推测，或对不同个体在将来活动中可能出现的差别进行预测。

驾驶员的心理活动和生理上的变化是受外界刺激影响的。大量资料研究证明驾驶员心理生理和行为的关系是外界刺激—心理变化—生理反应—行为改变这样一个变化过程，最后作用和影响到行车安全。驾驶员在受到外界刺激时，会出现心跳急速、呼吸急速、血压升高、面红耳赤等一系列的生理反应。同时也会出现注意力分散、判断力和视觉敏感性下降、视野变窄、行动迟缓、配合失调等心理变化，引起交通事故。

对驾驶员驾驶倾向性调查最重要的是调查其分析处理问题的能力和倾向性。例如，对突发状况的反应时间、反应的激烈程度、应对多种刺激能做出正确决策的能力。

研究驾驶员驾驶倾向性首先要了解驾驶员在驾驶过程中如何处理问题。

3.1.1　什么是问题

所谓问题就是矛盾，它是个体想做某件事，但又不知道该采取哪些行动时产生的。问题意味着个体处于这样一个情景：此时个体对当前的任务没有现成的解决方法，需要利用已有的概念和规则而组成新的高级规则，以便走出困境完成任务。驾驶员在道路上行驶时，会遇到很多情况，而这些情况就会演变成各式各样的问题，需要驾驶员及时处理。一旦错过最佳处理时间或者采取不正确的措施，就可能造成严重事故。

3.1.2　如何解决问题

问题解决是问题情境中问题解决者通过思维重新组织若干已知概念和规则，超越过去所掌握的原理，经验地产生一个解决方案的过程。在解决问题时，需要把握简单原理的重新组合，以适应于当前情境。问题解决涉及心理活动的多个层面，除了认知层面还有情感、动机、行为、意志等层面。问题解决通常包括四个方面：发现问题；理解并表征问题；寻求解答；执行计划或尝试某种解答。

在驾驶时，每一个动作都是对一个问题的解决，如在前车速度慢时会采取超车措施；在前车突然减速时会跟着急刹车；在感觉路面车辆太多时会选择另外走一条道路等。以上所列举的每个解决方法都是正确的，试想如果采取了错误的措施，后果则不堪设想。研究影响解决问题的因素可以在一定程度上避免交通事故。影响解决问题的因素有以下六个。

1）问题情境

问题情境指人所面临的刺激模式，同一刺激呈现的模式不同，解决问题的效果就大不相同。例如，在路上车辆较少时，经验不足的驾驶员能良好地驾驶，而一旦车辆数目激增，会出现手忙脚乱，操作失误的情况。

2）迁移作用

迁移是指已有的知识经验对新问题解决的影响，这种影响可能是消极的，如某次在时间紧迫时驾驶员闯红灯，不但没有遇到什么危险反而赶上重要会议，在以后的相似情境中，驾驶员就会产生闯红灯的倾向；但也有可能是积极的，如某人看过路上突然停车造成严重后果的视频后，会心有余悸，在以后的驾驶过程中自己将会尽量避免在路中突然停车。

3）思维定式

思维定式指人们按照某种固定的习惯方式去解决问题。例如，有的驾驶员习惯长时间占用超车道行驶，并且认为这样可以方便自己的行进。

4）智慧水平

个体的智慧水平是影响解决问题的重要因素，解决问题往往依赖于智慧水平。在面对突发状况时，有些人只能看到表象，而有智慧的人则可以透过现象看到问题本质，从源头上解决问题。驾驶员的智慧水平不同，面对突发状况时的反应也不同，有的人可以从一次又一次危险的驾驶中发觉自身或者车辆存在的问题，而有的人则对潜在的危险无动于衷，最重酿成大祸。

5）知识经验

有效的问题解决是以某问题的丰富知识储备为基础的，只有依赖有关知识才能为问题解决认定方向，选择途径和方法。一般来说，知识经验越多，解决问题就越简单，但是这只是必要条件，不是充分条件。我们都知道，驾龄长的驾驶员积累的经验丰富，在处理驾驶中的常见情况时往往能采取正确的措施，但是这并不能说驾驶经验多的驾驶员就不会发生驾驶失误。

6）个性特征

解决问题还与人的个性有关，不同个性的人对于同一情境中同一问题的敏感度不同，采取的措施也会不同。经研究发现，人的个性是变化不大的，对人几乎有终身影响。驾驶员的个性是影响驾驶安全的重要因素之一，它在一定程度上直接决定驾驶行为（图3-1）。

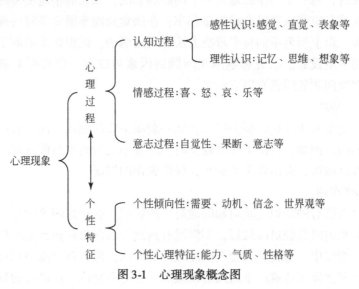

图3-1　心理现象概念图

3.2 心理测量问卷设计重点

3.2.1 性别

性别对驾驶倾向性有很大的影响。例如，研究发现，在侵略倾向性方面男性自始至终高于女性。年轻男性更积极，更具竞争力，开车更快，比任何其他群体更喜欢体验风险。女性驾车大多数小心谨慎，车速缓慢，虽然不至于因为逞强冒险出事，但是反应过慢也会蕴藏交通事故的风险。

3.2.2 年龄

很显然，年轻人驾驶车辆没有年纪大的驾驶员用心。据研究发现，年轻的驾驶员在驾驶时比其他年纪大的司机态度更积极，更容易被激怒，在超车时更紧张，比较难控制他们的脾气，而且在高峰时刻更不耐烦。年轻的驾驶员也更倾向于冒险。年龄是影响知觉能力程度和对交通情况的反应的决定因素之一。

3.2.3 驾龄

开车本来就是一个熟练的过程，开车经验是比较重要的。驾龄对倾向性的影响很明显，如驾龄低的驾驶员在应对常见情境时做出的反应动作会有更加保守的倾向性，如图3-2所示。

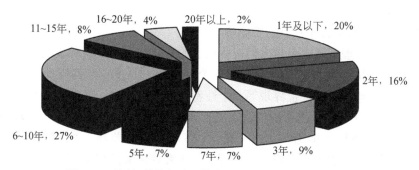

图3-2 不同驾龄的驾驶人肇事导致死亡人数构成示意图

3.2.4　驾驶特性

1）注意贯穿在人的心理涌动全过程之中

人的感觉器官对一定事物的指向和集中叫做注意。注意是心理活动的共同特征，是心理活动的重要组成部分。注意不是独立的心理过程，它是贯穿在感觉、知觉、记忆、思维、想象等过程之中，使认识和反应处于积极状态。

2）情感推动和调节着人们的认识和行动

在完成运输任务过程中，常常会引起驾驶员愉快、积极、满意、自豪或惊吓、消极、愤怒、厌恶等情感，它推动和调节着人们的认识和行动，这是驾驶员对客观事物所持的一种体验，一种内心的感受和情绪，它就是心理过程的情感过程。情感和情绪对安全行车具有重大的影响，良好的情感往往能使驾驶员自觉地保持最佳安全行车状态，在意外险情面前，能够果断、正确地处理以达到安全行车；相反，具有不良情感的驾驶员，往往是平时麻痹，遇事惊恐，头脑发木，束手无策，增加了事故发生的可能性。

3）意志是安全行车的内在动力

在安全行车过程中，也常常需要驾驶员去克服种种困难、磨炼意志，才能实现预定目的，这就是心理过程的意志过程。不同类型驾驶员的意志过程，表现出不同的特点。驾驶员的意志过程，对安全行车也至关重要，它是驾驶员安全行车的内在动力。驾驶员在开放环境中，接受外界的刺激千变万化，特别是受到意外（或不友好）的刺激时，往往会引起驾驶员情绪的波动。这时驾驶员的意志显得格外重要，控制能力强的驾驶员则能抑制心中怒气，冷静思考，选择有利于安全行车的措施。

4）个性对安全行车具有重要影响

所谓个性心理特征，是指人们对待现实的态度和行为方式所表现出来的比较稳定的心理特征。它包括个性倾向性和个性特征，其中，个性倾向性包括：需要、动机、兴趣、信念、世界观等；个性特征包括：能力、气质、性格等。在日常生活中，我们可以看到不同的人，其心理过程表现出不同的特点，如表现在"兴趣"上的不同，"能力"上的高低，"气质"上的差异，"性格"上的不同等。人们在兴趣、能力、气质、性格等方面所表现出来的差别，在心理学上称之为个性心理特征。不同个性心理特征的人在驾驶过程中有不同的特点，如优秀的驾驶员精神勃勃，行动敏捷、热情、细心、遇事沉着冷静，有较大的忍耐性和内倾性；而易发事故的驾驶员性格急躁，一触即发、任性、没有耐心，好赌气，有报复行为，情绪不稳定，马虎、敷衍了事等。

5）需要和动机决定驾驶员操作行为

驾驶员的交通需要包括安全、高效、通畅、低耗、方便舒适及寻求刺激等方面，其中，安全是驾驶员的第一需要。为了满足这些需要，在一定诱因下会产生相应的驾驶动机。驾驶员的心理动机包括安全和冒险两方面，前者会减少交通事故，后者则可能引发事故。有的驾驶员为了个人寻求刺激感，肆意变道超车，用自己和别人的危险来换取自己内心的满足感。而有的驾驶员以行车安全为重，在感觉有危险时，主动减速或者鸣笛发出警告，帮助其他车辆做出及时正确的反应。

3.3　问　卷　设　计

驾驶员倾向性心理测量是以问卷的形式，根据一定的心理学法则对驾驶员的驾驶倾向性进行定量描述的过程。问卷主要综合能力、态度、价值观、人格等心理测量问题来设计编制。但是，只要使用了心理测量，就会对被测者的心理发展带来一定影响，这个影响可能是积极的也可能是消极的。在编制心理测量问卷时不仅要保证结果准确，还要尽量发挥积极影响，避免消极影响。

3.3.1　确定测验的目的

（1）本测验的对象是不同年龄、不同性别、不同驾龄的驾驶员。
（2）测试的内容是驾驶员的驾驶倾向性。
（3）最终的测试结果能区分不同驾驶员的驾驶倾向性。

3.3.2　测验题目的选择和编写

测验的题目可以分为主观题和客观题两大类。客观题一般有标准唯一的答案，主观题只有一个参考答案，无标准答案。客观题主要包括选择题、填空题、判断题等，主观题则包括名词解释、简答题、计算题、证明题、案例分析题等。

选择题给出题干及备选答案，要求被测者从备选项中选出正确或者最符合自己的答案。一般备选答案数目不少于四个，但为了问卷的简洁也不宜太多。选择题分为单项选择题和多项选择题两种，单项选择题只有一项答案是正确的，而多项选择题的答案有很多项，不止一项。

填空题作为心理测试中一项重要环节，是囊括几乎每一门学科试卷上的必有考题，其形式大概为先给出已知条件，在而后的语句中空出要问的答案以横线代替，以此要求应试者填上正确答案。与选择题不同，填空题的答案要求被测者自己给出，有利于被测者独立创造性答题。填空题要求被测者把答案正确无误地表达出来，在一定程度上是对被测者工作作风和科学态度的检查。

简答题指对相关陈述性知识或简单原理知识做出科学解释的题目，针对性强，作答比较方便。简答题可能有一个以上正确答案，评分并非完全客观。

情景判断题是指给出被测者一个正常生活中或工作中的具体情境，并针对该情境提供若干解决这一情境问题的行为选项，要求被测者进行选择评价的题型。情境判断题应用于实践能力测量和人格等心理测量中。此类题目的缺点是编制范围较窄，题目死板，不能综合评判被测者特性。

考虑到静态驾驶倾向性心理测量问卷对于易回答、题意明确、占用驾驶员时间少和最终结果易于统计等的要求，在众多题型中，选择题是比较合适的题目类型。

测验中题目的数量取决于时间的限制、被测者的年纪和阅读水平，以及题目的长度和难度。长的题目要求繁琐的计算和抽象的推理，需要的时间长，而简短的题目和只要求机械记忆的题目需要的时间较少。驾驶员一般在做测试时时间紧张，所以在编制问卷时要严格控制题目的数量，使之能在规定的时间内保证质量的完成，避免出现因为赶时间乱答一气，严重影响测试正确度的情况出现。

在题目的编排上，不同题型有不同的注意点。本测验的题型是选择题，对于编写选择题要注意以下几点：①题干尽量描述清楚，应让被测者明白问题是什么，希望解决什么问题。②题干中尽量避免出现和考核内容无关的材料。③设问尽量正向。④题干文字字体尽量一致，减少阅读的负担。⑤备选项避免出现逻辑上的包含关系。⑥选项长度、结构、语言表达要尽量一致。

设计此心理调查问卷的目的是测试出驾驶员的驾驶倾向性属于哪一种类型，在设计问题时应该依靠常见的驾驶情境（超车时，通过交叉口时，在正常道路上行驶时等），从中提炼现实问题。设身处地地思考不同类型的驾驶员会对同一种情境问题的不同反应，设计选项。由于会存在驾驶员对驾驶情境不敏感的情况，为了保证问卷测试结果的准确性，所以另外从性格、个性、气质等出发，综合现实生活的常见情形筛选出少许代表性强的题目，形成一份同样可以测试驾驶倾向性的小问卷，最后综合两份问卷的分数，得出确定的驾驶倾向性类型，具体设计思路如图 3-3 所示。

问卷面向所有驾驶员，为了减少其他因素对驾驶倾向性的影响，特别设计成问卷 A、问卷 B 的形式。问卷 A 以现实生活中的常见情形为设计题目的依据，共10 个题目；问卷 B 则以驾驶中常见的问题为依托，设计了 22 个题目（表3-1）。问卷 A、问卷 B 在互为检验的同时可以更容易地显现出驾驶员内在的还未表现出来的

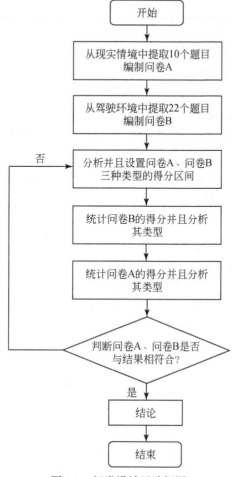

图 3-3 问卷设计思路框图

倾向性。以问卷 A 的结果为第一结果，再辅助以问卷 B，这样可以避免因为驾驶员技术不熟练或者新手上路比较谨慎小心而掩盖了其真实的驾驶倾向性的情况。

表 3-1 静态驾驶倾向性心理测量问卷

性别：	年龄：	驾龄：
A 卷		

1. 年轻时在社交场合你是否总喜欢出风头？
　　A 很符合我（1）B 一般（2）C 不符合我（3）

2. 你是否经常在头脑发热时做决定？

　　A 很符合我 (1) B 一般 (2) C 不符合我 (3)

3. 受到别人指责时，你通常的反应是什么？

　　A 马上针锋相对展开争论 (1) B 认真思考，理性对待 (2) C 无论对错，保持沉默 (3)

4. 你是否喜欢参加蹦极，深度潜水等极限运动？

　　A 只要有机会就会尝试 (1) B 在参加时会考虑很长时间 (2) C 无论如何也不想参加 (3)

5. 未经医生处方，我是从不乱吃药的？

　　A 不是，有需要就按说明直接服药 (1) B 询问有服药经历的人再服用 (2)

　　C 是的，很少自作主张吃药 (3)

6. 爱看激动人心，剧情跌宕起伏的小说？

　　A 很符合我 (1) B 一般 (2) C 不符合我 (3)

7. 我出现不适合驾驶的情况时还会尽量自己驾车回家。

　　A 很符合我 (1) B 一般 (2) C 不符合我 (3)

8. 我喜欢按老一套"行之有效"的方法行事，认为墨守成规总比冒险强些。

　　A 很符合我 (1) B 一般 (2) C 不符合我 (3)

9. 在和人争吵时，喜欢先发制人，喜欢挑衅？

　　A 很符合我 (1) B 一般 (2) C 不符合我 (3)

10. 如果我在工厂里工作，我愿做：

　　A 宣传科的工作 (1) B 介于 A、C 之间 (2) C 技术科的工作 (3)

B 卷

11. 无其他车辆干扰时行车速度是否超过限定速度？

　　A 经常 (1) B 偶尔 (2) C 从不 (3)

12. 无其他车辆干扰时是否经常下意识变换车道？

　　A 经常 (1) B 偶尔 (2) C 从不 (3)

13. 行驶中经常紧跟前车？

　　A 是 (1) B 不一定 (2) C 一般不会 (3)

14. 总想超越前车？

　　A 是 (1) B 不一定 (2) C 一般不会 (3)

15. 时常急加速或减速？

　　A 是 (1) B 不一定 (2) C 一般不会 (3)

16. 有时一旦被其他车超过会感到生气？

　　A 是 (1) B 不一定 (2) C 一般不会 (3)

17. 车间距一缩小，就会超过去？

　　A 是（1）B 不一定（2）C 一般不会（3）

18. 即使空余很小，也会加塞？

　　A 是（1）B 不一定（2）C 一般不会（3）

19. 遇有行驶缓慢的车，会感到急躁？

　　A 是（1）B 不一定（2）C 一般不会（3）

20. 对外车道上慢速行驶车辆感到不耐烦而从内车道超车？

　　A 是（1）B 不一定（2）C 一般不会（3）

21. 在信号交替变换期间，加速通过交叉口？

　　A 经常（1）B 偶尔（2）C 从不（3）

22. 等信号或交通堵塞时，心情烦躁？

　　A 是（1）B 不一定（2）C 一般不会（3）

23. 有朋友乘车，不知不觉就会提高车速？

　　A 是（1）B 不一定（2）C 一般不会（3）

24. 打转向灯的同时变更行驶线路？

　　A 是（1）B 不一定（2）C 一般不会（3）

25. 弯道时也会加油高速通过？

　　A 是（1）B 不一定（2）C 一般不会（3）

26. 驾驶中一个劲地提高车速，跑个痛快？

　　A 是（1）B 不一定（2）C 一般不会（3）

27. 在城市道路上超速行驶？

　　A 经常（1）B 偶尔（2）C 从不（3）

28. 在城际高速公路上超速行驶？

　　A 经常（1）B 偶尔（2）C 从不（3）

29. 有把握不发生事故的情况下会违章驾驶？

　　A 经常（1）B 偶尔（2）C 从不（3）

30. 对前方道路（如前方有障碍物或道路变窄等）的适应性？

　　A 临时适应（1）B 不一定（2）C 提前加以适应（3）

31. 对障碍目标的回避？

　　A 十分紧迫时回避（1）B 不一定（2）C 提前回避（3）

32. 进行驾驶操作时？

　　A 较匆忙（1）B 稍微匆忙（2）C 较从容（3）

　　注：1. 表中选项后括号内数字为对应选项的分值；2. A 卷得分 0~6 分为外倾型驾驶员，7~13 分为中倾型驾驶员，14~20 分为内倾型驾驶员；B 卷 0~14 分为外倾型驾驶员，15~29 分为中倾型驾驶员，30~44 分为内倾型驾驶员

3.4　数据调查及分析

委托山东交运某集团征集 100 名出租车驾驶员进行问卷测试，其中包括 80 名男驾驶员、20 名女驾驶员，年龄分布范围为 28~60 岁，驾龄分布范围为 3~30 年。测试结果如表 3-2 所示（限于篇幅，只列出部分调查结果）。

表 3-2　心理测量调查问卷结果

驾驶员编号	心理测量问卷调查结果													A 卷结果	B 卷结果	A、B 卷结果是否一致	驾驶倾向类型
	A 卷					B 卷											
	1	2	…	9	10	11	12	13	…	29	30	31	32				
1	2	1	…	2	1	2	2	1	…	2	1	0	2	15	33	是	内倾型
2	1	2	…	2	2	2	2	2	…	1	2	1	2	16	36	是	内倾型
3	1	2	…	2	2	2	2	2	…	2	1	2	2	18	38	是	内倾型
4	2	2	…	1	2	1	1	2	…	2	2	2	2	18	36	是	内倾型
⋮	⋮	⋮	⋮	⋮	⋮	⋮	⋮	⋮	⋮	⋮	⋮	⋮	⋮	⋮	⋮	⋮	⋮
33	2	1	…	1	2	1	2	1	…	1	1	2	2	17	34	是	内倾型
34	1	2	…	2	1	2	1	2	…	2	2	2	1	16	37	是	内倾型
35	1	2	…	2	2	1	2	2	…	2	1	2	2	15	36	是	内倾型
36	1	2	…	1	1	2	1	2	…	2	1	2	2	16	35	是	内倾型
37	1	1	…	1	1	1	1	1	…	1	1	1	1	10	22	是	中倾型
38	1	2	…	1	2	1	1	1	…	1	1	1	1	13	29	是	中倾型
39	1	2	…	1	1	2	1	1	…	1	1	1	2	11	26	是	中倾型
40	1	1	…	1	1	2	1	1	…	1	1	1	1	13	28	是	中倾型
41	1	0	…	1	1	1	1	1	…	1	1	1	1	11	23	是	中倾型
42	1	1	…	1	0	0	1	1	…	1	1	0	0	7	16	是	中倾型
43	1	1	…	1	1	2	0	1	…	0	1	2	1	7	18	是	中倾型
⋮	⋮	⋮	⋮	⋮	⋮	⋮	⋮	⋮	⋮	⋮	⋮	⋮	⋮	⋮	⋮	⋮	⋮
71	1	1	…	1	2	1	1	2	…	1	1	1	1	11	24	是	中倾型
72	0	1	…	1	2	1	1	1	…	1	1	1	1	9	25	是	中倾型
73	1	1	…	1	1	1	1	1	…	1	1	2	2	11	28	是	中倾型
74	1	1	…	1	1	1	1	1	…	1	1	1	1	10	22	是	中倾型
75	1	2	…	1	1	1	1	1	…	1	1	1	1	13	29	是	中倾型
76	1	2	…	1	1	2	1	1	…	1	1	1	2	11	26	是	中倾型

续表

驾驶员编号	心理测量问卷调查结果												A卷结果	B卷结果	A、B卷结果是否一致	驾驶倾向类型
	A卷					B卷										
	1	2	⋯	9	10	11	12	13	⋯	29	30	31	32			
77	1	1	⋯	1	1	2	1	1	⋯	1	1	1	1	13	28	是	中倾型
78	1	0	⋯	1	0	0	0	0	⋯	1	0	0	0	5	11	是	外倾型
79	1	1	⋯	0	1	1	1	0	⋯	1	0	0	0	5	12	是	外倾型
80	1	0	⋯	0	1	1	1	0	⋯	0	0	1	1	3	10	是	外倾型
⋮	⋮	⋮	⋮	⋮	⋮	⋮	⋮	⋮	⋮	⋮	⋮	⋮	⋮	⋮	⋮	⋮	⋮
98	1	1	⋯	0	0	0	0	0	⋯	0	0	0	0	5	2	是	外倾型
99	1	0	⋯	0	0	0	0	0	⋯	0	0	0	0	3	9	是	外倾型
100	1	0	⋯	0	0	0	0	1	⋯	0	0	0	0	3	5	是	外倾型

通过对 100 名驾驶员的调查数据得到如下结果：100 名驾驶员的 A、B 卷调查结果全部一致，其中外倾型驾驶员 23 名，包括 1 名女性驾驶员；中倾型驾驶员 51 名，包括 11 名女性驾驶员；内倾型驾驶员 36 名，包括 8 名女性驾驶员。

3.4.1 问卷信度效度分析

由测试后获得的问卷分数值作为样本，应用 SPSS17.0 软件进行统计分析，对问卷进行信度（即心理测量工具的稳定性）和效度（测量工具的有效度）评价。

1）信度

信度是指测验结果的一致性、稳定性及可靠性，一般多以内部一致性来表示该测验信度的高低。信度系数越高即表示该测验的结果越一致、稳定与可靠。Combach α 可靠性系数是目前最常用的可靠性系数。其公式为

$$\alpha = \frac{k}{k-1}\left(1 - \frac{\sum_1^k \mathrm{VAR}(i)}{\mathrm{VAR}}\right) \tag{3-1}$$

其中，k 为静态驾驶倾向性心理测量问卷中问题的总数，VAR（i）为第 i 个问题得分的表内方差，VAR 为全部问题总得分的方差。从公式中可以看出，Combach α 系数评价的是量表中各个题项得分间的一致性，属于内在一致性系数。

应用 SPSS 软件的分析结果如表 3-3 所示，通过 SPSS 软件分析所得的问卷信度结果可以看出本问卷的 Cronbach's Alpha 系数是 0.846，位于 0.8～0.9，相对

来说问卷还是比较可靠的。

表 3-3   信度统计分析数据表

Cronbach's Alpha	基于标准化项的 Cronbach's Alpha	项数
0.846	0.849	32

2）效度

效度是测量的有效性程度，即测量工具能测出其所要测量特质的程度，是科学的测量工具所必须具备的最重要的条件。采用 SPSS 17.0 软件对问卷结果进行了统计分析。统计单问题得分与问卷总分数的 Pearson 相关系数，结果如表 3-4 所示。

表 3-4   问卷效度分析结果

题目	均值	标准差	相关系数	题目	均值	标准差	相关系数
1	1.09	0.514	0.308 **	17	1.12	0.756	0.540 **
2	1.18	0.716	0.506 **	18	1.09	0.637	0.486 **
3	1.15	0.757	0.489 **	19	1.19	0.748	0.461 **
4	1.08	0.748	0.661 **	20	1.13	0.661	0.590 **
5	1.09	0.698	0.509 **	21	1.16	0.707	0.385 *
6	1.10	0.704	0.480 **	22	1.04	0.665	0.644 **
7	1.07	0.756	0.437 **	23	1.11	0.680	0.387 *
8	1.14	0.697	0.578 **	24	0.99	0.643	0.427 **
9	1.11	0.634	0.132	25	1.09	0.740	0.521 **
10	1.12	0.686	0.639 **	26	1.12	0.640	0.566 **
11	1.21	0.743	0.641 **	27	1.20	0.667	0.536 **
12	1.14	0.682	0.254	28	0.97	0.658	0.402 **
13	1.29	0.729	0.413 *	29	1.14	0.682	0.422 *
14	1.22	0.629	0.560 **	30	1.10	0.628	0.610 **
15	1.29	0.671	0.543 **	31	1.09	0.698	0.632 **
16	1.24	0.698	0.432 **	32	1.17	0.668	0.751 **

*说明对应项目在 0.05 的显著性水平下显著相关；**说明对应项目在 0.01 的显著性水平下显著相关

可以看出，所有问题与总分数的相关系数都为正值，且 90% 的问题和总分数都具有在 0.01 和 0.05 显著性水平下的相关关系，符合高效度量表的标准，说明该问卷具有良好的内容效度，可以据此进行测试。

3.4.2　问卷因子分析

采用 SPSS 软件对问卷结果进行了统计分析，确认驾驶员静态驾驶倾向性心理测量问卷具有较好的可信性和有效性后，本节采用统计学中的因子分析方法对问卷结果进行分析。

1）KMO 检验和 Bartlett 球形检验

KMO 检验用来研究变量（即各个问题）之间的偏相关性，由于控制了其他因素的影响，计算时偏相关会比简单相关系数来得小。一般来说，KMO 统计量小于 0.5 不宜做因子分析，0.7 以上可以接受，大于 0.9 时效果最佳。本节中 KMO 统计量取值为 0.921 效果非常好（表3-5），适合做因子分析。

表3-5　KMO 和 Bartlett 的检验

检验方法		偏相关性
取样足够的 KMO 度量		0.921
Bartlett 的球形度检验	近似卡方	2520.444
	df	496.000
	Sig.	0.000

Bartlett 球形检验统计量的 Sig. <0.01，认为各问题之间存在显著的相关性（表3-5），适合做因子分析。

2）因子分析

本篇选择因子分析中最为常用的主成分分解方法，求取变量相关系数矩阵特征值，并采用方差最大正交旋转的方法完成因子分析。兼顾因子的可解释性，本节共提取出两个因子，这两个因子能够解释的总方差达到 81% 以上，即总体多于 81% 的信息可以由这两个公共因子来解释，并且因子分析的碎石图从第二个

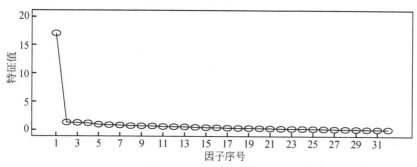

图3-4　因子特征值散点图

因子开始曲线显著平缓，同样说明抽取两个因子是合理的（图3-4）。

从表3-6可以看出：因子1的负荷来自问题1～问题10，包括了性格和个性等自身心理因素，分析其原因是由于驾驶员本身所具有的性格会在任何事件的处理上得到体现，因而存在着一定的内在一致性；因子2的负荷来自问题11～问题32，包括了在驾驶过程中的客观环境及自身的驾驶能力等因素。

表3-6 旋转后的因子载荷、特征值及解释方差

驾驶倾向性调查项	因子1 （性格等心理因素）	因子2 （驾驶能力与客观环境）
3	0.875	—
1	0.853	—
5	0.816	—
2	0.768	—
7	0.716	—
9	0.671	—
6	0.659	—
8	0.531	—
4	0.480	—
10	0.423	—
14	—	0.785
17	—	0.734
21	—	0.673
32	—	0.641
30	—	0.617
28	—	0.589
22	—	0.542
29	—	0.501
13	—	0.493
18	—	0.464
27	—	0.457
31	—	0.431
12	—	0.422
23	—	0.416
15	—	0.401

续表

驾驶倾向性调查项	因子1 （性格等心理因素）	因子2 （驾驶能力与客观环境）
19	—	0.389
26	—	0.371
11	—	0.356
24	—	0.331
25	—	0.312
16	—	0.287
20	—	0.254
特征值	17.059	1.211
方差/%	48.236	32.859

这一结果说明，本节因子分析中提取出的因子易于解释，较好地说明了驾驶员倾向性容易受到性格、驾驶能力及客观环境的影响。

3.5 本章小结

本章详细介绍了心理调查问卷设计的侧重点，并设计了驾驶员静态驾驶倾向性的心理测量问卷，根据问卷结果进行效度和信度分析，表明该问卷具有较好的信度和效度，最后对问卷结果进行了因子分析。

参考文献

黄孟藩. 王凤彬. 1995. 决策行为与决策心理. 北京：机械出版社.

金会庆，陈山荣. 1994. 驾驶员个性与事故倾向研究概况. 应用心理学，23（5）：43-44.

李凤芝，李昌吉，詹承烈，等. 2003. 攻击性驾驶行为量表中文译本的效度和信度. 中国行为医学科学，12（3）：335-337.

吕振通，张凌云. 2009. SPSS统计分析与应用. 北京：机械工业出版社.

潘文安. 2010. 基于伙伴关系的供应链整合与企业竞争. 北京：中国物资出版社，2010.

Aiken LR. 2006. 心理测量与评估. 北京：北京师范大学出版社.

Wiesenthal D L, Hennessy D, Gibson P M. 2000. The Driving Vengeance Questionnaire（DVQ）：the development of a scale to measure deviant driver's attitudes. Violence and Victims, 15（2）：115-136.

4 不同驾驶倾向驾驶员的特征调查及分析

认知的情绪、情感理论家韦纳认为，思考方式决定了人们如何去感受环境，即对环境的认知方式可以反映人情感、情绪的本质差异，对于环境的不同认知方式又直接影响人的行为。对于汽车驾驶员来说，其对环境信息的认知及处理（即驾驶员的行为特征）是受心理情感等状态即驾驶倾向性影响的结果，不同驾驶倾向的驾驶员在行车过程中表现出的行为特征往往具有较大的差异。本章以出租车驾驶员为实验对象，通过第3章静态驾驶倾向性心理问卷选出各类型驾驶员各10名，其中内倾型、中倾型和外倾型三种类型驾驶员中男驾驶员人数分别为8、8、9名，女驾驶员人数分别为2、2、1名，年龄分布范围为28~60岁，驾龄分布范围为3~30年，对这30名驾驶员的行为特征进行调查，最后对调查结果做出分析。

4.1 反 应 时 间

反应时间是指驾驶员从感知信息，经过思考判断到做出相应的操作响应这一过程的时间。对于驾驶员来说，特别重要的是制动反应时间。驾驶员从发现紧急情况到把右脚移到制动踏板上所需要的时间，称为制动反应时间。

4.1.1 实验设计

受试驾驶员驾驶车辆行驶在道路上，在行驶过程中，在无任何预先警告的情况下将一个木桶从路旁停放着的一辆小货车后边突然滚入车道中，木桶被人为地进行控制以免真正与汽车发生碰撞。通过车内的摄像装置摄像头4（图4-1）记录驾驶员的操纵反应。实验结束后，观测录像，统计驾驶员从发现紧急情况到把右脚移到制动踏板上时视频播放的帧数，然后换算成制动反应时间（1秒25帧）。

4.1.2 实验结果及分析

由表4-2的单因素方差分析结果可以看出 F 值远远大于 $F_{0.05}$ (2, 27)，表明驾驶员驾驶倾向性不同，对其制动反应时间影响显著。由表4-1和图4-2可以看

图 4-1 摄像装置

出，外倾型驾驶员的反应时间最短，反应最为迅速，其次为中倾型，内倾型驾驶员反应时间最长，反应最为迟钝。

表 4-1 实验结果

驾驶员类型	反应时间										平均值	方差
外倾型	0.62	0.67	0.65	0.73	0.78	0.64	0.82	0.75	0.73	0.66	0.705	0.004 4
中倾型	0.88	0.82	0.99	0.95	0.91	1.01	0.93	0.87	0.95	0.79	0.910	0.005 0
内倾型	1.12	1.08	1.23	0.99	1.05	1.19	1.23	1.14	1.32	1.04	1.139	0.010 6

表 4-2 单因素方差分析结果

差异源	离差平方和	自由度	均方离差	F 值	$F_{0.05}$ (2, 27)
组间	0.214 287	2	0.107 143		
组内	0.058 700	27	0.002 174	49.282	3.354 1
总计	0.272 987	29	—		

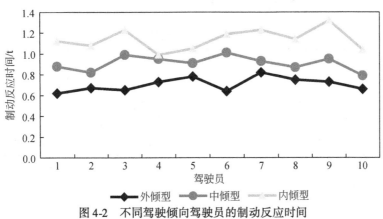

图 4-2 不同驾驶倾向驾驶员的制动反应时间

4.2 速度估计能力

一般来说，机动车驾驶员不必看车速表，仅根据周围景物的移动、身体的感知和听到的风声就能够判断出车辆的行驶速度。速度估计是驾驶员判断汽车、行人相对运动速度及障碍物相对空间位置的重要功能，并且带有明显的主观性和倾向性。

4.2.1 实验设计

被测驾驶员前面1m处有一面板，面板中间开有横缝，用一挡板将横缝的左端遮住，自横缝的右端起有一小灯泡以一定的速度向左移动，当小灯泡移动到挡板的后端时就被遮住。要求被测驾驶员想象小灯泡仍以观测到的速度在挡板后面移动，并判断小灯泡正好移出挡板后端时立即按下反应键，记录小灯泡刚好处于挡板后端的时刻到被测驾驶员按下反应键的时刻之间的时距（即测验估计时间）。小灯泡在挡板后面移动的实际时间为1.80s。试验结束后，将不同驾驶倾向性的驾驶员的测验估计时间作为其速度估计能力的评价指标。

4.2.2 实验结果及分析

由表4-4的单因素方差分析结果可以看出 F 值远远大于 $F_{0.05}(2, 27)$，说明驾驶员的驾驶倾向性对其速度估计能力有显著影响。由表4-3和图4-3可以看出外倾型驾驶员的测验估计时间大多小于1.80s，速度估计能力差；中倾型驾驶员的测验估计时间接近于1.80s，速度估计能力较强；内倾型驾驶员的测验估计时间一般大于1.80s，速度估计能力较差。

表4-3　实验结果

驾驶员类型	测验估计时间										平均值	方差
外倾型	1.73	1.71	1.66	1.49	1.51	1.58	1.63	1.55	1.59	1.66	1.611	0.006 6
中倾型	1.81	1.79	1.75	1.83	1.83	1.77	1.79	1.80	1.82	1.85	1.804	0.000 9
内倾型	1.85	1.93	1.84	1.91	1.95	1.97	1.97	1.91	1.87	1.89	1.909	0.002 2

表4-4 单因素方差分析结果

差异源	离差平方和	自由度	均方离差	F值	$F_{0.05}$ (2, 27)
组间	0.456 93	2	0.228 463		
组内	0.087 02	27	0.003 223	70.886	3.354 1
总计	0.543 95	29			

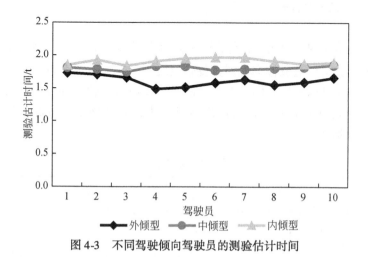

图4-3 不同驾驶倾向驾驶员的测验估计时间

4.3 复杂反应判断能力

驾驶员对环境刺激的反应能力主要表现在操纵方向盘和紧急制动的能力，复杂反应既要快速又要准确。

4.3.1 实验设计

采用公安部认定的检测职业驾驶适性系列中的复杂反应时用的检测仪，具体检测方法为测试屏前方有个椅子上，被测驾驶员坐在上面，将左手放在黄灯反应键上，右手放在绿灯反应键上，右脚放在红灯反应键（脚踏反应键）上。测试时被试者按下手和脚的反应键，当指定颜色的显示灯亮时，松开相对应的手和脚的反应键，如果动作不符即为错误。本测试有三个部分，包括：手动示教测试、8次连续练习测试和16次连续正式测试，这三部分测试都不能省略，否则测试无效。测试时记录16次正式测试中误反应次数和平均反应时间。由专人负责本项目检查，为了减少其他干扰因素对被测驾驶员的影响，采取三方面的措施，包括检测环境、仪器性能、被测试者本身。例如，将检测场地设置于听力室内，排除其他噪声干扰，听力室内装有空调，将环境温度设为人的最适温度，并注意了被测试者对仪器性能是否理解，完成操作是否困难，体位是否合适等人为及环境的影响因素。

4.3.2　实验结果及分析

由表4-6和表4-7的单因素方差分析结果可以看出，F值都大于$F_{0.05}(2, 27)$，说明驾驶员的驾驶倾向性对其复杂反应判断能力有显著影响。通过表4-5、图4-4和图4-5可以看出外倾型驾驶员的平均反应时间快，误反应次数多；中倾型驾驶员的平均反应时间和误反应次数都居中；内倾型驾驶员的平均反应时间慢，误反应次数少。

表 4-5　实验结果

驾驶倾向类型	内倾型		中倾型		外倾型	
	误反应次数 /次	平均反应时间 /s	误反应次数 /次	平均反应时间 /s	误反应次数 /次	平均反应时间 /s
复杂反应判断能力	1	0.81	2	0.78	3	0.73
	0	0.96	1	0.83	4	0.65
	2	0.85	3	0.81	2	0.77
	1	0.91	2	0.75	3	0.63
	1	0.94	2	0.80	2	0.61
	2	0.88	0	0.73	3	0.72
	0	0.89	1	0.77	4	0.67
	2	0.90	3	0.85	3	0.69
	1	0.77	2	0.83	3	0.72
	1	0.82	2	0.69	5	0.63
平均值	1.100	0.873	1.8	0.784	3.1	0.682
方差	0.544 44	0.003 60	0.844 44	0.002 52	0.988 89	0.002 75

表 4-6　单因素方差分析结果（误反应次数）

差异源	离差平方和	自由度	均方离差	F值	$F_{0.05}(2, 27)$
组间	20.6	2	10.300 00		
组内	21.4	27	0.792 593	12.995	3.354 1
总计	42.0	29	—		

表4-7 单因素方差分析结果（平均反应时间）

差异源	离差平方和	自由度	均方离差	F 值	$F_{0.05}(2, 27)$
组间	0.182 687	2	0.091 343		
组内	0.079 810	27	0.002 956	30.902	3.354 1
总计	0.262 497	29	—		

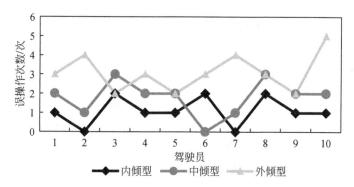

图 4-4 不同驾驶倾向驾驶员的误反应次数

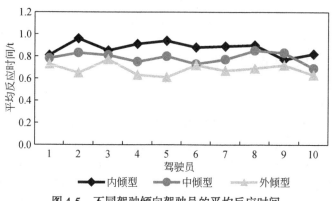

图 4-5 不同驾驶倾向驾驶员的平均反应时间

4.4 换道频率、加油频率和制动频率

4.4.1 实验设计

实验按每组三人进行，分别从三个类型驾驶员中各派出一名驾驶员沿实验路

段任一车道行驶，以人民西路理工大学北门作为起点和终点，沿实验路线人民西路—西八路—张周路—西五路—共青团路—世纪路—人民西路（图4-6）行驶一周，记录实验人员行驶过程中的行驶时间、换道次数、加油次数及制动次数。该实验路线长度约6000m，交通状态为非自由流，天气及道路状况良好。

图4-6 实验路线

4.4.2 实验结果及分析

1）换道频率

车辆的运动可以分解为纵向运动和侧向运动，在明确划分车道的道路条件下，侧向运动的主要形式是车道变换。换道过程可以分为三个阶段：意图产生、安全条件检查和换道实施。换道意图的产生与很多因素有关，包括交通规则、交通状况、道路条件、路线计划、个人偏好等。目前广泛接受的两类换道行为，即选择性车道变换和强制性车道变换。换道频率是指单位时间内驾驶员换道的次数。通过对不同驾驶倾向的驾驶员进行实车实验，得到的结果如表4-8、表4-9和图4-7所示。

表4-8 实验结果

驾驶员类型	换道频率/（次/min）										平均值	方差
外倾型	0.28	0.33	0.24	0.33	0.37	0.29	0.27	0.31	0.30	0.28	0.300	0.001 4
中倾型	0.19	0.24	0.26	0.22	0.17	0.14	0.22	0.20	0.18	0.15	0.197	0.001 5
内倾型	0.13	0.05	0.14	0.03	0.11	0.09	0.16	0.07	0.05	0.14	0.970	0.002 1

表4-9 单因素方差分析结果

差异源	离差平方和	自由度	均方离差	F 值	$F_{0.05}$ (2, 27)
组间	0.206 06	2	0.103 030		
组内	0.044 22	27	0.001 638	62.908	3.354 1
总计	0.250 28	29	—		

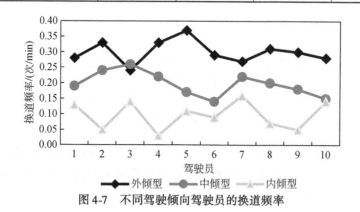

图 4-7 不同驾驶倾向驾驶员的换道频率

由表4-9的结果可以看出 F 值远大于 $F_{0.05}$(2，27)，说明驾驶员的驾驶倾向性对其换道频率影响显著。由表4-8和图4-7可以看出外倾型驾驶员换道频率较高，中倾型驾驶员次之，内倾型驾驶员最低。

2）加油频率

汽车发动机油门，一般是靠踏板来控制的，也称加速踏板，是车用发动机控制供油的装置。不同驾驶倾向的驾驶员的加油频率是不一样的，通过实车实验得到的结果如表4-10、表4-11和图4-8所示。

表4-10 实验结果

驾驶员类型	加油频率/(次/min)										平均值	方差
外倾型	0.34	0.35	0.43	0.48	0.38	0.33	0.44	0.41	0.38	0.36	0.390	0.002 4
中倾型	0.27	0.33	0.23	0.37	0.31	0.29	0.23	0.28	0.25	0.33	0.289	0.002 1
内倾型	0.16	0.19	0.26	0.22	0.19	0.11	0.17	0.16	0.23	0.14	0.183	0.002 0

表4-11 单因素方差分析结果

差异源	离差平方和	自由度	均方离差	F 值	$F_{0.05}$ (2, 27)
组间	0.214 29	2	0.107 143		
组内	0.058 70	27	0.002 174	49.282	3.354 1
总计	0.272 99	29	—		

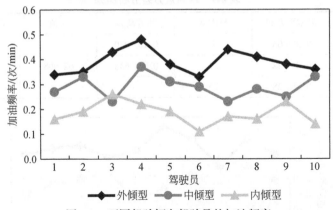

图 4-8　不同驾驶倾向驾驶员的加油频率

由表 4-11 可以看出 F 值远大于 $F_{0.05}$ （2，27），说明驾驶员的驾驶倾向性对其加油频率影响显著，由表 4-10 和图 4-8 可以看出外倾型驾驶员的加油频率最高，中倾型驾驶员次之，内倾型驾驶员最低。

3）制动频率

制动是使运行中的机车、车辆及其他运输工具或机械等停止或减低速度的动作。制动频率是单位时间内制动的次数。通过对不同驾驶倾向的驾驶员进行实车试验，得到他们的制动频率如表 4-12、表 4-13 和图 4-9 所示。

表 4-12　实验结果

驾驶员类型	制动频率/（次/min）										平均值	方差
外倾型	0.11	0.13	0.15	0.08	0.12	0.13	0.09	0.08	0.12	0.12	0.113	0.000 5
中倾型	0.18	0.15	0.22	0.21	0.18	0.22	0.14	0.17	0.23	0.20	0.190	0.000 9
内倾型	0.26	0.28	0.31	0.33	0.31	0.37	0.32	0.28	0.29	0.26	0.301	0.001 2

表 4-13　单因素方差分析结果

差异源	离差平方和	自由度	均方离差	F 值	$F_{0.05}$ （2，27）
组间	0.178 65	2	0.089 323		
组内	0.023 90	27	0.000 885	100.91	3.354 1
总计	0.202 55	29	—		

由表 4-13 的单因素方差分析结果可以看出 F 值远大于 $F_{0.05}$ （2，27），说明驾驶员的驾驶倾向性对其制动频率有显著影响。通过表 4-12 和图 4-9 可以看出内倾型驾驶员的制动频率最高，中倾型驾驶员次之，外倾型驾驶员最低。

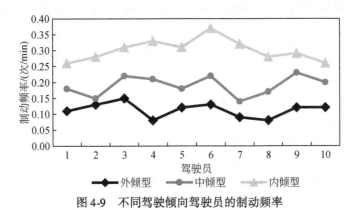

图 4-9　不同驾驶倾向驾驶员的制动频率

4.5　本章小结

通过对不同驾驶倾向驾驶员的特征进行调查与分析，结果表明，不同驾驶倾向性的驾驶员在反应时间、速度估计能力、复杂反应判断能力、换道频率、加油频率及制动频率上存在显著差异。

参 考 文 献

侯雪艳. 2007. 个性特质、态度对驾驶行为的预测研究. 沈阳：沈阳师范大学.

罗亦芳，曹民. 2000. 影响新司机复杂反应判断的有关因素分析. 中国职业医学，27（2）：57-58.

骆勇. 2009. 道路交通中攻击性驾驶行为分析与研究. 成都：西南交通大学.

毛恩荣，周一鸣. 1997. 机动车驾驶员场依存性和速度估计能力对行车安全性的影响. 中国农业大学学报，2（2）：114-118.

邵志芳. 2006. 认知心理学——理论、实验和应用. 上海：上海教育出版社.

余腊生，何满庆. 2009. 基于 Agent 和情感计算的司机驾驶行为模型研究. 企业技术开发，1（3）：19-21.

庄明科，白海峰，谢晓非. 2008. 驾驶人员风险驾驶行为分析及相关因素研究. 北京大学学报（自然科学版），44（3）：475-482.

Fukuda S. 2008. Detecting driver's emotion：a step toward emotion-based reliability engineering. 1（8）：491-507.

Leng H, Lin Y, Zanzi L A. 2007. An experimental study on physiological parameters toward driver emotion recognition. Proceedings of the International Conference on Ergonomics and Health Aspects of Work with Computers. Berlin, Germany：Springer，（1）：237-246.

Reichardt D M. 2008. Approaching drivermodels which integrate models of emotionan drisk. The IEEE

Intelligent Vehicles Symposium. Eindhoven, The Kingdom of the Nethelands: IEEE, 5 (10): 234-239.

Tuokko H A, McGee P, Gabriel G, et al. 2007. Perception, attitudes and eliefs, and openness to change: implications for older driver education. Accident Analysis and Prevention, 39 (1): 812-817.

Ulleberg P, Rundmo T. 2002. Risk-taking attitudes among young drivers: the psychometric qualities and dimensionality ofan instrument to measure young drivers'risk-taking attitudes. Scandinavian Journal of Psychology, 43 (3): 227.

Ulleberg P. 2002. Personality subtypes of young drivers, their relationship to risk-taking preferences, accident involvement and response to a traffic safety campaign. Transport Research Part F: Trafffic Psychology Behavior, 4 (4): 279-297.

Yilmaz V, Celik H E. 2004. A model for risky driving attitudes in Turkey. Social Behavior and ersonality, 32 (8): 791-797.

5 汽车驾驶倾向性判定方法的研究

目前，驾驶员身心机能的综合测评成为国内外研究的热点，并相继提出了各种不同的测评方法，如判别函数、神经网络评价系统及多元回归等，但是对于驾驶倾向性，由于驾驶员不同个体差异明显、心理变化比较大，增大了其测评的难度。因此，寻求驾驶员倾向性测评更为合理的方法成为研究的难点。本章运用模糊多层次综合评判、证据理论及决策树的方法对驾驶倾向性进行了评判。

5.1 基于模糊多层次综合评判的汽车驾驶倾向性的判定方法

对一个事物的评价，常常要涉及多个因素或者多个指标，这时就要根据这多个指标对事物做综合评价。本节应用模糊综合评判的方法对驾驶员的驾驶倾向性进行测评，将抽象的驾驶倾向性具体化为反应判断指标、驾驶操纵指标和行车记录指标。其评价过程可看成是多指标评价的多层递阶结构，由下到上综合各个指标的评价结果对驾驶倾向做出价值判断，获得最终评价结果。

5.1.1 模糊多层次综合评判

评价的问题不同，评价指标体系的构成也不同。将反映问题的多个评价指标按属性不同分组，每组作为一个层次。对于一般的评价问题，评价指标体系由最高层和第一层构成。对于复杂问题，评价指标的层次还要排列下去，形成多层次的评价指标体系。

1. 因素分类

将因素集 $U = \{u_1, u_2, \cdots, u_n\}$ 按某种属性分为 s 类，即

$$u_i = \{u_{i1}, u_{i2}, \cdots, u_{in}\}, \quad i = 1, 2, \cdots, s$$

它们满足条件：

(1) $n_1 + n_2 + \cdots + n_s = n$

(2) $u_1 \cup u_2 \cup \cdots \cup u_s = U$

（3）$\forall i,\ j,\ i \neq j \Rightarrow u_i \cap u_j = \varnothing$

2. 建立评判集

$$V = \{v_1,\ v_2,\ \cdots,\ v_p\}$$

3. 建立权重集

1）因素类权重集

设第 i 类因素 U_i 的权数为 a_i（$i = 1,\ 2,\ \cdots,\ s$），则因素类权重集为 $A = (a_1,\ a_2,\ \cdots,\ a_s)$。

2）因素权重集

设第 i 类中的第 j 个因素的权数为 a_{ij}，则因素权重集为

$$A_i = (a_{i1},\ a_{i2},\ \cdots,\ a_{in_i}),\ i = 1,\ 2,\ \cdots,\ s$$

4. 一级综合评判

对每一类的各个因素进行综合评判。设一级模糊综合评判的单因素评判矩阵为

$$R_i = \begin{bmatrix} r_{11}^{(i)} & r_{12}^{(i)} & \cdots & r_{1p}^{(i)} \\ r_{21}^{(i)} & r_{22}^{(i)} & \cdots & r_{2p}^{(i)} \\ \vdots & \vdots & & \vdots \\ r_{n_i 1}^{(i)} & r_{n_i 2}^{(i)} & \cdots & r_{n_i p}^{(i)} \end{bmatrix}$$

第 i 类因素的模糊综合评判为

$$B_i = A_i \cdot R_i = (a_{i1},\ a_{i2},\ \cdots,\ a_{in_i}) \cdot \begin{bmatrix} r_{11}^{(i)} & r_{12}^{(i)} & \cdots & r_{1p}^{(i)} \\ r_{21}^{(i)} & r_{22}^{(i)} & \cdots & r_{2p}^{(i)} \\ \vdots & \vdots & & \vdots \\ r_{n_i 1}^{(i)} & r_{n_i 2}^{(i)} & \cdots & r_{n_i p}^{(i)} \end{bmatrix} = (b_{i1},\ b_{i2},\ \cdots,\ b_{ip})$$

$$(5\text{-}1)$$

5. 二级综合评判

二级模糊综合评判的单因素评判矩阵，应为一级模糊综合评判矩阵

$$R = \begin{bmatrix} B_1 \\ B_2 \\ \vdots \\ B_s \end{bmatrix} = \begin{bmatrix} A_1 \cdot R_1 \\ A_2 \cdot R_2 \\ \vdots \\ A_s \cdot R_s \end{bmatrix}$$

于是二级综合评判为

$$B = A \cdot \boldsymbol{R} = A \cdot \begin{bmatrix} A_1 \cdot R_1 \\ A_2 \cdot R_2 \\ \vdots \\ A_S \cdot R_S \end{bmatrix} \qquad (5\text{-}2)$$

如果有的子因素集 U_i 仍含有较多的因素，可将 U_i 再划分，于是有三级模型，自然有更多级模型。

5.1.2　模型的构建

1）确定因素层次和各层次因素集

对反映驾驶员驾驶倾向性的各个特征指标进行系统分析，将各个特征指标按层次分类，直接反映驾驶员驾驶倾向性的特征指标为第一层次的因素，可建立第一层次因素集

$U = \{$反应判断指标，驾驶操纵指标，行车记录指标$\}$

第一层次因素集中的每一个因素又由第二层次的若干个因素决定，因此可建立第二层次的因素子集（图5-1）：

$u_1 = \{$反应时间，速度估计，复杂反应判断$\}$

$u_2 = \{$油门踏板力度，刹车踏板制动力，方向盘握力$\}$

$u_3 = \{$加油频率，换道频率，制动频率$\}$

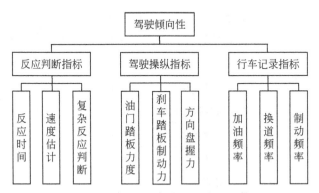

图 5-1　驾驶员驾驶倾向性综合评判体系

2）建立各层次权重集

确定了因素的层次和归属以后，需建立第一层次因素 U 的权重集 $A = (a_1,$ $a_2, \cdots, a_s)$ 和第二层次各因素子集 u_i 的权重集 $A_i = (a_{i1}, a_{i2}, \cdots, a_{in_i})$ ；$i = 1$，

2，…，S。权重集的建立可采用专家评判法，对各因素在相应因素集中的重要性打分，并按归一化要求对各因素赋予相应的权重。

第一层次因素 U 的权重集

$$A = (0.3, 0.3, 0.4)$$

第二层次各因素子集 u_i 的权重集

$$A_1 = (0.34, 0.33, 0.33)$$
$$A_2 = (0.35, 0.40, 0.25)$$
$$A_3 = (0.42, 0.36, 0.22)$$

3）建立评价集

根据评价决策的实际需要，将评判等级标准划分为"外倾""中倾""内倾"三个等级，即评语集合 $V = \{v_1, v_2, v_3\} = \{外倾, 中倾, 内倾\}$。

5.1.3 应用实例

应用该模型对一出租车司机的驾驶倾向性进行测定，采用 10 名专家对被测定者的反应判断指标、驾驶操纵指标及行车记录指标，以内倾、中倾和外倾进行评估，结果如表 5-1 所示。

表5-1 驾驶员驾驶倾向性指标评估表

第一级因素	权重	第二级因素	权重	评估结果		
				外倾	中倾	内倾
反应判断指标	0.3	反应时间	0.34	2	8	0
		速度估计	0.33	1	8	1
		复杂反应判断	0.33	1	9	0
驾驶操纵指标	0.3	油门踏板力度	0.35	1	8	1
		刹车踏板制动力	0.40	2	8	0
		方向盘握力	0.25	3	7	0
行车记录指标	0.4	加油频率	0.42	2	7	1
		换道频率	0.36	1	8	1
		制动频率	0.22	0	8	2

由上表中的数据得对应的单因素评判矩阵

$$R_1 = \begin{bmatrix} 0.2 & 0.8 & 0 \\ 0.1 & 0.8 & 0.1 \\ 0.1 & 0.9 & 0 \end{bmatrix} \quad R_2 = \begin{bmatrix} 0.1 & 0.8 & 0.1 \\ 0.2 & 0.8 & 0 \\ 0.3 & 0.7 & 0 \end{bmatrix} \quad R_3 = \begin{bmatrix} 0.2 & 0.7 & 0.1 \\ 0.1 & 0.8 & 0.1 \\ 0 & 0.8 & 0.2 \end{bmatrix}$$

代入 $B_i = A_i \cdot R_i$ 中得

$$B_1 = \begin{bmatrix} 0.134 & 0.833 & 0.033 \end{bmatrix} \quad B_2 = \begin{bmatrix} 0.19 & 0.775 & 0.035 \end{bmatrix}$$

$$B_3 = \begin{bmatrix} 0.12 & 0.758 & 0.122 \end{bmatrix}$$

代入 $R = \begin{bmatrix} B_1 \\ B_2 \\ \vdots \\ B_S \end{bmatrix} = \begin{bmatrix} A_1 \cdot R_1 \\ A_2 \cdot R_2 \\ \vdots \\ A_S \cdot R_S \end{bmatrix}$ 中得一级模糊综合评判矩阵

$$R = \begin{bmatrix} 0.134 & 0.833 & 0.033 \\ 0.19 & 0.775 & 0.035 \\ 0.12 & 0.758 & 0.122 \end{bmatrix}$$

于是二级综合评判为

$$B = A \cdot R = A \cdot \begin{bmatrix} A_1 \cdot R_1 \\ A_2 \cdot R_2 \\ \vdots \\ A_S \cdot R_S \end{bmatrix} = \begin{bmatrix} 0.145\,2 & 0.785\,6 & 0.069\,2 \end{bmatrix}$$

通过该模型的评判，根据最大隶属原则得出该驾驶员的驾驶倾向类型为中倾型。

5.2 基于证据理论的汽车驾驶倾向性综合评判方法

证据理论是由 Dempster 于 1967 年首先提出，由他的学生 Shafer 于 1976 年进一步发展起来的一种不精确推理理论，也称为 Dempster/Shafer 证据理论（D-S 证据理论），属于人工智能范畴，最早应用于专家系统中，具有处理不确定信息的能力。在证据理论中，证据指的是人们的知识和经验的一部分，是人们对某一问题所做的观察和研究的结果，不是实际证据。它不但强调证据的主观性，而且强调证据的客观性。证据合成法则是证据理论的核心，它能够很好地处理证据的合成问题，特别是不确定的和模糊的证据合成。该理论可应用于具有"证据信息"的多属性群决策评价方法的研究上，适用于存在不确定和人为因素的决策。本节利用证据理论，对各种测试指标进行综合评价来测评驾驶员的驾驶倾向性。

5.2.1 证据理论

证据理论的基础是证据的合并和信任函数的更新，其对不确定性的描述是通过识别框架、基本概率分配函数、信任函数、似然函数、相关性等概念来描述的。

1）识别框架与基本信任分配函数

证据理论以概率为基础，把概率论中的事件扩展成命题，把事件的集合扩展到命题的集合，在集合和命题之间建立一一对应的关系，通过引入信任函数，把命题的不确定性问题转化为集合的不确定性问题。假设现有某一需要判决的问题，对于该问题所能认识到的所有可能答案的完备集合用 Θ 来表示，那么所关心的任一命题都对应于 Θ 的 1 个子集，Θ 称为识别框架，Θ 的选取依赖于知识和认识水平。

定义　设 Θ 为识别框架，基本信任分配函数 m 是一个从集合 2^{Θ} 到 $[0，1]$ 的映射，A 表示识别框架 Θ 的任一子集，记作 $A \subseteq \Theta$，且满足

$$\begin{cases} m(\varnothing) = 0 \\ \sum_{A \subseteq \Theta} m(A) = 1 \end{cases}$$

其中，$m(A)$ 称为事件 A 的基本信任分配函数，它表示证据对 A 的信任，$m(\Theta)$ 表示概率没有赋予任何一个子集上，用于对未知信息的表达。

2）证据合成规则

D-S 合成规则是一个反应证据联合作用的法则，它是将来自不同信息源的独立证据信息组合，产生更可靠的证据信息。假定识别框架 Θ 下的两个证据 E_1 和 E_2，其相应的基本信任分配函数为 m_1 和 m_2，焦元分别为 $A_1，\cdots，A_k$ 和 $B_1，\cdots，B_l$，如果

$$K = \sum_{A_i \cap B_j = \varnothing} m_1(A_i) m_2(B_j) < 1$$

那么这两批证据就可以合成，合成后的基本可信度分配函数 $m：2^{\Theta} \to [0，1]$ 满足

$$m(A) = \begin{cases} (1-K)^{-1} \sum_{A_i \cap B_j = A} m_1(A_i) m_2(B_j)，& A \neq \varnothing \\ 0，& A = \varnothing \end{cases} \tag{5-3}$$

这就是著名的 D-S 合成公式，其中

$$K = \sum_{A_i \cap B_j = \varnothing} m_1(A_i) m_2(B_j) \tag{5-4}$$

它反映了各个证据之间的冲突系数。由 m 给定的信任函数称为 m_1 和 m_2 的正交和，记为 $m_1 \oplus m_2$。

5.2.2 模型的构建

1）多指标评价层次结构模型

为了提高评价的科学性，一般都把抽象的目标具体分解为多层的子目标，这些子目标可以统称为指标。因此，对评价对象的评价可形成多指标评价的多层次递阶结构，由下到上对各个评价指标的结果进行综合，对评价对象做出价值判断，最后得到评价结果。在评价的过程中需要对各个指标设立相应的权重，权重可通过专家评判法来确定，权重是体现各个指标相对重要程度的定量分配。设 E_i 的相对权重为 $w_i(i = 1, \cdots, r)$，并且满足

$$\sum_{i=1}^{r} w_i = 1(w_1, \cdots, w_r \geq 0) \tag{5-5}$$

2）折扣率和支持函数

在证据理论中，通常由识别框架 Θ 的假设来承担包含在证据中的不确定性，也可通过支持函数来说明，但支持函数也有可能不能反映整个证据的某些特殊的不确定性，即对整个证据的似真度只有 α（$0 \leq \alpha \leq 1$），其中参数 α 表明决策者对评价结果不能完全相信，反映了对指标评价结果所给出的折扣率。如果 $w_k = \max\{w_1, \cdots, w_r\}$，那么称此指标为关键指标，可以将关键指标的评价结果作为一个基准。

由决策者确定关键指标 E_k 对状态 Θ_j 的概率 β_{kj}（$1, \cdots, n$），在概率 β_{kj} 下状态 Θ_j 有多大的程度会发生，给出相应的折扣率，记作 $m_{kj} = \alpha\beta_{kj}$（$j = 1, \cdots, n$），其中 m_{kj} 表示关键指标对决策者产生的支持程度或信任程度。对于非关键指标 E_i，对于状态 Θ_j 给出的概率为 β_{ij}。同理，可以通过对概率 β_{ij} 的折扣得到相应的支持程度。因为相对于关键指标 E_k，非关键指标 E_i 的重要性程度为 w_i/w_k，所以其折扣率取 $(w_i/w_k)\alpha$，用 $m_{ij} = (w_i/w_k)\alpha\beta_{ij}$（$j = 1, \cdots, n$）作为非关键指标对该命题的支持程度。这样可根据层次结构模型中的多指标综合评价问题构建起一个对应的证据推理模型，用相应的证据合成方法得到综合的基本可信度函数。

3）驾驶倾向性测评体系

本章综合文献中的驾驶员生理-心理指标及文献中驾驶员倾向性心理调查问卷当中的相关指标，在此基础上构建了驾驶倾向性评测体系，以此来衡量驾驶员的驾驶倾向性，定义第一层为目标层，第二层为属性次指标，第三层为因素层指标，如表5-2所示。

表 5-2　驾驶员驾驶倾向性综合测评指标体系

目标	属性	因素
驾驶倾向性	反应判断指标	反应时间
		速度估计
		复杂反应判断
	驾驶操纵指标	油门踏板力度
		刹车踏板制动力
		方向盘握力
	行车记录指标	加油频率
		换道频率
		制动频率

4）D-S 证据推理模型及求解方法

首先设定每个因素层指标的评价等级：外倾、中倾、内倾。根据 D-S 证据推理模型建立驾驶倾向性识别框架，然后由有关领域的不同专家对识别元素做出主观判断，由于不同专家观察结果和经验不同，必然会在识别框架 Θ 上得到不同的证据。同样，得到的基本可信度分配函数也会必然不同，对各个基本可信度分配函数应用证据合成规则进行合成，驾驶倾向性的评价状态就是所得的结果。

5.2.3　应用实例

根据上述驾驶倾向性指标评价体系，令 $E = \{E_1, E_2, E_3\}$ 表示属性层，$E_1 = \{e_{11}, e_{12}, e_{13}\}$，$E_2 = \{e_{21}, e_{22}, e_{23}\}$，$E_3 = \{e_{31}, e_{32}, e_{33}\}$，$E_1 \sim E_3$ 表示因素集，$\Theta = \{\theta_1, \theta_2, \theta_3\}$ 表示评语集，即"外倾""中倾""内倾"。采用专家评判法确立各层指标的相对权重，属性层的权重集为 $W = (w_1, w_2, w_3) = (0.3, 0.3, 0.4)$，因素集 E_1，E_2，E_3 的权重向量分别为 $V_1 = (v_{11}, v_{12}, v_{13}) = (0.34, 0.33, 0.33)$，$V_2 = (0.35, 0.40, 0.25)$，$V_3 = (0.42, 0.36, 0.22)$。

共有 10 名专家对某一驾驶员的反应判断指标、驾驶操纵指标及行车状态指标以外倾、中倾和内倾进行评估，评价结果如下

$$R_1 = \begin{bmatrix} 0.2 & 0.8 & 0 \\ 0.1 & 0.8 & 0.1 \\ 0.1 & 0.9 & 0 \end{bmatrix} \quad R_2 = \begin{bmatrix} 0.1 & 0.8 & 0.1 \\ 0.2 & 0.8 & 0 \\ 0.3 & 0.7 & 0 \end{bmatrix} \quad R_3 = \begin{bmatrix} 0.2 & 0.7 & 0.1 \\ 0.1 & 0.8 & 0.1 \\ 0 & 0.8 & 0.2 \end{bmatrix}$$

其中，矩阵 R_1 表示在属性"反应判断指标"的三个因素中，对"反应时间"，2 位专家评为"外倾"，8 位专家评为"中倾"，0 位专家评为"内倾"；对"速度

估计"，1 位专家评为"外倾"，8 位专家评为"中倾"，1 位专家评为"内倾"；对"复杂反应判断"，1 位专家评为"外倾"，9 位专家评为"中倾"，0 位专家评为"内倾"。其余两个矩阵的含义相同。现以"反应判断指标"为例，对其驾驶倾向性的评价给出证据推理模型的计算步骤，其评价信息如表 5-3 所示。

表 5-3 "反应判断指标"专家评价信息

因素	权重	外倾	中倾	内倾
e_{11}	0.34	0.2	0.8	0
e_{12}	0.33	0.1	0.8	0.1
e_{13}	0.33	0.1	0.9	0

将 e_{11}、e_{12}、e_{13} 的评价信息转化，得到其在 Θ 上的基本可信度分配。根据各个因素之间的权重，关键因素 e_{11} 的折扣率取 $\alpha_1 = 0.8$，因此，非关键因素 e_{12} 的折扣率为 $(e_{12}/e_{11})\alpha_1 = 0.776$，$e_{13}$ 的折扣率为 $(e_{13}/e_{11})\alpha_1 = 0.776$，由此可以得到三个因素的基本可信度分配，其合成结果如表 5-4 所示。

表 5-4 "反应判断指标"Mass 函数合成情况

信息源	Mass 函数	θ_1	θ_2	θ_3	Θ
e_{11}	m_{11}	0.16	0.64	0	0.2
e_{12}	m_{12}	0.077 6	0.620 8	0.077 6	0.224
e_{13}	m_{13}	0.077 6	0.698 4	0	0.224
合成	M_1	0.033 3	0.946 8	0.005 1	0.014 8

同理可得 E_2 和 E_3 的合成结果（其关键因素的折扣率分别为 0.8 和 0.9）如表 5-5 所示。

表 5-5 属性 Mass 函数

因素	权重	外倾	中倾	内倾	Θ
E_1	0.3	0.033 3	0.946 8	0.005 1	0.014 8
E_2	0.3	0.083 5	0.861 9	0.010 3	0.044 3
E_3	0.4	0.053 9	0.887 3	0.039 2	0.019 6

可以将表 5-5 看成是专家对属性集 $E = \{E_1, E_2, E_3\}$ 的评价信息矩阵，将其转化为其在 Θ 上的基本可信度分配并合成（关键因素的折扣率为 1），如表 5-6 所示。

表 5-6 属性 Mass 函数合成情况

信息源	Mass 函数	θ_1	θ_2	θ_3	Θ
E_1	M_1	0.025	0.710 1	0.003 8	0.261 1
E_2	M_2	0.062 6	0.646 4	0.007 7	0.283 3
E_3	M_3	0.053 9	0.887 3	0.039 2	0.019 6
合成	—	0.007	0.9875	0.0037	0.0018

合成结果表明，证据对评价对象评为"外倾"的支持程度约为 0.7%，"中倾"约为 98.8%，"内倾"约为 0.4%。消去不确定性，理论上认定该驾驶员的驾驶倾向性为中倾型。

5.3 模糊评价与证据合成方法的比较

模糊综合评价的结果与证据理论推理模型得到的评价结果相同。由于模糊评价被认为是直观合理的，因此这在一定程度上验证了证据理论推理模型的有效性。

模糊模型通常将评价总目标与子目标之间的关系看成是"包含"关系，而证据理论把子目标与总目标之间的关系看成是"支持"关系，也就是说将子目标当成是评价总目标的支持证据。显然，模糊多层次综合评判的方法所得的结果直观简单，具有较强的实用性，而证据理论的应用也更灵活，适用范围更广，特别是在专家对评价对象的个别属性状态不确定或不知道时，更能够体现出证据理论的优势。

5.4 基于决策树模型的汽车驾驶倾向性判定方法

在实际行车过程中，驾驶倾向性的确定是一个复杂的主观行为，受到多种因素的影响，包括驾驶员自身状况（性格、年龄、驾驶技能等）、车辆本身的硬件状况（如车辆类型、车辆设施及性能等）、环境状况（道路条件、交通干扰及天气情况等）以及其他状况（如承运任务缓急等）。同时，由于驾驶员、车辆、行驶环境等因素都存在显著差异，而不同因素的动态组合导致系统的极端复杂性。因此，要描述这样复杂的决策行为，不可缺少大量人、车、环境等信息的支持。

决策树方法能将知识获取与表示融于一身，用决策树形式表示的知识推理效率较高、简单直观、方便人类专家检验。因此，本节将决策树的方法用于驾驶倾向性的研究，依据决策树分类规则得出驾驶倾向性，能够比较好地解决多种因素影响下驾驶倾向性的确定问题。

5.4.1 基于 ID3 分类算法的决策树理论

1）基本原理

决策树由叶节点和内部节点构成，以分类和决策为目的。其中，每个叶节点代表的是类或类分布，而每个内部节点表示一个属性上的测试，每个分支代表一个测试输出分类问题。根节点是树的最顶层节点，一条分类规则是从根节点到叶节点的一条路径形成。因为分类规则可由决策树很方便地转化，所以它的分类模式的表示形式是非常直观的。

2）决策树 ID3 分类算法

基于信息熵的 ID3 分类算法是在构建决策树模型中最有影响的算法，属性分类判别能力用信息增益（information gain）来度量，依此选择节点属性。其中信息增益的定义为原始分割的熵与划分以后的熵累加得到的总熵之间的差。ID3 计算速度快、易实现、算法简单、适用于处理较大规模的分类问题，获得的决策树形式也是较为优化的形式。其中，类别属性信息增益值的计算方法如下。

设集合 S 包含 s 个训练样本数据，类别属性为 m，也就是说定义了 m 个类 C_i（$i=1$，2，$\cdots$，m）。用 s_i 表示 C_i 类中样本的个数，那么要对一个给定训练样本进行分类，其所需要的期望信息定义为

$$I(s_1, s_2, \cdots, s_m) = -\sum_{i=1}^{m} p_i \log_2(p_i) \tag{5-6}$$

其中，$p_i = s_i / s$，表示任意样本属于 C_i 类的概率。

设属性 A 有 v 个不同取值 $\{a_1, a_2, \cdots, a_v\}$，这些取值将集合 S 划分为 v 个子集 $\{S_1, S_2, \cdots, S_v\}$，$S_j$ 表示集合 S 中属性 A 上取值为 a_j 的子集。若 A 被选作测试属性，则这些子集将对应该节点的不同分支。若用 s_{ij} 表示 S_j 子集中属于 C_i 类的样本数，则属性 A 划分子集所需要的熵（信息）定义为

$$E(A) = \sum_{j=1}^{v} \frac{s_{1j} + \cdots + s_{mj}}{s} I(s_{1j} + \cdots + s_{mj}) \tag{5-7}$$

其中，$\frac{s_{1j} + \cdots + s_{mj}}{s}$ 为子集 S_j 的权重，它等于属性 A 取 a_j 值的样本数之和与 S 集合中的样本总数的比值；$I(s_{1j} + \cdots + s_{mj})$ 是子集 S_j 的期望信息量，可由以下的公式计算得到

$$I(s_{1j} + \cdots + s_{mj}) = -\sum_{i=1}^{m} p_{ij} \log_2(p_{ij}) \tag{5-8}$$

其中，$p_{ij} = s_{ij} / |S_j|$，表示子集 S_j 中任意一个样本属于 C_i 类的概率；$|S_j|$ 表示子集

S_j 中样本的数量。

作为分类属性，属性 A 的度量值（即信息增益）为

$$\text{Gain}(A) = I(s_1, s_2, \cdots, s_m) - E(A) \tag{5-9}$$

ID3 算法需要对每个属性的信息增益进行计算，给定集合 S 的测试属性节点可由具有最大信息增益的属性来担当，由该节点引出的分支节点可通过该属性的每一个取值建立。标记所产生的节点为相应的属性，相应的分支也是根据这一属性的不同取值分别产生的，每一个被划分的样本子集可由每个分支代表。

5.4.2 基于决策树的驾驶倾向性模型

1）样本采集

由于驾驶倾向性反映的是时变动态环境中汽车操作者的心理情感状态，因此可通过心理测量问卷来得到不同情况下驾驶员的驾驶倾向性，即外倾、中倾、内倾。驾驶倾向性主要受驾驶员特性、车辆特性、环境特性及其他因素的影响，为了便于构建决策树，将各影响因素的相关信息进行标准化处理，如表 5-7 所示。表 5-8 为通过问卷调查得到的部分训练样本。

表 5-7 各影响因素信息

影响因素	各影响因素的含义	取值标准化原则		
		-1	0	1
X	驾驶倾向，本章将一个人的驾驶倾向性分为三种：外倾、中倾、内倾，简记为 X_1，X_2，X_3	—	—	—
Y_1	驾驶员的性格	外向型	—	内向型
Y_2	驾驶员特性中的年龄	青年	中年	老年
Y_3	驾驶员特性中的驾驶技能	0.5 年以下	0.5~3 年	3 年以上
Y_4	车辆类型	大车	中车	小车
Y_5	车辆性能	差	—	良好
Y_6	道路条件	差	中	好
Y_7	交通干扰	严重	一般	无干扰
Y_8	天气	差	—	良好
Y_9	承运任务缓急	急		缓

表5-8 部分训练样本

序号	X	Y_1	Y_2	Y_3	Y_4	Y_5	Y_6	Y_7	Y_8	Y_9
1	X_1	−1	1	0	0	1	1	1	1	−1
2	X_1	1	−1	1	1	1	0	0	1	−1
3	X_1	1	−1	1	1	1	0	0	1	1
4	X_1	1	0	0	0	1	0	1	1	1
5	X_1	−1	0	0	1	1	1	0	1	1
6	X_1	−1	0	0	1	1	0	0	1	1
7	X_1	−1	−1	1	0	1	1	0	1	1
8	X_1	−1	1	1	0	1	1	0	1	1
9	X_1	−1	0	0	1	1	1	0	1	1
10	X_1	−1	−1	0	1	1	0	0	1	1
⋮	⋮	⋮	⋮	⋮	⋮	⋮	⋮	⋮	⋮	⋮

根据 ID3 算法对训练样本进行计算，求得各影响因素的信息增益为 $Y_1 = 0.105$，$Y_2 = 0.094$，$Y_3 = 0.188$，$Y_4 = 0.031$，$Y_5 = 0.179$，$Y_6 = 0.246$，$Y_7 = 0.053$，$Y_8 = 0.271$，$Y_9 = 0.148$，按影响大小排序为 $Y_8 > Y_6 > Y_3 > Y_5 > Y_9 > Y_1 > Y_2 > Y_7 > Y_4$。

2）驾驶倾向性决策树

驾驶倾向性决策树根据训练样本和 ID3 算法来构建。ID3 算法是这样概述的：决策树节点由信息增益最大的驾驶倾向性影响因素来担当，其分支由该节点的不同取值来建立，用该方法对该分支的实例子集建立决策树的节点及其分支，直到某一子集中的实例属于同一类。用 ID3 算法构建和修剪后的驾驶倾向性决策树如图5-2所示。

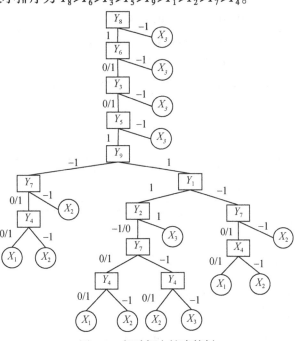

图 5-2 驾驶倾向性决策树

3）决策树中分类规则的获取

抽取决策树中所表示的分类知识并用"IF-THEN"分类规则形式来表示。每一条分类规则可由决策树的根节点到任意一个叶节点所形成的一条路径来构成。分类规则的条件部分（即 IF 部分）中的一个合取项是沿着决策树的一条路径所形成的属性-值偶对构成的，规则的结论内容（即 THEN 部分）是由叶节点所标记的类别构成的。根据图 5-2 的驾驶倾向性决策树，分类规则的"IF-THEN"形式可以方便地被提取出来，如表 5-9 所示。

表 5-9 驾驶倾向性决策树分类规则

序号	分类规则
1	IF$Y_8 = 1$ AND $Y_6 = 0/1$ AND $Y_3 = 0/1$ AND $Y_5 = 1$ AND $Y_9 = -1$ AND $Y_7 = 0/1$ AND $Y_4 = 0/1$ THEN $X = X_1$
2	IF$Y_8 = 1$ AND $Y_6 = 0/1$ AND $Y_3 = 0/1$ AND $Y_5 = 1$ AND $Y_9 = -1$ AND $Y_7 = 0/1$ AND $Y_4 = -1$ THEN $X = X_2$
3	IF$Y_8 = 1$ AND $Y_6 = 0/1$ AND $Y_3 = 0/1$ AND $Y_5 = 1$ AND $Y_9 = -1$ AND $Y_7 = -1$ THEN $X = X_2$
4	IF$Y_8 = 1$ AND $Y_6 = 0/1$ AND $Y_3 = 0/1$ AND $Y_5 = 1$ AND $Y_9 = 1$ AND $Y_1 = 1$ AND $Y_2 = -1/0$ AND $Y_7 = 0/1$ AND $Y_4 = 0/1$ THEN $X = X_1$
5	IF$Y_8 = 1$ AND $Y_6 = 0/1$ AND $Y_3 = 0/1$ AND $Y_5 = 1$ AND $Y_9 = 1$ AND $Y_1 = 1$ AND $Y_2 = -1/0$ AND $Y_7 = 0/1$ AND $Y_4 = -1$ THEN $X = X_2$
6	IF$Y_8 = 1$ AND $Y_6 = 0/1$ AND $Y_3 = 0/1$ AND $Y_5 = 1$ AND $Y_9 = 1$ AND $Y_1 = 1$ AND $Y_2 = -1/0$ AND $Y_7 = -1$ AND $Y_4 = 0/1$ THEN $X = X_2$
7	IF$Y_8 = 1$ AND $Y_6 = 0/1$ AND $Y_3 = 0/1$ AND $Y_5 = 1$ AND $Y_9 = 1$ AND $Y_1 = 1$ AND $Y_2 = -1/0$ AND $Y_7 = -1$ AND $Y_4 = -1$ THEN $X = X_3$
8	IF$Y_8 = 1$ AND $Y_6 = 0/1$ AND $Y_3 = 0/1$ AND $Y_5 = 1$ AND $Y_9 = 1$ AND $Y_1 = 1$ AND $Y_2 = 1$ THEN $X = X_3$
9	IF$Y_8 = 1$ AND $Y_6 = 0/1$ AND $Y_3 = 0/1$ AND $Y_5 = 1$ AND $Y_9 = 1$ AND $Y_1 = -1$ AND $Y_7 = 0/1$ AND $Y_4 = 0/1$ THEN $X = X_1$
10	IF$Y_8 = 1$ AND $Y_6 = 0/1$ AND $Y_3 = 0/1$ AND $Y_5 = 1$ AND $Y_9 = 1$ AND $Y_1 = -1$ AND $Y_7 = 0/1$ AND $Y_4 = -1$ THEN $X = X_2$
11	IF$Y_8 = 1$ AND $Y_6 = 0/1$ AND $Y_3 = 0/1$ AND $Y_5 = 1$ AND $Y_9 = 1$ AND $Y_1 = -1$ AND $Y_7 = -1$ THEN $X = X_2$
12	IF$Y_8 = 1$ AND $Y_6 = 0/1$ AND $Y_3 = 0/1$ AND $Y_5 = -1$ THEN $X = X_3$
13	IF$Y_8 = 1$ AND $Y_6 = 0/1$ AND $Y_3 = -1$ THEN $X = X_3$
14	IF$Y_8 = 1$ AND $Y_6 = -1$ THEN $X = X_3$
15	IF$Y_8 = -1$ THEN $X = X_3$

由图 5-2 和表 5-9 可以得出,天气状况对驾驶倾向性影响最大,无论驾驶员的驾驶水平有多高、驾驶任务有多急、驾驶车辆的性能有多好,天气恶劣的环境下驾驶员的驾驶倾向性都为内倾,驾驶比较谨慎。天气状况良好时,对于条件差的道路,考虑到安全因素,驾驶员的驾驶倾向性也会为内倾。掌握了各种因素对驾驶倾向性的影响,可以更好地研究驾驶员行为,为智能运输系统的研究提供理论基础。

5.4.3 模型验证

表 5-10 为通过问卷调查得到的待识别驾驶倾向性。表 5-11 为按表 5-7 对表 5-10 进行标准化后(性别除外)得到的样本。运用表 5-9 中的分类规则对表 5-11 中的待识别驾驶员驾驶倾向性进行识别,并将识别结果和问卷调查所得的实际驾驶倾向性进行对比,运用识别的准确率来验证模型的有效性。

表 5-10 待识别驾驶员驾驶倾向性

序号	驾驶倾向	性格	年龄	驾龄	性别	车辆类型	车辆性能	道路条件	交通干扰	天气	任务
1	外倾	外向	中年	3 年以上	男	小车	良好	好	无干扰	良好	急
2	内倾	内向	老年	3 年以上	男	小车	良好	好	严重	良好	缓
3	中倾	内向	青年	0.5~3 年	女	大车	良好	中	无干扰	良好	缓
4	外倾	外向	中年	0.5~3 年	男	中车	良好	好	无干扰	良好	缓
5	内倾	外向	青年	0.5 年以下	男	小车	差	中	一般	差	急
6	中倾	外向	中年	3 年以上	男	大车	良好	中	一般	良好	急
7	内倾	内向	中年	0.5~3 年	女	大车	差	好	严重	良好	缓

表 5-11 标准化的待识别驾驶员驾驶倾向性

序号	X	Y_1	Y_2	Y_3	Y_4	Y_5	Y_6	Y_7	Y_8	Y_9
1	X_1	-1	0	1	1	1	1	1	1	-1
2	X_3	1	1	1	1	1	1	-1	1	1
3	X_2	1	-1	0	-1	1	1	1	1	1
4	X_1	-1	0	0	0	1	1	1	1	1
5	X_3	-1	-1	-1	1	-1	0	0	-1	-1
6	X_2	-1	0	1	-1	1	0	0	1	-1
7	X_3	1	0	0	-1	-1	1	-1	1	1

对表 5-11 中的待识别驾驶倾向性，分别运用分类规则 1、8、5、9、15、2、7 对其进行识别，识别结果为 {外倾、内倾、中倾、外倾、内倾、中倾、内倾}，此结果与问卷调查所得的实际驾驶倾向性一致且更为明确、细致，具有较高的推理效率。

5.5 本 章 小 结

由于驾驶员心理变化大、个体差异明显，增大了驾驶倾向性评测的难度，本章针对这一点，构建了驾驶员驾驶倾向性评判体系，运用模糊多层次综合评判和证据合成的方法对驾驶员的驾驶倾向性进行了评判。然后，从分析驾驶员心理—物理特性角度出发，应用决策树方法对影响驾驶倾向性的各种因素进行分析，描述了不同驾驶员在多因素影响下的驾驶倾向性的确定情况，建立了基于决策树的驾驶倾向性模型。模型验证表明，利用决策树方法研究驾驶员的驾驶倾向性是可行的，为深入研究微观交通仿真中的驾驶员行为提供了理论基础，并在宏观上对预防交通安全事故有重要意义。

参 考 文 献

Han J W, Kamber M. 2002. 数据挖掘概念与技术. 北京：机械工业出版社.

高珍伟, 朱卫东, 张晨. 2008. 基于证据理论的事故倾向性综合测评研究. 合肥工业大学学报（自然科学版）, 31 (6): 918-921.

胡宝清. 2004. 模糊理论基础. 武汉：武汉大学出版社.

黄桐城, 武邦涛, 姚晔. 2002. 顾客满意度多层次模糊测评模型及其应用. 系统工程理论方法应用, 11 (4): 336-339.

金会庆, 张树林. 2000. 驾驶适性研究的回顾与展望. 中华创伤杂志, 16 (4): 197-199.

王晓原, 王雷. 2007. 基于认知活动链的驾驶行为协调仿真模型. 西南交通大学学报, 42 (2): 238-242.

王晓原, 杨新月. 2008. 基于决策树的不同驾驶行为决策机制研究. 系统仿真学报, 20 (2): 415-420.

王晓原, 杨新月, 王晓辉, 等. 2007. 多源信息刺激下驾驶员任务集聚综合认知拓扑结构. 交通标准化, 4 (4): 178-187.

王晓原, 杨新月, 张敬磊. 2010. 交通流微观仿真与驾驶员行为建模理论及方法. 北京：科学出版社.

杨风暴, 王肖霞. 2010. D-S 证据理论的冲突证据合成方法. 北京：国防工业出版社.

张元元, 王晓原, 谭德荣, 等. 2010. 基于模糊多目标决策的车道变换模型. 山东理工大学学报（自然科学版）, 12 (24): 126-129.

张元元. 2011. 基于动态人车环境协同推演的汽车驾驶倾向性辨识模型及计算方法研究. 山东：山东理工大学.

朱明. 2002. 数据挖掘. 合肥：中国科学技术大学出版社.

本篇研究总结

本篇以机动车驾驶员的驾驶倾向性为研究对象，结合对驾驶员的心理学测试，以及外生、内生环境变量下驾驶员生理、心理特征等交通心理学、工程心理学的已有研究成果，对驾驶倾向性的机理进行解析，研究不同类型驾驶员所对应的驾驶倾向性特点，为研发基于驾驶倾向性识别的个性化汽车安全驾驶预警系统提供理论依据。主要内容包括以下几个方面：

第一，阐述了驾驶倾向性的定义，剖析了驾驶倾向性的影响因素以及表现特征，最后对驾驶员的驾驶倾向性进行了分类。

第二，设计心理测量问卷对驾驶员的驾驶倾向性进行测量，并对问卷调查结果进行了因子分析。

第三，通过驾驶倾向性心理调查问卷对驾驶员进行分类，然后对不同驾驶倾向驾驶员的特征进行调查与分析。

第四，构建驾驶倾向性的评判体系，分别运用模糊多层次综合评判和证据理论对驾驶员驾驶倾向进行判定。

第五，从研究驾驶员心理物理特性的角度出发，利用决策树能融知识表示与获取于一身的优点，将决策树用于驾驶员驾驶倾向性的研究。

第二篇

基于动态车路协同推演的汽车驾驶倾向性辨识模型及计算方法

本篇主要内容

（1）通过心理问卷测试、观测试验、实车实验和交互式并行驾驶模拟实验获取自由流下各倾向性类型的行车数据，采用智能模式识别中基于 BP 神经网络的特征提取方法提取出对倾向性类型分类能力较好的特征向量。

（2）在自由流驾驶倾向性特征提取的基础上，基于支持向量机的模式识别方法建立自由流状态下驾驶倾向性的动态辨识模型，并利用观测数据、实车实验数据和交互式并行驾驶模拟实验数据对模型进行参数标定和可行性验证。

（3）通过心理问卷测试、观测试验、实车实验和交互式并行驾驶模拟实验获取跟驰状态下各倾向性类型的行车数据，基于粗糙集理论提取出对倾向性类型分类能力较好的特征向量。

（4）在跟驰状态驾驶倾向性特征提取的基础上，结合车辆运动学理论分析特征向量间的数量关系，给出倾向性类型的判定指标，建立驾驶倾向性的动态辨识模型，并利用观测数据、实车实验数据和模拟实验所得数据对模型进行验证，得到的验证结果和心理问卷测试的结果吻合。

（5）基于交通流微观仿真实验的驾驶倾向性验证。根据道路实验基于最优控制理论和模糊多目标决策理论分别构建了车辆跟驰模型和车道变换决策模型，将实验得到的各类型驾驶员实验数据分别输入不考虑和考虑驾驶倾向差异的微观仿真模型中，将模拟出的交通流微观参数和宏观参数，与道路实验情况相对比，进行驾驶倾向性推理效果的验证。

6　自由流状态下驾驶倾向性特征提取

交通状态为自由流时，车辆可以无干扰行驶，这时后车与其前车的间距或时距一般大于某一阈值（间距>70m 或时距>5s）。因此，可以认为当某一车辆与道路上其他车辆的车头间距大于70m时，该车驾驶员可以不受其他车辆的影响以期望速度自由行驶。此时影响驾驶状态的外部因素主要有车辆特性、道路条件、交通干扰（如道路限速标志）、天气、任务缓急等。这些因素对具有不同驾驶倾向性的驾驶员心理情感状态的影响程度不同，这种差异会以驾驶操作的形式表现出来，并最终反映到行车数据中。因此，本章采用智能模式识别理论中基于 BP 神经网络的特征提取方法对宏观测得的驾驶员行车数据进行分析，提取出对驾驶倾向性类型分类能力较好的变量，以此为基础建立驾驶倾向性辨识模型。

6.1　基于 BP 神经网络的特征提取模型

6.1.1　前向多层神经网络的 BP 学习算法

对于一个基本的神经元模型，设其输入为 $x_i (i = 1, 2, \cdots, L)$ ，输出为 y，则有

$$net = \sum_{i=1}^{L} \omega_i x_i - \theta_i$$
$$y = f(net)$$

其中，net 为神经元的净输入，ω_i 为本神经元与上级神经元的连接权值，θ_i（$i = 1, 2, \cdots, L$）为阈值，神经网络中各层间连接权值的调整方法称为学习算法。

对于模式识别领域应用的最多的前向多层神经网络如图 6-1 所示，基于 BP 算法的权值调整过程（即神经网络的学习过程）如下。

（1）权值和阈值初始化：随机地给全部连接权值和神经元阈值赋初值。

（2）根据实际研究对象确定输入 $x_i (i = 1, 2, \cdots, L)$ 和目标输出 $\hat{y}_k$（$k = 1, 2, \cdots, N$）。

（3）计算实际输出 y

$$y_k = f\left(\sum_{i=1}^{L} \omega_{ik} x_i \right) \tag{6-1}$$

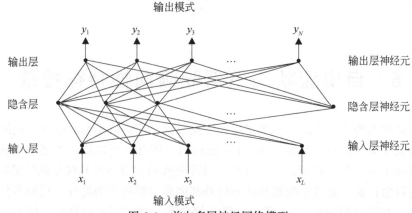

图 6-1　前向多层神经网络模型

其中，y 为隐含层输出或输出层输出，ω_{ik} 为网络层间连接权值，$f(x) = \dfrac{1}{1 - e^{-(x-\theta)}}$，$\theta$ 为网络层间阈值。

（4）修正权值：从输出层开始，将误差信号沿连接通路反向传输，通过调整连接权值，使误差最小

$$\omega_{ik}(l + 1) = \omega_{ik}(l) + \eta \delta_{pk} y_k \qquad (6\text{-}2)$$

其中，$\omega_{ik}(l + 1)$、$\omega_{ik}(l)$ 分别为调整后和调整前的连接权值，η 为增益项，δ_{pk} 为 k 节点 p 模式的误差系数。针对第 p 个样本，输出误差项定义为

$$E_p = \frac{1}{2} \sum_k (y_k - \hat{y_k})^2 \qquad (6\text{-}3)$$

且有，若 k 为输出层节点，则

$$\delta_{pk} = y_j(1 - y_k)(\hat{y_k} - y_k) \qquad (6\text{-}4)$$

若 k 为隐含层节点，则

$$\delta_{pk} = y_k(1 - y_k) \sum_k \delta_{pm} \omega_{km} \qquad (6\text{-}5)$$

（5）达到误差精度或循环次数要求，则输出结果，否则返回（2）继续学习。

6.1.2　基于 BP 神经网络的特征提取方法

模型中选用灵敏度（反映特征参数对模式状态变化的敏感程度）作为特征评价指标。对于图 6-1 所示的 BP 网络，设隐含层与输出层之间的变换函数采用线性函数，输入层与隐含层之间的变换函数采用 S 型函数，以 x_i（$i = 1, 2, \cdots, L$）、z_j（$j = 1, 2, \cdots, M$）、y_k（$k = 1, 2, \cdots, N$）分别代表输入层、隐含层和输出层

的输出，γ_k 和 σ_j 分别为隐含层和输出层的阈值，则

$$y_k = \sum_{j=1}^{M} \upsilon_{jk} z_j - \gamma_k \qquad (6\text{-}6)$$

$$z_j = \frac{1}{1 + \exp\left[-\left(\sum_{i=1}^{L} \omega_{ij} x_i - \sigma_j\right)\right]} \qquad (6\text{-}7)$$

由上式推导可得特征选择的依据，即特征参数 x_i 对模式类别 y_k 的灵敏度

$$\zeta_{ik} = \left|\frac{\partial y_k}{\partial x_i}\right|_{n\to\infty} \propto \left|\sum_{j=1}^{N} \omega_{ij} \upsilon_{jk}\right| \qquad (6\text{-}8)$$

则特征选择算法的过程如图6-2所示。

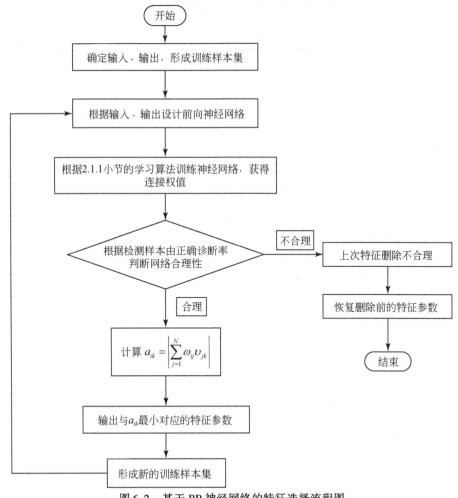

图 6-2 基于 BP 神经网络的特征选择流程图

6.2 基于 BP 神经网络的驾驶倾向性特征提取

6.2.1 实验设计

1. 心理测试

在驾驶员调查问卷中筛选出能反映驾驶员生理心理特征及驾驶行为的问题组成问卷如表 6-1 所示，对问题选项参照经典心理量表按递增式数字赋予分值，分值越大，代表选择该选项的驾驶员属于保守型的可能性越大。

表 6-1　心理问卷

1. 性别 男（1），女（2）
2. 年龄 小于 30 岁（1），30~40 岁（2），40~50 岁（3），50 岁及以上（4）
3. 驾龄 小于 5 年（4），5~10 年（3），10~15 年（2），15 年及以上（1）
4. 无其他车辆干扰时行车速度是否超过限定速度 经常（1），偶尔（2），从不（3）
5. 无其他车辆干扰时是否经常下意识变换车道 经常（1），偶尔（2），从不（3）
6. 行驶中经常紧跟前车 是（1），不一定（2），一般不会（3）
7. 总想超越前车 是（1），不一定（2），一般不会（3）
8. 时常急加速或减速 是（1），不一定（2），一般不会（3）
9. 有时一旦被其他车超过会感到生气 是（1），不一定（2），一般不会（3）
10. 车间距一缩小，就会超过去 是（1），不一定（2），一般不会（3）
11. 即使空余很小，也会加塞 是（1），不一定（2），一般不会（3）

续表

12. 遇有行驶缓慢的车，会感到急躁 是（1），不一定（2），一般不会（3）	
13. 对外车道上慢速行驶车辆感到不耐烦而从内车道超车 是（1），不一定（2），一般不会（3）	
14. 在信号交替变换期间，加速通过交叉口 经常（1），偶尔（2），从不（3）	
15. 等信号或交通堵塞时，心情烦躁 是（1），不一定（2），一般不会（3）	
16. 有朋友乘车，不知不觉就会提高车速 是（1），不一定（2），一般不会（3）	
17. 打转向灯的同时变更行驶线路 是（1），不一定（2），一般不会（3）	
18. 弯道时也会加油高速通过 是（1），不一定（2），一般不会（3）	
19. 驾驶中一个劲地提高车速，跑个痛快 是（1），不一定（2），一般不会（3）	
20. 在城市道路上超速行驶 经常（1），偶尔（2），从不（3）	
21. 在城际高速公路上超速行驶 经常（1），偶尔（2），从不（3）	
22. 有把握不发生事故的情况下会违章驾驶 经常（1），偶尔（2），从不（3）	
23. 对前方道路（如前方有障碍物或道路变窄等）的适应性 临时适应（1），不一定（2），提前加以适应（3）	
24. 对障碍目标的回避 十分紧迫时回避（1），不一定（2），提前回避（3）	
25. 进行驾驶操作时 较匆忙（1），稍微匆忙（2），较从容（3）	
26. 对高风险驾驶 能接受，喜欢有刺激（1），确定安全的前提下，偶尔能接受（2），不能接受（3）	
27. 一般操作失误的发生原因 情绪兴奋（1），不一定（2），认识缺陷（3）	
28. 气质类型 胆汁质（1），多血质（2），黏液质（3），抑郁质（4）——参照附表	

注：1. 表中选项后括号内数字为对应选项的分值；2. 附表为气质类型测试问卷，限于篇幅，本节不详细给出；3. 得分 28～48 分为冒险型驾驶员，49～68 分为谨慎型驾驶员，69～88 分为保守型驾驶员

委托山东交运某集团征集 200 名出租车驾驶员进行问卷测试，其中包括 140

名男驾驶员、60名女驾驶员，年龄分布范围为28～60岁，驾龄分布范围为3～30年。由测试后获得的问卷分数值作为样本，应用SPSS17.0软件进行统计分析，对问卷进行信度（即心理测量工具的稳定性）和效度（测量工具的有效度）评价。

1）同质性信度

将测试所得数据输入SPSS17.0，以每题对应的200组分数为一个项目，对所有28个项目进行度量分析，得到内部一致性Cronbach's Alpha系数为0.836>0.8，说明该量表具有较高的同质性信度，每题对应得分的均值和标准差，如表6-2所示。

表6-2　每题对应均值、标准差及与总分的person相关系数

题目	均值	标准差	相关系数	题目	均值	标准差	相关系数
1	1.30	0.470	0.710**	15	1.90	0.788	0.467**
2	2.40	0.821	0.397**	16	2.00	0.795	0.575**
3	2.15	0.933	0.518**	17	2.00	0.562	0.575**
4	1.90	0.718	0.640**	18	1.95	0.605	0.585**
5	1.75	0.716	0.451**	19	2.15	0.813	0.387*
6	2.05	0.759	0.649**	20	1.95	0.686	0.669**
7	1.90	0.718	0.580**	21	1.95	0.759	0.387*
8	1.80	0.523	0.440**	22	1.75	0.716	0.536**
9	1.80	0.768	0.133	23	1.90	0.718	0.648**
10	2.00	0.562	0.575**	24	1.85	0.671	0.614**
11	2.05	0.686	0.238	25	2.00	0.795	0.594**
12	1.75	0.550	0.255	26	1.80	0.616	0.552**
13	1.80	0.768	0.412*	27	1.95	0.510	0.424*
14	2.00	0.795	0.751**	28	2.40	0.995	0.750**

*说明对应项目在0.05的显著性水平下显著相关；　**说明对应项目在0.01的显著性水平下显著相关

2）内容效度

对每题得分与总分利用SPSS17.0进行相关分析，得对应person相关系数如表6-2所示，其中约90%的问题得分与总分在0.05和0.01的显著水平下显著相关，说明该量表有较好的内容效度，可以据此进行测试。

2. 实车实验

1）实验对象

以出租车驾驶员为实验对象，通过上述倾向性心理问卷选出各类型驾驶员各40名并对其进行编号，1~40号为冒险型驾驶员，41~80号为谨慎型驾驶员，81~120号为保守型驾驶员。三种类型中男驾驶员人数分别为32、33、33名，女驾驶员人数分别为8、7、7名，年龄分布范围为28~50岁，驾龄分布范围为3~23年。

2）实验设备

A. 测距设备

现有的测距设备及其使用特点如表6-3所示。

表6-3 各种测距仪器及使用特点

仪器分类	使用特点
微波测距传感器	主要分为脉冲调频和调频连续波两种方式，特点：工作频率高，波长短，可有效缩小波束角度，减小天线尺寸，适合在恶劣气候条件下工作，但要防止雷达之间与其他通信系统之间的电磁干扰；地表和地物的反射波使接收波的组成较为复杂，区分困难，大气湿度对微波测距的影响较大，给观测结果带来误差
超声波测距传感器	主要利用超声波的反射特性，特点：反应时间长，误差大，波束发散角度大，分辨率低，衰减快，有效测量距离小，常用于倒车后视雷达
激光测距传感器	主要分为脉冲和扫描两种方式，特点：反应快，有效测量距离大，分辨率高，误差小，但易受灰尘、雨雪、风沙的污蚀，反射物体表面的散光程度的影响
红外测距传感器	特点：探测距离相对较短

对比上述各仪器的使用特点，考虑到本篇测距实验对测距范围和精度的要求，选择激光测距传感器（图6-3）进行实验，激光测距传感器技术参数如表6-4所示。

图6-3 BTM300-905-200 激光测距传感器

表 6-4　激光测距传感器技术参数

参数	典型值	单位
测距范围	0.5~200	m
测距精度	±0.5~1	m
测量频率	10~50	Hz
激光波长	905	nm
输入电压	8~24	V
供电方式	外接直流电源	—
消耗功率	<2	W
输出接口	RS232	—
工作温度	-20~+60	℃
防水防尘	IP54	—
外形尺寸	128×94×56	mm
产品重量	<1.5	kg

B. 测速设备

（1）CTM-8A 非接触多功能测速仪。该仪器是淄博创宇电子有限公司自主开发的以 INAEL 公司 MCS-96 系列 80196KC20 高性能 16 位单片微型计算机为核心的智能化测试仪器，用于测试车辆动力性能，操纵性能，实时显示多项测试数据、曲线，清晰直观。

图 6-4　CTM-8A 非接触多功能测速仪

该仪器采数频率为 50HZ，测量指标及精度如表 6-5 所示。

表6-5 测量指标及精度

序号	项目	测量范围	分辨率	精度
1	速度	0~300.0 km/h	0.1 km/h	0.5%
2	距离	0~99 999.999 m	1 mm	0.5%
3	时间	0~99 999.999 s	1 ms	0.05%
4	减速度	0~9.9 m/s²	0.1 m/s²	1%
5	MFDD	0~9.9 m/s²	0.01 m/s²	1%

注：1. 其中距离值为累积距离，MFDD 为充分发出的平均减速度；2. 减速度和 MFDD 是该设备用于制动试验时的输出参数，本节仅需进行车速实验，不输出这两项所对应数据。

（2）SG299GPS 非接触式多功能测速仪。该系统主要由各种传感器和信号处理、控制系统、显示单元、键盘及微型打印机等组成，在 MCS-96 微处理器的控制下，完成数据采集，并自动指示用户完成对机动车辆的各种性能参数的测试，测试结果和曲线由大屏幕液晶显示，也可由 RS232 标准串口输出。整个测试系统采用汉字菜单方式显示。该系统可以完成车速实验、滑行实验、制动试验和加速实验，本研究仅利用其车速实验的功能，对应传感器为车速传感器，所用设备如图 6-5 所示。

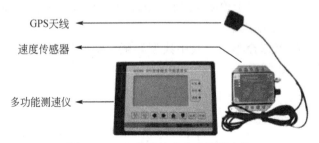

GPS天线
速度传感器
多功能测速仪

图 6-5 GPS 非接触式多功能测速仪

该仪器采数频率为50HZ，测量指标及精度如表6-6所示。

表6-6 测量指标及精度

序号	项目	测量范围	分辨率	精度
1	速度	0~300.0 km/h	0.1 km/h	0.3%
2	距离	0~99999.999 m	1 mm	0.3%
3	时间	0~99999.999 s	1 ms	0.05%
4	减速度	0~9.9 m/s²	0.1 m/s²	1%
5	MFDD	0~9.99 m/s²	0.01 m/s²	1%

注：见表6-5注

通过对比两种仪器的使用特点，可知 CTM-8A 非接触多功能测速仪在恶劣天气条件（如雨雪天气）、路面状况较差等条件下得到的实验数据不够准确；而在市区道路环境下，SG299GPS 非接触式多功能测速仪的 GPS 天线在接收卫星信号时，容易受高楼大厦的影响，导致实验数据准确度下降。因此在实验过程中可以综合考虑实际的实验环境合理选择仪器进行实验。

C. 摄像装置

（1）高清摄像头：用于拍摄驾驶员手部操作、面部表情、车外环境、脚部操作以及道路交通状况（分别对应图 6-7 和图 6-10 中 1～5 号摄像装置）。本节仅利用 3、5 号摄像头观测车外环境和交通流状况，用以辅助测距传感器和非接触式测速仪进行观测实验和数据分析。

（2）摄像监控软件：MiniVcap 监控系统。支持自动开机录像、循环持续录像、多镜头录像、邮件报警、人脸识别等核心技术；可长时间录像，不限时连续运行几周几个月或更长时间毫无问题；多路视频监控，可开机后自动启动多个摄像头监控（窗口自动排列或隐藏，若不采用监控卡，则需将有驱动的摄像头和无驱动的摄像头搭配使用，运行过程是，先运行无驱动摄像头，后运行有驱动摄像头）；日期时间显示，可在画面上打印日期时间、镜头名，便于对数据进行分析；硬盘缓存机制，采用硬盘写缓存机制，保证了硬盘的效率。

（3）广角摄像机：用于拍摄道路交通流状况，辅助测距传感器和 3 号、5 号摄像头选择合适的实验路段。

（4）按实验要求选择车型：其中典型车辆、实验仪器的放置位置及实验过程如图 6-6～图 6-10 所示。

约80cm

图 6-6　典型车辆及测距传感器

3）利用实车实验和观测实验选择实验路段

实验前任选一实验车辆装载激光测距传感器及车内摄像装置沿张周路行驶，测试本车与前方同向车辆间间距；同时将广角摄像机和摄像头设于便于摄像机拍摄的建筑物上（图 6-9 和图 6-10），拍摄路段的交通流状况；并与淄博市交警支

图 6-7 摄像装置

摄像头1
摄像头2
摄像头3
摄像头4

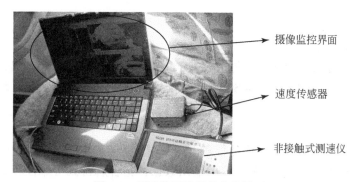

摄像监控界面

速度传感器

非接触式测速仪

图 6-8 测速装置及摄像监控界面

图 6-9 广角摄像机观测实验

队合作，在实验路段设置交通实时视频信息采集系统。根据测距及拍摄结果选定平均车间距大于 100m 的路段进行实验。所选路段长度约 6000m，实验车辆状况、天气及道路状况良好，且非机动车道其他交通实体对机动车道的交通运行无

图 6-10　摄像观测实验

影响。

4）实验组织

实验人员分批参与实验，每批三人，由所有实验对象中随机选出，实验车装载车内摄像装置、CTM-8A 和 SG299GPS 非接触式多功能测速仪，道路观测实验同时进行。

5）数据处理

结合车内、外摄像装置对行驶环境的拍摄结果，综合分析 CTM-8A 和 SG299GPS 非接触式多功能测速仪的输出数据，整合后得到可靠性较高的行车数据。例如，当实验车经过路旁建筑物较为高大的路段时，SG299GPS 测速仪的测量结果准确性较低，则可以采用 CTM-8A 测速仪同时段的数据进行补充。将实验数据按 0.5s/个进行整理，由实验所得累积距离推算出每 0.5s 内驶过的距离，由速度计算出加速度及每 0.5s 内加速度变化量。

6.2.2　驾驶倾向性特征提取过程

通过对 6.2.1 节实验所得数据进行观察发现对应每个驾驶员的实验数据波动较小，这主要由于自由流时干扰驾驶员行车的因素较少，因此，为简化特征提取的计算过程以及防止神经网络因样本数不当而造成过学习和欠学习，同时保证样本的均衡性，对各驾驶员的实验所得数据进行分析，筛选出具有代表性的数据（约4860个）作为特征选择的训练样本集，且各类型总样本数及其中年龄、性别、驾龄比例基本均等。部分数据如表 6-7 所示。

表 6-7　各类型驾驶员对应实验数据

驾驶员编号	位移 /m	速度 /（m/s）	加速度 /（m/s²）	加速度变化量 /（m/s²）	总行程时间 /s
1	11.258	22.528	0.429	0.037	266.335
1	11.362	22.736	0.415	0.033	266.335
1	11.264	22.541	0.436	0.034	266.335
1	12.045	25.103	0.449	0.027	266.335
1	12.083	25.179	0.426	0.027	266.335
⋮	⋮	⋮	⋮	⋮	⋮
2	11.385	22.783	0.416	0.039	263.354
2	11.237	22.486	0.429	0.020	263.354
2	11.095	22.202	0.437	0.039	263.354
2	11.098	22.208	0.451	0.040	263.354
⋮	⋮	⋮	⋮	⋮	⋮
40	11.681	24.375	0.396	0.037	256.684
40	11.396	22.804	0.352	0.021	256.684
40	11.399	22.811	0.478	0.030	256.684
40	11.761	24.534	0.401	0.041	256.684
40	11.206	22.602	0.436	0.039	256.684
40	11.576	23.342	0.479	0.029	256.684
40	11.063	22.316	0.465	0.044	256.684
40	11.037	22.264	0.455	0.041	256.684
40	11.516	23.222	0.378	0.021	256.684
40	11.405	23.000	0.463	0.043	256.684
40	10.105	20.400	0.488	0.029	256.684
⋮	⋮	⋮	⋮	⋮	⋮
41	10.424	21.039	0.449	0.033	285.185
41	10.197	20.585	0.435	0.039	285.185
41	10.258	20.707	0.456	0.021	285.185
41	9.876	19.943	0.469	0.034	285.185
41	9.893	19.976	0.446	0.031	285.185
41	10.515	21.221	0.436	0.027	285.185
⋮	⋮	⋮	⋮	⋮	⋮

续表

驾驶员编号	位移 /m	速度 / (m/s)	加速度 / (m/s²)	加速度变化量 / (m/s²)	总行程时间 /s
80	9.513	19.217	0.449	0.035	312.224
80	10.497	21.184	0.457	0.036	312.224
80	10.568	21.326	0.511	0.026	312.224
80	10.429	21.048	0.456	0.026	312.224
80	9.554	19.299	0.412	0.040	312.224
80	10.040	20.271	0.538	0.040	312.224
80	10.636	22.453	0.461	0.034	312.224
80	10.541	21.263	0.496	0.044	312.224
80	9.992	20.164	0.539	0.042	312.224
80	10.767	21.714	0.525	0.025	312.224
80	10.648	21.476	0.515	0.037	312.224
80	9.574	19.328	0.438	0.044	312.224
80	10.260	20.700	0.523	0.026	312.224
80	10.710	21.600	0.548	0.033	312.224
⋮	⋮	⋮	⋮	⋮	⋮
81	9.113	18.407	0.568	0.022	325.963
81	8.887	17.955	0.588	0.044	325.963
81	8.948	18.076	0.559	0.036	325.963
81	8.567	17.315	0.545	0.020	325.963
81	8.584	17.348	0.535	0.034	325.963
81	9.214	18.589	0.458	0.022	325.963
81	8.216	16.592	0.543	0.022	325.963
⋮	⋮	⋮	⋮	⋮	⋮
120	9.196	18.552	0.568	0.039	323.415
120	9.266	18.693	0.588	0.027	323.415
120	9.128	18.416	0.608	0.021	323.415
120	8.257	16.674	0.579	0.027	323.415
120	8.741	17.642	0.509	0.029	323.415
120	9.329	18.819	0.495	0.027	323.415
120	9.235	18.630	0.516	0.043	323.415

续表

驾驶员编号	位移 /m	速度 / (m/s)	加速度 / (m/s²)	加速度变化量 / (m/s²)	总行程时间 /s
120	8.688	17.536	0.529	0.044	323.415
120	9.460	19.080	0.506	0.030	323.415
120	9.341	18.843	0.496	0.026	323.415
120	8.271	16.703	0.509	0.024	323.415
120	9.444	19.048	0.517	0.024	323.415
⋮	⋮	⋮	⋮	⋮	⋮

根据 6.1 节中 BP 网络模型对样本集进行特征选择，从三种倾向类型样本中平均选出 522 个样本用于网络测试，其余样本用于网络训练。由于样本由三种倾向性类型的驾驶员的实验数据得到，则定义目标输出的表示形式为 (1, 0, 0)、(0, 1, 0) 和 (0, 0, 1) 分别表示三种倾向性类型：冒险型、谨慎型和保守型，采用输入层–中间层–输出层 5-8-3 的网络结构进行训练。所得输入层到隐含层之间的连接权值如表 6-8 所示，l 为输入神经元编号。

表 6-8　输入层到隐含层之间的连接权值

l	输入层到隐含层之间的连接权值								$\left\| \sum\limits_{j=1}^{8} \omega_{ij} \nu_j \right\|$
	ω_{i1}	ω_{i2}	ω_{i3}	ω_{i4}	ω_{i5}	ω_{i6}	ω_{i7}	ω_{i8}	
1	1.2196	0.7017	-0.9817	-1.2186	0.9171	1.684	0.8108	0.6452	3.7781
2	1.6379	-1.1176	0.4782	1.2034	-0.4409	-0.581	1.8503	1.4269	4.4572
3	1.7025	0.9817	1.1598	-0.03	-0.4409	1.2186	0.7075	0.9171	6.2163
4	-1.3624	1.4733	0.051	0.6314	1.0578	-1.2186	1.0544	-0.7646	0.9223
5	0.5702	1.7075	-1.4578	0.5803	0.2858	-0.4856	1.1589	0.0928	2.4521

隐含层与输出层之间的连接权值如表 6-9 所示，n 为输出层神经元编号。

表 6-9　隐含层与输出层之间的连接权值

n	隐含层与输出层之间的连接权值							
	ω_{i1}	ω_{i2}	ω_{i3}	ω_{i4}	ω_{i5}	ω_{i6}	ω_{i7}	ω_{i8}
1	0.1598	0.9817	1.8108	-0.9063	-0.0066	1.0045	-2.613	1.5203
2	-0.1202	0.9063	1.1176	3.3769	0.6034	1.3187	1.0578	-0.8944
3	-0.1151	0.2928	1.4857	-0.236	-0.7454	1.343	0.8503	-1.996

由表6-8最后一列数据可知，经第一次网络结构训练可以删除的特征参数为4号输入神经元对应的参数即加速度，将加速度移出样本集后，对检验样本经式(6-1)~式(6-5)学习后得实际输出，部分实际输出与目标输出对比值如表6-10所示，可见删除参数加速度对分类结果无显著影响，删除该参数是可行的。

表6-10　实际输出与目标输出对比

实际输出	目标输出	实际输出	目标输出	实际输出	目标输出
(0.95, 0.05, 0)	(1, 0, 0)	(0.96, 0.04, 0)	(1, 0, 0)	(0.93, 0.07, 0)	(1, 0, 0)
(0, 1, 0)	(0, 1, 0)	(0.07, 0.87, 0.06)	(0, 1, 0)	(0.08, 0.92, 0)	(0, 1, 0)
(0, 0.06, 0.96)	(0, 0, 1)	(0, 0.16, 0.84)	(0, 0, 1)	(0.02, 0.12, 0.86)	(0, 0, 1)
(0.96, 0.04, 0)	(1, 0, 0)	(0.96, 0.04, 0)	(1, 0, 0)	(0.93, 0.07, 0)	(1, 0, 0)
(0, 1, 0)	(0, 1, 0)	(0.07, 0.87, 0.06)	(0, 1, 0)	(0.08, 0.92, 0)	(0, 1, 0)
(0, 0.07, 0.93)	(0, 0, 1)	(0, 0.16, 0.84)	(0, 0, 1)	(0.02, 0.12, 0.86)	(0, 0, 1)
(0.95, 0.05, 0)	(1, 0, 0)	(0.96, 0.04, 0)	(1, 0, 0)	(0.93, 0.07, 0)	(1, 0, 0)
⋮	⋮	⋮	⋮	⋮	⋮

重复上述操作，最终所选择的用于将驾驶倾向性类型进行区分的特征为3号输入神经元对应的参数即行车速度，则在具体的实时辨识模型中，可采用行车速度作为表征驾驶倾向性的特征指标。

6.3　本章小结

本章通过心理问卷测试、观测实验和实车实验，得到交通状况为自由流时三种类型驾驶员（冒险型、谨慎型和保守型）的行车数据，采用基于BP神经网络的特征提取方法提取出对自由流时驾驶倾向性分类能力较好的特征向量，为倾向性辨识模型的建立打下基础。

参 考 文 献

谷学静，王志良，刘冀伟.2006.人工心理模型在个性化商品推荐系统中的应用.微计算机信息，22 (1-2)：198-200.

郭立夫.2002.运筹学.长春：吉林大学出版社.

侯凤芝，夏洪文，潘瑞雪.2008.基于情感计算的适应性网络学习系统模型设计.现代教育技术，18 (12)：91-93.

焦李成.1993.神经网络计算.西安：西安电子科技大学出版社.

解迎刚.2007.基于人工心理的智能化E-Learning系统研究.北京：北京科技大学.

李凤芝，李昌吉，詹承烈，等.2003.攻击性驾驶行为量表中文译本的效度和信度.中国行为医学科学, 12 (3): 335-337.

刘永芳. 1998. 归因理论及应用. 济南: 山东人民出版社.

吕振通, 张凌云. 2009. SPSS统计分析与应用. 北京: 机械工业出版社.

马希荣, 刘琳, 桑婧. 2005. 基于情感计算的E-Learning系统建模. 计算机科学, 32 (8): 131-133.

马云. 2004. 基于网络的个性化智能商品选购系统的应用研究. 北京: 北京科技大学.

潘文安. 2010. 基于伙伴关系的供应链整合与企业竞争. 北京: 中国物资出版社.

孙效功, 王硕儒. 1994. 人工神经网络在地质学判别分析中的应用. 青岛海洋大学学报, 24 (2): 257-262.

王婷婷. 2006. 人工心理在个性化导购系统那个的应用研究. 北京: 北京科技大学.

王晓伟. 2006. 用于E-learning智能辅助系统的人工心理和图像理解研究. 北京: 北京科技大学.

王晓原, 邢丽, 吴芳. 2009. 基于决策树模型的驾驶员期望车速. 计算机应用, 29 (z2): 318-321.

王晓原. 2003. 微观交通流仿真建模理论及一体化仿真环境研究. 长春: 吉林大学.

王志良, 赵彦玲, 都春辉, 等. 2001. 采用人工心理理论的商品选购专家系统. 北京科技大学学报, 23 (4): 376-378.

肖健华. 2005. 智能模式识别方法. 广州: 华南理工大学出版社.

余腊生, 何满庆. 2009. 基于Agent和情感计算的司机驾驶行为模型研究. 企业技术开发, 28 (3): 19-21.

张超. 1993. 机动车驾驶员行车百事通. 长沙: 中南工业大学出版社.

Aiken L R. 2006. 心理测量与评估. 北京: 北京师范大学出版社.

Amata A, Miyajima C, Nishino T. 2009. Prediction model of driving behavior based on traffic conditions and driver types. IEEE Conference on Intelligent Transportation Systems. 747-752.

de Freitas J S, Queiroz J. 2007. Artificial emotions: are we ready for them. Lecture Notes in Computer Science, 4648: 223-233.

Kishimoto Y, Oguri K. 2008. A modeling method for predicting driving behavior concerning with driver's past movements. Proceedings of the 2008 IEEE International Conference on Vehicular Electronics and Safety. 132-136.

Kumagai T, Akamatsu M. Prediction of human driving behavior using dynamic bayesian networks. IEICE Transactions on Information and Systems, E89-D (2): 857-860.

Wiesenthal D L, Hennessy D, Gibson PM. 2000. The Driving Vengeance Questionnaire (DVQ): the development of a scale to measure deviant driver's attitudes [J]. Violence and Victims, 15 (2): 115-136.

Zadeh Saman Harati, Shouraki Saeed Bagheri. 2008. Artificial emotions for artificial systems. 2008 AAAI Spring Symposium: 46-49.

7 自由流状态下驾驶倾向性动态推演辨识模型

在第6章特征提取结果的基础上，采用基于支持向量机的模式识别方法建立自由流状态下驾驶倾向性的动态辨识模型，并利用实车实验数据和交互式并行驾驶模拟实验数据进行标定和验证。

7.1 支持向量机识别理论

支持向量机（support vector machine，SVM）是统计学习理论发展的产物，研究的是如何根据有限的样本，确定分类面，使在对未知样本进行估计时，期望风险最小。

对于两类给定的可分样本集

X_i，y_i，$i = 1, 2, \cdots, n$，$X \in R^d$，$y \in \{-1, 1\}$ 是类别标号
d 维空间中判别函数的一般形式为 $g(X) = W \cdot X + b$，则分类面方程为

$$W \cdot X + b = 0$$

满足 $|g(X)| = 1$ 的样本点，离分类线（平面）距离最小，它们决定了最优分类线（平面），该分类线（平面）能够正确地将样本分开，且离各类样本的间隙最大，求解最优分类线（平面）的问题可转化为优化问题

$$\left.\begin{array}{l} \min\phi(W) = \dfrac{1}{2} \parallel W \parallel^2 = \dfrac{1}{2}(W \cdot W) \\[2mm] \text{s. t.} \quad y_i[(W \cdot X_i) + b] - 1 \geqslant 0, \quad i = 1, 2, \cdots, n \end{array}\right\} \quad (7\text{-}1)$$

上式可以转化为对偶优化问题

$$\left.\begin{array}{l} \min Q(\alpha) = \dfrac{1}{2}\displaystyle\sum_{i,j=1}^{n} \alpha_i\alpha_j y_i y_j (X_i \cdot X_j) - \sum_{i=1}^{n} \alpha_i \\[2mm] \text{s. t.} \quad \alpha_i \geqslant 0 \\[2mm] \displaystyle\sum_{i=1}^{n} y_i\alpha_i = 0 \end{array}\right\} \quad (7\text{-}2)$$

其中，$(X_i \cdot X_j)$ 为向量内积，引入核函数 $K(X_i, X_j)$ 代替上式中内积，则有

$$\min Q(\alpha) = \frac{1}{2} \sum_{i,\,j=1}^{n} \alpha_i \alpha_j y_i y_j K(\boldsymbol{X}_i, \ \boldsymbol{X}_j) - \sum_{i=1}^{n} \alpha_i$$

$$\text{s. t.} \quad \alpha_i \geqslant 0 \tag{7-3}$$

$$\sum_{i=1}^{n} y_i \alpha_i = 0$$

其中核函数主要有四种形式：线性核函数、p 阶多项式核函数、多层感知器核函数和 RBF 核函数。

求解优化方程，可得最优分类函数

$$f(X) = \text{sgn}\Big[\sum_{i=1}^{n} \alpha_i^* y_i K(\boldsymbol{X}_i, \ X) + b^* \Big] \tag{7-4}$$

任选一支持向量 $\boldsymbol{X}_j$，上式中 b^* 可由下式给出

$$y_i \Big[\sum_{i=1}^{n} \alpha_i^* y_i K(\boldsymbol{X}_i, \ X) + b^* \Big] = 1 \tag{7-5}$$

以上为二值分类器的建立过程，对于多类情况下的 SVM 模型，可通过组合多个二值分类器来实现，具体的构造方法有一对一（one versus one，1-v-1）和一对多（one versus rest，1-v-r）两种。

7.2　基于支持向量机的驾驶倾向性辨识模型的建立及标定

由于驾驶倾向性分为冒险型、谨慎型和保守型三种类型，属于多类情况下的 SVM 识别问题，本节应用 J. Platt 提出的有向无环图（direct acyclic graph，DAG）算法建立驾驶倾向性的识别模型，该算法建立在 1-v-1 基础上，对于 k 类样本，包含有 $k(k-1)/2$ 个节点，每个节点为一个 1-v-1 分类器，设计分类函数 $f_{ij}(x)$ 用于判别 i、j 两类样本，若 $f_{ij}(x) > 0$，则判定样本 x 属于第 i 类。显然，对于驾驶倾向性的识别有 $k=3$，基于有向无环图的识别模型可由图 7-1 所示。

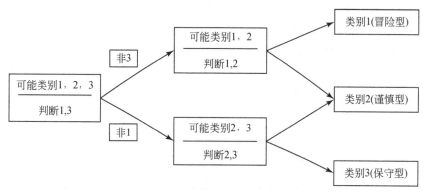

图 7-1　基于 DAG 算法的驾驶倾向性识别模型

从6.2.1小节中最终得到的实验数据中提取出各种类型的驾驶员特征参数（行车速度v）作为倾向性类型识别模型建立和标定的样本集，选择部分较为典型的60组样本用于模型标定，限于篇幅，仅列出部分数据如表7-1所示。

表7-1　各类型驾驶员行车速度　　　　（单位：m/s）

时间/s	冒险型驾驶员			谨慎型驾驶员			保守型驾驶员		
⋮	⋮	⋮	⋮	⋮	⋮	⋮	⋮	⋮	⋮
11.0	23.61	25.48	25.50	21.03	21.13	22.47	19.30	20.80	19.30
11.5	23.66	25.54	25.52	20.98	21.07	22.41	19.24	20.75	19.24
12.0	23.71	25.59	25.53	20.93	21.02	22.36	19.19	20.69	19.19
12.5	23.72	25.60	25.55	20.87	20.97	22.31	19.14	20.64	19.14
13.0	23.70	25.57	25.56	20.82	20.91	22.25	19.08	20.59	19.08
13.5	23.64	25.52	25.57	20.77	20.86	22.20	19.03	20.53	19.03
14.0	23.59	25.46	25.59	20.71	20.8	22.15	18.98	20.48	18.98
14.5	23.53	25.41	25.60	20.66	20.75	22.09	18.92	20.43	18.92
15.0	23.48	25.36	25.62	20.61	20.70	22.04	18.87	20.37	18.87
15.5	23.43	25.3	25.63	20.55	20.64	21.99	18.82	20.32	18.82
16.0	23.37	25.25	25.64	20.50	20.59	21.93	18.76	20.27	18.76
16.5	23.32	25.20	25.66	20.45	20.54	21.88	18.71	20.21	18.71
17.0	23.28	25.14	25.67	20.39	20.48	21.83	18.66	20.16	18.66
17.5	23.21	25.09	25.69	20.34	20.43	21.77	18.60	20.11	18.60
18.0	23.16	25.04	25.70	20.28	20.38	21.72	18.55	20.05	18.55
18.5	23.11	24.98	25.71	20.23	20.32	21.67	18.50	20.00	18.50
19.0	23.05	24.93	25.73	20.18	20.27	21.61	18.44	19.95	18.44
19.5	23.00	24.88	25.74	20.12	20.22	21.56	18.39	19.89	18.39
20.0	22.95	24.82	25.76	20.07	20.16	21.51	18.34	19.84	18.34
20.5	22.89	24.77	25.77	20.02	20.11	21.45	18.28	19.79	18.28
21.0	22.84	24.72	25.78	19.96	20.06	21.4	18.23	19.73	18.23
21.5	22.79	24.66	25.80	19.91	20.00	21.35	18.17	19.68	18.17
22.0	22.73	24.61	25.81	19.86	19.95	21.29	18.12	19.63	18.12
22.5	22.68	24.55	25.83	19.80	19.90	21.24	18.07	19.57	18.07
23.0	22.63	24.50	25.84	19.75	19.85	21.19	18.01	19.52	18.01
23.5	22.57	24.45	25.85	19.70	19.79	21.13	17.96	19.47	17.96
24.0	22.52	24.39	25.87	19.69	19.78	21.12	17.95	19.46	17.95

续表

时间/s	冒险型驾驶员			谨慎型驾驶员			保守型驾驶员		
24.5	22.47	24.34	25.85	19.72	19.81	21.15	17.98	19.48	17.98
25.0	22.41	24.29	25.84	19.77	19.86	21.20	18.03	19.54	18.03
25.5	22.36	24.23	25.83	19.82	19.92	21.26	18.09	19.59	18.09
26.0	22.35	24.22	25.81	19.88	19.97	21.31	18.14	19.64	18.14
26.5	22.38	24.25	25.80	19.93	20.02	21.36	18.19	19.70	18.19
27.0	22.43	24.31	25.78	19.98	20.08	21.42	18.25	19.75	18.25
27.5	22.48	24.36	25.77	20.04	20.13	21.47	18.30	19.80	18.30
28.0	22.52	24.41	25.76	20.09	20.18	21.53	18.35	19.86	18.35
28.5	22.59	24.47	25.74	20.14	20.24	21.58	18.41	19.91	18.41
29.0	22.65	24.52	25.73	20.20	20.29	21.63	18.46	19.97	18.46
29.5	22.70	24.57	25.71	20.25	20.34	21.69	18.51	20.02	18.51
30.0	22.75	24.63	25.70	20.30	20.40	21.74	18.57	20.07	18.57
30.5	22.81	24.68	25.69	20.36	20.45	21.79	18.62	20.13	18.62
31.0	22.86	24.73	25.67	20.41	20.50	21.85	18.67	20.18	18.67
31.5	22.91	24.79	25.66	20.46	20.56	21.90	18.73	20.23	18.73
32.0	22.97	24.84	25.64	20.52	20.61	21.95	18.78	20.29	18.78
32.5	23.02	24.89	25.63	20.57	20.66	22.01	18.83	20.34	18.83
33.0	23.07	24.95	25.62	20.62	20.72	22.06	18.89	20.39	18.89
33.5	23.13	25.00	25.60	20.68	20.77	22.11	18.94	20.45	18.94
34.0	23.18	25.05	25.59	20.73	20.82	22.17	18.99	20.50	18.99
34.5	23.23	25.11	25.57	20.78	20.88	22.22	19.05	20.55	19.05
35.0	23.29	25.16	25.56	20.84	20.93	22.27	19.10	20.61	19.10
35.5	23.34	25.21	25.55	20.89	20.98	22.33	19.16	20.66	19.16
36.0	23.39	25.27	25.53	20.94	21.04	22.38	19.21	20.71	19.21
36.5	23.45	25.32	25.52	21.00	21.09	22.43	19.26	20.77	19.26
37.0	23.50	25.37	25.50	21.05	21.14	22.49	19.32	20.82	19.32
37.5	23.55	25.43	25.49	21.06	21.15	22.50	19.33	20.83	19.33
38.0	23.61	25.48	25.48	21.03	21.13	22.47	19.30	20.80	19.30
38.5	23.66	25.54	25.46	20.98	21.07	22.41	19.24	20.75	19.24
39.0	23.71	25.59	25.45	20.93	21.02	22.36	19.19	20.69	19.19
39.5	23.72	25.60	25.43	20.87	20.97	22.31	19.14	20.64	19.14

时间/s	冒险型驾驶员			谨慎型驾驶员			保守型驾驶员		
40.0	23.70	25.57	25.42	20.82	20.91	22.25	19.08	20.59	19.08
40.5	23.64	25.52	25.41	20.77	20.86	22.20	19.03	20.53	19.03
41.0	23.59	25.46	25.39	20.71	20.80	22.15	18.98	20.48	18.98
41.5	23.53	25.41	25.38	20.66	20.75	22.09	18.92	20.43	18.92
42.0	23.48	25.36	25.36	20.61	20.70	22.04	18.87	20.37	18.87
42.5	23.43	25.30	25.35	20.55	20.64	21.99	18.82	20.32	18.82
43.0	23.37	25.25	25.33	20.50	20.59	21.93	18.76	20.27	18.76
43.5	23.32	25.20	25.32	20.45	20.54	21.88	18.71	20.21	18.71
44.0	23.27	25.14	25.31	20.39	20.48	21.83	18.66	20.16	18.66
44.5	23.21	25.09	25.29	20.34	20.43	21.77	18.60	20.11	18.60
45.0	23.16	25.04	25.28	20.28	20.38	21.72	18.55	20.05	18.55
45.5	23.11	24.98	25.26	20.23	20.32	21.67	18.50	20.00	18.50
46.0	23.05	24.93	25.25	20.18	20.27	21.61	18.44	19.95	18.44
46.5	23.00	24.88	25.24	20.12	20.22	21.56	18.39	19.89	18.39
47.0	22.95	24.82	25.22	20.07	20.16	21.51	18.34	19.84	18.34
47.5	22.89	24.77	25.21	20.02	20.11	21.45	18.28	19.79	18.28
48.0	22.84	24.72	25.19	19.96	20.06	21.40	18.23	19.73	18.23
48.5	22.79	24.66	25.18	19.91	20.00	21.35	18.17	19.68	18.17
49.0	22.73	24.61	25.17	19.86	19.95	21.29	18.12	19.63	18.12
49.5	22.68	24.55	25.15	19.80	19.90	21.24	18.07	19.57	18.07
50.0	22.63	24.50	25.14	19.75	19.84	21.19	18.01	19.52	18.01
50.5	22.57	24.45	25.12	19.70	19.79	21.13	17.96	19.47	17.96
51.0	22.52	24.39	25.11	19.69	19.78	21.12	17.95	19.46	17.95
51.5	22.47	24.34	25.10	19.72	19.81	21.15	17.98	19.48	17.98
52.0	22.41	24.29	25.08	19.77	19.86	21.20	18.03	19.54	18.03
52.5	22.36	24.23	25.07	19.82	19.92	21.26	18.09	19.59	18.09
53.0	22.35	24.22	25.05	19.88	19.97	21.31	18.14	19.64	18.14
53.5	22.38	24.25	25.04	19.93	20.02	21.36	18.19	19.70	18.19
54.0	22.43	24.31	25.03	19.98	20.08	21.42	18.25	19.75	18.25
54.5	22.48	24.36	25.01	20.04	20.13	21.47	18.30	19.80	18.30
55.0	22.54	24.41	25.00	20.09	20.18	21.53	18.35	19.86	18.35

时间/s	冒险型驾驶员			谨慎型驾驶员			保守型驾驶员		
55.5	22.59	24.47	24.98	20.14	20.24	21.58	18.41	19.91	18.41
56.0	22.65	24.52	24.97	20.20	20.29	21.63	18.46	19.97	18.46
56.5	22.70	24.57	24.96	20.25	20.34	21.69	18.51	20.02	18.51
57.0	22.75	24.63	24.94	20.30	20.40	21.74	18.57	20.07	18.57
57.5	22.81	24.68	24.93	20.36	20.45	21.79	18.62	20.13	18.62
58.0	22.86	24.73	24.91	20.41	20.50	21.85	18.67	20.18	18.67
58.5	22.91	24.79	24.90	20.46	20.56	21.90	18.73	20.23	18.73
59.0	22.97	24.84	24.89	20.52	20.61	21.95	18.78	20.29	18.78
59.5	23.02	24.89	24.87	20.57	20.66	22.01	18.83	20.34	18.83
60.0	23.07	24.95	24.86	20.62	20.72	22.06	18.89	20.39	18.89
60.5	23.13	25.00	24.84	20.68	20.77	22.11	18.94	20.45	18.94
61.0	23.18	25.05	24.83	20.73	20.82	22.17	18.99	20.50	18.99
61.5	23.23	25.11	24.84	20.78	20.88	22.22	19.05	20.55	19.05
62.0	23.29	25.16	24.86	20.84	20.93	22.27	19.10	20.61	19.10
62.5	23.34	25.21	24.87	20.89	20.98	22.33	19.16	20.66	19.16
63.0	23.39	25.27	24.89	20.94	21.04	22.38	19.21	20.71	19.21
63.5	23.45	25.32	24.90	21.00	21.09	22.43	19.26	20.77	19.26
64.0	23.50	25.37	24.91	21.05	21.14	22.49	19.32	20.82	19.32
64.5	23.55	25.43	24.93	21.06	21.15	22.50	19.33	20.83	19.33
65.0	23.61	25.48	24.94	21.03	21.13	22.47	19.30	20.80	19.30
65.5	23.66	25.54	24.96	20.98	21.07	22.41	19.24	20.75	19.24
66.0	23.71	25.59	24.97	20.93	21.02	22.36	19.19	20.69	19.19
66.5	23.72	25.60	24.98	20.87	20.97	22.31	19.14	20.64	19.14
67.0	23.70	25.57	25.00	20.82	20.91	22.25	19.08	20.59	19.08
67.5	23.64	25.52	25.01	20.77	20.86	22.20	19.03	20.53	19.03
68.0	23.59	25.46	25.03	20.71	20.80	22.15	18.98	20.48	18.98
68.5	23.53	25.41	25.04	20.66	20.75	22.09	18.92	20.43	18.92
69.0	23.48	25.36	25.05	20.61	20.70	22.04	18.87	20.37	18.87
69.5	23.43	25.30	25.07	20.55	20.64	21.99	18.82	20.32	18.82
70.0	23.37	25.25	25.08	20.50	20.59	21.93	18.76	20.27	18.76
70.5	23.32	25.20	25.10	20.45	20.54	21.88	18.71	20.21	18.71

时间/s	冒险型驾驶员			谨慎型驾驶员			保守型驾驶员		
71.0	23.27	25.14	25.11	20.39	20.48	21.83	18.66	20.16	18.66
71.5	23.21	25.09	25.12	20.34	20.43	21.77	18.60	20.11	18.60
72.0	23.16	25.04	25.14	20.28	20.38	21.72	18.55	20.05	18.55
72.5	23.11	24.98	25.15	20.23	20.32	21.67	18.50	20.00	18.50
73.0	23.05	24.93	25.17	20.18	20.27	21.61	18.44	19.95	18.44
73.5	23.00	24.88	25.18	20.12	20.22	21.56	18.39	19.89	18.39
74.0	22.95	24.82	25.19	20.07	20.16	21.51	18.34	19.84	18.34
74.5	22.89	24.77	25.21	20.02	20.11	21.45	18.28	19.79	18.28
75.0	22.84	24.72	25.22	19.96	20.06	21.40	18.23	19.73	18.23
75.5	22.79	24.66	25.24	19.91	20.00	21.35	18.17	19.68	18.17
76.0	22.73	24.61	25.25	19.86	19.95	21.29	18.12	19.63	18.12
76.5	22.68	24.55	25.26	19.80	19.90	21.24	18.07	19.57	18.07
77.0	22.63	24.50	25.28	19.75	19.84	21.19	18.01	19.52	18.01
⋮	⋮		⋮	⋮	⋮		⋮	⋮	⋮

由图 7-1 可知，对表 7-1 中的三类样本集，需要建立三个二值分类器，对表 7-1 提供的样本集，选择线性核函数

$$K(X, X_i) = (X \cdot X_i)$$

结合式（7-2）~式（7-4），求得冒险型（类别 1）与保守型（类别 3）、冒险型与谨慎型（类别 2）、谨慎型与保守型倾向性间的分类线分别为

$$\left. \begin{array}{l} f_{13}(v) = 0.532v - 10.9 = 0 \\ f_{12}(v) = 0.648v - 14.58 = 0 \\ f_{23}(v) = -0.579v + 11.025 = 0 \end{array} \right\} \tag{7-6}$$

定义分类线通式为 $f_{mn}(v) = k_{mn}v + b_k = 0$；$m = 1, 2$；$n = 2, 3$；$k = 1, 2, 3$，则分类标准可表示为，若 $f_{mn}(v) > 0$，则该样本对应类别 m，若 $f_{mn}(v) < 0$，则该样本对应类别 n。对应图 7-1 的识别过程，最终可得样本所属倾向性类型。由于本节数据是在天气及道路状况良好的情况下进行实验得到，且实验人员没有任务缓急等因素的影响，天气、道路状况及任务缓急等因素对识别模型的影响可在以后的研究中逐步完善。

7.3 模 型 验 证

7.3.1 实车实验验证

在全部样本中任选 15 组数据（不同于标定时所选数据）结合图 7-1 建立的识别过程、式（7-6）中的各类型间分类线以及分类标准对 7.2.1 小节中的驾驶倾向性辨识模型进行验证，给出任意一名驾驶员的部分实时验证结果（取起步后稳定驾驶阶段数据）如表 7-2 所示。

表 7-2　第 17 号驾驶员实时数据验证结果（部分）

时间/s	行车速度/（m/s）	f_{13}	f_{12}	模型输出结果
9.0	24.20	>0	>0	类型 1（冒险型）
9.5	24.26	>0	>0	类型 1（冒险型）
10.0	24.33	>0	>0	类型 1（冒险型）
10.5	24.39	>0	>0	类型 1（冒险型）
11.0	24.45	>0	>0	类型 1（冒险型）
11.5	24.46	>0	>0	类型 1（冒险型）
12.0	24.44	>0	>0	类型 1（冒险型）
12.5	24.37	>0	>0	类型 1（冒险型）
13.0	24.31	>0	>0	类型 1（冒险型）
13.5	24.25	>0	>0	类型 1（冒险型）
14.0	24.19	>0	>0	类型 1（冒险型）
14.5	24.12	>0	>0	类型 1（冒险型）
15.0	24.06	>0	>0	类型 1（冒险型）
15.5	24.00	>0	>0	类型 1（冒险型）
16.0	23.93	>0	>0	类型 1（冒险型）
16.5	23.87	>0	>0	类型 1（冒险型）
17.0	23.81	>0	>0	类型 1（冒险型）
17.5	23.75	>0	>0	类型 1（冒险型）
18.0	23.68	>0	>0	类型 1（冒险型）
18.5	23.62	>0	>0	类型 1（冒险型）
19.0	23.56	>0	>0	类型 1（冒险型）
19.5	23.49	>0	>0	类型 1（冒险型）

时间/s	行车速度/ (m/s)	f_{13}	f_{12}	模型输出结果
20.0	23.43	>0	>0	类型1（冒险型）
20.5	23.37	>0	>0	类型1（冒险型）
21.0	23.31	>0	>0	类型1（冒险型）
21.5	23.24	>0	>0	类型1（冒险型）
22.0	23.18	>0	>0	类型1（冒险型）
22.5	23.12	>0	>0	类型1（冒险型）
23.0	23.05	>0	>0	类型1（冒险型）
23.5	22.99	>0	>0	类型1（冒险型）
24.0	22.91	>0	>0	类型1（冒险型）
24.5	22.82	>0	>0	类型1（冒险型）
25.0	22.75	>0	>0	类型1（冒险型）
25.5	22.65	>0	>0	类型1（冒险型）
26.0	22.50	>0	=0	0
26.5	22.64	>0	>0	类型1（冒险型）
27.0	22.72	>0	>0	类型1（冒险型）
27.5	22.83	>0	>0	类型1（冒险型）
⋮	⋮	⋮	⋮	⋮

表中 $f_{12}=0$ 时对应样本属于支持向量，即位于分类线上。对17号驾驶员的全部数据统计后发现，属于支持向量的样本比例约为5%，约有4%的样本输出识别结果为类型2（谨慎型），其余91%的样本识别结果均为类型1（冒险型）。该驾驶员的心理测试分数为46，属于冒险型驾驶员，与模型的验证结果基本相符。对于上述识别统计结果，可以理解为驾驶员的倾向性类型表现为混合策略对策，即以一定的概率表现出某一种驾驶倾向性。因此，在以后的研究中，可以借鉴混合策略对策的概念和方法来解析驾驶倾向性机理及演化规律。15名驾驶员的最终验证结果如表7-3所示，表中准确率所对应比例表示该驾驶员以此为概率表现的对应类型。

表 7-3 15 名驾驶员最终验证结果

驾驶员编号	模型验证结果（准确率/%）	心理测试结果	驾驶员编号	模型验证结果（准确率/%）	心理测试结果
56	保守型（91.6）	76（保守型）	17	冒险型（91.3）	46（冒险型）
36	谨慎型（95.6）	50（谨慎型）	39	谨慎型（86.9）	61（谨慎型）
57	保守型（93.3）	72（保守型）	18	冒险型（96.1）	43（冒险型）
58	保守型（85.2）	73（保守型）	40	谨慎型（94.0）	54（谨慎型）
37	谨慎型（94.7）	53（谨慎型）	19	谨慎型（92.2）	53（谨慎型）
38	谨慎型（86.6）	65（谨慎型）	16	冒险型（94.3）	47（冒险型）
59	保守型（94.3）	80（保守型）	60	保守型（93.5）	75（保守型）
20	冒险型（93.6）	40（冒险型）			

7.3.2 模拟实验验证

征集 8 名驾驶员（包括 6 名男驾驶员和 2 名女驾驶员，年龄分布为 25～45 岁，驾龄分布为 3～20 年），实验前对驾驶员进行驾驶模拟器的操作培训，以及心理问卷测试。应用日本 FORUM8 株式会社生产的驾驶模拟器进行模拟驾驶实验，该驾驶模拟器采用的仿真软件为 UC-winRoad Ver.4，支持交通模拟（包括交通流模拟）、信号控制和人物三维动画，通过设置不同的车辆性能参数，不同的道路及周边的环境，实现交通微观仿真。软件内嵌有丰富的二维数据库、三维模型库和各种材质库，对天气、时间（日照）等环境的模拟简单快捷，效果明显，对不同风力环境条件下景物的三维描述真实贴切，相比其他三维软件，更能贴近现实世界，并配有驾驶模拟坐椅，给实验人员一种身临其境的感觉。软件具备驾驶模拟功能，配合外围设备使用可以真实模拟各种车型驾驶的状况，输出不同车辆的速度、位移、加速度、车辆位置、方向盘的操作量、油门踏板的踩下程度、刹车踏板的踩下程度等。建立仿真交通场景如图 7-2 所示，为避免其他车辆对实验人员的驾驶带来影响，所建路段不设置交通量，驾驶模拟实验场景如图 7-3 和图 7-4 所示。

对实验后驾驶模拟器的导出数据进行整理，将行车速度数据代入 7.2 节中所建立的识别模型，得到各驾驶倾向性类型的识别结果，表 7-4 列出模型识别结果和心理测试结果对比，以及计算得到的 8 名驾驶员平均速度值，表中准确率所对应比例表示该驾驶员以此为概率表现的对应类型。

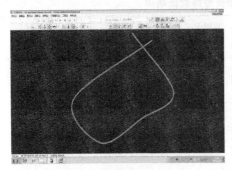

图 7-2　交通仿真环境设置　　　　　　　图 7-3　模拟驾驶场景

图 7-4　实验过程

表 7-4　模拟实验验证结果

驾驶员编号	平均速度(m/s)	模型验证结果(准确率/%)	心理测试结果	驾驶员编号	平均速度(m/s)	模型验证结果(准确率/%)	心理测试结果
1	18.56	保守型(90.0)	76(保守型)	5	19.02	保守型(80.0)	72(保守型)
2	25.11	冒险型(94.3)	47(冒险型)	6	24.89	冒险型(94.1)	43(冒险型)
3	20.98	谨慎型(89.6)	50(谨慎型)	7	21.23	谨慎型(91.2)	65(谨慎型)
4	21.54	谨慎型(96)	61(谨慎型)	8	21.71	谨慎型(88.9)	54(谨慎型)

　　由 7.2.1 小节中实车实验所得的各类型驾驶员的行车速度数据求总体平均值，即各类型平均速度和/该类型人数，可得各类型总平均速度：22.971m/s（冒险型）、20.726m/s（谨慎型）及 18.021m/s（保守型），对比表 7-4 中数据可以发现，各类型驾驶员行车速度的平均值与实车实验所得数据相比，均高于各类型驾驶员对应的总平均行车速度，并且在将 5 号驾驶员的模拟实验数据代入识别

模型计算时，出现 $f_{23}=0$ 的点较多（约为 10%），即位于分类线上的样本较多（其余 90% 的样本计算结果均为 $f_{23}<0$，故最终判定为保守型），这一现象可能与仿真道路环境的设置与实车试验环境不同以及驾驶员在进行室内模拟驾驶时对环境的警惕性略有放松有关。

7.4　本　章　小　结

本章根据第 6 章特征提取的结果，采用智能模式识别中基于支持向量机的识别方法建立了驾驶倾向性的动态辨识模型，并利用实车实验和交互式并行驾驶模拟实验数据对辨识模型进行了综合验证，结果表明本章所构建的倾向性辨识模型能够实现自由流状态下的倾向性实时识别。

参 考 文 献

罗森林，潘丽敏. 2003. 情感计算理论与技术. 系统工程与电子技术，25（7）：905-908.

马艳，王令，郭华. 2008. 驾驶员交通心理划分与个性化训练研究. 公路交通科技，25（9）：363-366.

马艳丽，王要武. 2009. 驾驶员注意分配特性及其对行车安全的影响. 交通运输工程学报，9（4）：115-117.

王海林，刘仲国，朱凯曼. 2002. 影响汽车驾驶员行车安全的内在因素分析. 汽车安全，1：33-35.

王建强，迟瑞娟，张磊，等. 2009. 适应驾驶员特性的汽车追尾报警–避撞算法. 公路交通科技，26（s1）：8-12.

王晓原，王雷. 2007. 基于认知活动链的驾驶行为协调仿真模型. 西南交通大学学报，42（2）：238-242.

王晓原，邢丽. 2009. 机非混杂环境中的驾驶员行为建模及仿真. 中国公路学报，22（2）：98-105.

吴超仲，马晓凤，严新平. 2007. 考虑驾驶员反应能力的跟驰模型. 武汉理工大学学报（交通工程与科学版），31（4）：630-632.

吴超仲，严新平，马晓凤. 2007. 考虑驾驶员性格特性的跟驰模型. 交通运输工程与信息学报，5（4）：18-22.

吴超仲，张晖，毛喆，等. 2007. 基于驾驶操作行为的驾驶员状态识别模型研究. 中国安全科学技术学报，17（4）：162-165.

张华. 2010. 驾驶员心理特征与驾驶安全的关系研究. 工业安全与环保，36（2）：55-56.

张迎辉，林学闇. 2008. 情感可以计算——情感计算综述. 计算机科学，35（5）：5-8.

Ahn H，Picard R W. 2005. Affective-cognitive learning and decision making: a motivational reward framework for affective agents. The 1st International Conference on Affective Computing & Intelligent Interaction. Beijing, China.

Ward R D, Marsden P H. 2004. Affective computing: problems, reactions and intentions. Interacting with Computers, 6 (4): 707-713.

Xu Li, Zhuge Z R, Yang J. 2004. Artificial emotion and its ecognition, modeling and applications: an overview. Proceedings of the World Congress on Intelligent Control and Automation, 3: 2380-2385.

8 跟驰状态下驾驶倾向性特征提取

跟驰是指驾驶员在非自由流单车道中无法超车的情况下的驾驶行为，此时影响驾驶状态的外部因素主要有车辆特性、道路条件、交通干扰（如道路限速标志）、天气、任务缓急等。这些因素对具有不同驾驶倾向性的驾驶员心理情感状态的影响程度不同，这种差异会以驾驶操作的形式表现出来，并最终反映到行车数据中。因此，本章采用智能模式识别理论中基于粗糙集理论的特征提取方法对宏观测得的驾驶员行车数据进行分析，提取出对驾驶倾向性类型的分类贡献率较大的变量，以此为基础建立驾驶倾向性辨识模型。

8.1 粗糙集理论

8.1.1 粗糙集基本理论

粗糙集（rough sets，RS）理论是 1982 年由波兰学者 Z. Pawlak 提出的，是一种研究不完整、不确定知识和数据的表达学习、归纳的理论方法。1990 以后，粗糙集理论成为人工智能领域中的一个研究热点，并成功应用于数据挖掘、特征选择、模式识别、故障检测、机器学习、决策分析等领域。粗糙集基本理论如下。

一般的，信息系统 S 可表示为有序四元组

$$S = \{U, A, V, f\} \tag{8-1}$$

其中，$U = \{x_1, x_2, \cdots, x_n\}$ 是有限个处理样本的集合，即全体样本集；A 是有限个属性的集合，属性集 A 可进一步分为两个互相独立的子集，即 $A = C \cup D$，$C \cap D = \varnothing$，C 为条件属性集，反映对象的特征；D 为决策属性集，反映对象的类别；$V = \cup_{P \in A} V_P$ 是属性值的集合，V_P 表示属性 $P \in A$ 的属性值范围，即属性 p 的值域；$f = U \times A \rightarrow V$ 称为信息函数，用于确定 U 中每一个对象 x 的属性值，即任一 $q \in A$ 和 $x_i \in U$，$f(x_i, q) \in V_q$。

对于任一属性子集 $B \subseteq A$，若有

$$R(B) = \{(x_i, x_j) \in U^2 \mid \forall a \in B, f(x_i, a) = f(x_j, a)\} \tag{8-2}$$

则 $R(B)$ 称为不可分辨关系，属性子集 B 将全部样本集 U 划分成若干等价类，各

等价类的样本集是不可分辨的。

对于任意样本子集 $X \in U$，如果满足

$$B_-(X) = \{x \in U: B(x) \subseteq X\} \tag{8-3}$$

$B_-(X)$ 称为 X 的 B 下近似，如果满足

$$B^-(X) = \{x \in U: B(x) \cap X \neq \varnothing\} \tag{8-4}$$

$B^-(X)$ 称为 X 的 B 上近似

$$BN_B = B^-(X) - B_-(X) \tag{8-5}$$

称为 X 的 B 边界区域。在此基础上定义 X 的 B 正域和 B 负域，分别用 $\mathrm{pos}_B(X)$ 和 $\mathrm{neg}_B(X)$ 表示

$$\mathrm{pos}_B(X) = B_-(X) \tag{8-6}$$

$$\mathrm{neg}_B(X) = U - B_-(X) \tag{8-7}$$

其中，$\mathrm{pos}_B(X)$ 为依属性子集 B，U 中所有一定能归入集合 X 的元素构成的集合，$\mathrm{neg}_B(X)$ 为依属性子集 B，U 中所有不能确定一定归入集合 X 的元素构成的集合。

对于一个决策表而言，粗糙集理论的作用体现在简化决策表，包括属性约简，即消除冗余属性；对象约简，即消除冗余对象和值约简（消除某些属性的冗余值）；规则提取等。特征选择与提取实质上就是一个属性约简问题。对等价关系族 R，存在 $r \in R$，若

$$\mathrm{ind}(R) = \mathrm{ind}(R - \{r\}) \tag{8-8}$$

则称 r 为 R 中可省略的，否则称 r 为 R 中不可省略的，$\mathrm{ind}(R)$ 表示集合中元素关于 R 不可分辨关系。对于属性子集 $P \subseteq R$，若存在 $Q = P - r$，$Q \subseteq P$，使得 $\mathrm{ind}(Q) = \mathrm{ind}(P)$，且 Q 为最小子集，则称 Q 为 P 的一个约简，记为 $\mathrm{red}(P)$。简化集 $\mathrm{red}(P)$ 的交集称为 P 的核，记为 $\mathrm{core}(P) = \cap \mathrm{red}(P)$。令 P 和 S 为 U 的两个等价类，$U|S = \{X_1, X_2, \cdots, X_n\}$，$S$ 的 P 正域为

$$\mathrm{pos}_P(S) = \bigcup_{i=1}^{n} P_-(X_i) \tag{8-9}$$

若存在 $r \in R$ 有 $\mathrm{pos}_P(S) = \mathrm{pos}_{P-\{r\}}(S)$，则称 r 为 P 中可省略的，$P - \{r\}$ 为的 S 相对约简。

寻找约简的算法称为数据约简算法，包括启发式约简算法和基于可辨识矩阵的约简算法等。

8.1.2 基于最小信息熵的连续属性离散化

在对决策表进行约简前，需要对其进行离散化处理，传统的离散化处理方法有等距离划分算法和等频率划分算法，这两类方法忽略了对象的类别信息，容易

丢失信息，且离散化结果的质量亦没有保障，采用有监督的离散化方法如最小信息熵法可以在一定程度上克服这些问题。最小信息熵法选用候选区间的类信息熵来选择进行离散的门限值边界，如发现一个可以使熵函数最小的区间边界，就可以递归的在边界划分后产生的两个区间内使用这个方法。如果给定样本集 S、属性 C 和区间边界 T，由 T 将 S 划分为两个区间 S_1 和 S_2，对应区间的类信息熵为 Ent（S_1）和 Ent（S_2），则由 T 产生的类信息熵可以表示为

$$E(C, T, S) = \frac{S_1}{S}\text{Ent}(S_1) + \frac{S_2}{S}\text{Ent}(S_2) \tag{8-10}$$

对于给定的属性 C，使得 E（C，T，S）最小的划分点 T 是所有候选划分点中最好的，记为 $T_{\min}$，将其作为一个离散化的划分点，样本集合也划分为 S_1 和 S_2 两个子集，在取 S_1 和 S_2 的划分点时，先假设 T_1 和 T_2 分别是 S_1 和 S_2 中最好的划分点，它们对应的类信息熵分别为 E（C，T_1，S_1）和 E（C，T_2，S_2），如果，E（C，T_1，S_1）$>E$（C，T_2，S_2）则对 S_1 继续划分，否则对 S_2 继续划分，重复上述方法，直到满足条件

$$\text{Gain}(C, T, S) < \frac{1b(N-1)}{N} + \frac{\Delta(C, T, S)}{N} \tag{8-11}$$

$$\text{Gain}(C, T, S) = \text{Ent}(S) - \text{Ent}(C, T, S) \tag{8-12}$$

$$\Delta(C, T, S) = 1b(3^k - 2) - [\text{Ent}(S) - k_1\text{Ent}(S_1) - k_2\text{Ent}(S_2)] \tag{8-13}$$

其中，b、k 为参数，N 为集合中的样本数量，k_1 和 k_2 分别为集合 S_1 和 S_2 中的类别数量。

8.1.3　基于启发式贪心算法的属性约简

对于一个信息系统，其核可能为空集，即对于决策属性而言，仅考虑准确分类，每一个条件属性都可以被约简，因此决策表的属性约简往往存在多种约简路径，约简中常出现 NP 问题（在数学中，P 是所有可在多项式时间内用确定算法求解的判定问题的集合，NP 问题是所有可用多项式时间算法验证其猜测准确性的问题的集合），其根本原因是属性的组合爆炸。针对 NP 问题，在人工智能研究领域一般采用启发式搜索方法进行属性约简，贪心算法是一种应用较为广泛的启发式约简算法，其构造为

构造一个信息表

$$S^* = \langle U^*, A^*, V^*, f^* \rangle, \quad U^* = \{(x_i, x_j) \in U^*U | d(x_i) \neq d(x_j)\}$$

如果属性 a 中的 a（x_i）$\neq a$（x_j），那么 a（x_i，x_j）$= 1$，否则 a（x_i，x_j）$= 0$。

贪心算法具体步骤：第一步，根据原来的信息表 S 构造新的信息表 S^*；第二步，初始化最佳条件属性 CUT$=\varnothing$；第三步，选取信息表所有列中 1 的个数最

多的条件属性加入到 CUT 中，去掉此条件属性所在的列和在此条件属性上值为 1 的所有行，当有 1 个以上的条件属性的列 1 的个数相同时，把列对应的条件属性所在的列值为 1 的行的 1 数目相加，取和最小的条件属性；第四步，如果信息表 S^* 中的元素不为空，则转第二步，否则停止，此时 CUT 即是所求条件属性集。

8.2　基于粗糙集的驾驶倾向性特征提取

8.2.1　实验设计

(1) 实验对象为出租车驾驶员，通过倾向性心理问卷测试得出驾驶倾向性类型，选取各类型驾驶员各 20 名，对实验人员进行编号，1~20 号为冒险型驾驶员，21~40 号为谨慎型驾驶员，41~60 号为保守型驾驶员。三种类型中男驾驶员人数均为 15 名，女驾驶员人数均为 5 名，年龄分布范围为 28~50 岁，驾龄分布范围为 3~23 年。

(2) 实验设备同 6.2.1 小节。

(3) 实验地点及道路状况：通过实车实验和观测实验（方法同 6.2.1 小节）选取人民西路—西八路—张周路—西五路—共青团路—世纪路—人民西路为试验路线（图 8-1），长度约 6000m，交通状态为非自由流，天气及道路状况良好。

图 8-1　实验路线

(4) 实验组织：实验按每组三人进行，分别从三个类型驾驶员中各派出三名驾驶员沿试验路段任一车道行驶，以人民西路理工大学北门处为起点和终点，沿试验路线行驶一周，实验车装载 CTM-8A 和 SG299GPS 非接触式多功能测速仪、激光测距传感器和车内摄像装置，道路观测实验同时进行。

（5）数据处理：结合车内、外摄像装置对行驶环境的拍摄结果，综合分析测距传感器、CTM-8A 和 SG299GPS 非接触式多功能测速仪的输出数据，整合后得到可靠性较高的行车数据。将实验数据按 0.5s/个进行整理，由实验测得的数据计算得到前后车速度差、前车速度、前车加速度以及前、后车加速度变化量。

8.2.2 驾驶倾向性特征提取过程

综合以往对于驾驶员个性特征的研究，驾驶员的反应时间和最小安全停车间距往往因驾驶员自身特性的不同而有较大的差异。但由于时间原因，并且考虑到倾向性辨识模型的实时性和计算时效性，本节仅针对实车实验得到的前后车实时相对运动参数进行特征提取和分析。

建立决策表 $S = \langle U, A, V, f \rangle$，$U$ 为全体样本集；以前后车行驶中产生的行车参数组成条件属性集 $A = \{a_1, a_2, \cdots a_{10}\} = \{d, v_1, v_2, v_r, a_1, a_2, a_r, \Delta a_1, \Delta a_2, \Delta a_r\}$，其中 d 为车间距，v_1、v_2、v_r 分别为目标车速度、前车速度和相对速度（目标车与前车速度差），a_1、Δa_1 分别为目标车加速度及其变化量，a_2、Δa_2 分别为前车加速度及其变化量，a_r、Δa_r 分别为相对加速度及其变化量；驾驶倾向性的类别可作为决策属性集 $D = \{d_1, d_2, d_3\} = \{$冒险型，谨慎型，保守型$\}$，决策表中用 0 表示冒险型，1 表示谨慎型，2 表示保守型。采用驾驶员实测数据用于特征提取，由于数据量较大，对所有数据进行分组约简，每组选用约 150 个实测数据，包含各类型对应数据各 50 个，限于篇幅书中仅列出一组数据的约简过程，建立的决策表如 8-1 所示。

表 8-1 决策表

序号	条件属性										决策属性
U	a_1	a_2	a_3	a_4	a_5	a_6	a_7	a_8	a_9	a_{10}	D
1	15.7	13.0	13.3	−0.27	−3.04	−2.95	−0.09	3.13	−3.05	0.08	0
2	15.8	12.9	13.3	−0.37	0.23	0.25	−0.02	3.27	3.20	0.07	0
3	15.7	13.0	13.2	−0.17	−0.49	−0.50	0.01	0.73	−0.75	0.02	0
4	16.6	13.1	13.7	−0.67	2.26	2.65	−0.39	2.75	3.15	0.40	0
5	16.3	13.6	13.6	−0.62	−0.51	−0.55	0.04	2.77	−3.20	0.43	0
6	16.1	13.0	13.5	−0.57	−0.46	−0.50	0.04	0.04	0.05	0.01	0
7	17.1	13.2	13.8	−0.63	1.41	1.60	−0.19	1.87	2.10	0.23	0

序号	条件属性										决策属性
U	a_1	a_2	a_3	a_4	a_5	a_6	a_7	a_8	a_9	a_{10}	D
8	16.5	13.0	13.7	-0.65	-0.74	-0.80	0.06	2.15	-2.40	0.25	0
9	17.0	13.2	13.8	-0.67	0.00	-0.60	0.60	0.74	0.20	0.54	0
10	17.4	13.3	13.7	-0.43	-0.47	-0.50	0.03	0.47	0.10	0.57	0
11	17.5	13.5	13.5	0.00	-1.13	-1.10	-0.03	0.65	-0.60	0.05	0
12	17.5	13.6	13.6	0.00	0.25	0.25	0.00	1.37	1.35	0.02	0
13	17.5	13.6	13.6	0.00	0.25	0.25	0.00	0.00	0.00	0.00	0
14	17.6	13.4	13.6	-0.23	0.10	0.10	0.00	0.15	-0.15	0.00	0
15	17.4	13.3	13.8	-0.50	0.55	0.60	-0.05	0.45	0.50	0.05	0
⋮	⋮	⋮	⋮	⋮	⋮	⋮	⋮	⋮	⋮	⋮	0
51	21.9	13.1	13.7	-0.65	0.22	0.25	-0.03	0.00	0.00	0.00	1
52	22.0	13.2	13.8	-0.64	0.23	0.25	-0.02	0.00	0.00	0.00	1
53	22.1	13.2	13.8	-0.62	0.23	0.25	-0.02	0.00	0.00	0.00	1
54	22.2	13.3	13.9	-0.61	0.23	0.25	-0.02	0.00	0.00	0.00	1
55	22.4	13.3	13.9	-0.59	0.23	0.25	-0.02	0.00	0.00	0.00	1
56	22.5	13.4	14.0	-0.54	0.05	0.05	0.00	0.18	0.20	0.02	1
57	43.6	13.5	13.4	0.09	-3.32	-2.90	-0.42	3.37	2.95	0.42	1
58	22.6	13.5	13.9	-0.37	2.21	2.55	-0.34	5.53	5.45	0.08	1
59	22.7	13.6	13.8	-0.27	-0.24	-0.25	0.01	2.45	2.80	0.35	1
60	22.8	13.6	13.8	-0.17	-0.25	-0.25	0.00	0.00	0.00	0.00	1
61	22.8	13.7	13.7	0.00	-0.61	-0.60	-0.01	0.37	0.35	0.02	1
62	22.8	13.7	13.7	0.00	0.25	0.25	0.00	0.86	0.85	0.01	1
63	22.8	13.8	13.8	0.00	0.25	0.25	0.00	0.00	0.00	0.00	1
64	22.7	13.8	13.6	0.23	-0.95	-0.90	-0.05	1.19	1.15	0.04	1
65	22.7	13.9	13.5	0.33	-0.26	-0.25	-0.01	0.68	0.65	0.03	1
⋮	⋮	⋮	⋮	⋮	⋮	⋮	⋮	⋮	⋮	⋮	1
101	22.9	12.3	12.8	-0.54	0.32	0.35	-0.03	0.04	0.05	0.01	2
102	23.0	12.2	12.9	-0.66	0.27	0.30	-0.03	0.05	0.05	0.00	2
103	24.6	13.7	14.4	-0.72	0.27	0.30	-0.03	0.00	0.00	0.00	2
104	24.7	13.8	14.5	-0.71	0.27	0.30	-0.03	0.00	0.00	0.00	2
105	24.6	13.8	13.9	-0.09	-2.94	-2.85	-0.09	3.21	3.15	0.06	2

序号	条件属性										决策属性
U	a_1	a_2	a_3	a_4	a_5	a_6	a_7	a_8	a_9	a_{10}	D
106	25.0	13.9	14.5	−0.68	2.79	3.20	−0.41	5.72	6.05	0.33	2
107	25.1	13.9	14.6	−0.66	0.14	0.15	−0.01	2.65	3.05	0.40	2
108	25.2	14.0	14.6	−0.6	−0.05	−0.05	0.00	0.18	0.20	0.02	2
109	25.3	14.0	14.5	−0.53	−0.09	−0.10	0.01	0.05	0.05	0.00	2
110	25.4	14.1	14.5	−0.45	−0.14	−0.15	0.01	0.05	0.05	0.00	2
111	25.5	14.1	14.5	−0.37	−0.14	−0.15	0.01	0.00	0.00	0.00	2
112	25.6	14.2	14.5	−0.29	−0.14	−0.15	0.01	0.00	0.00	0.00	2
113	25.6	14.2	14.4	−0.20	−0.20	−0.20	0.00	0.05	0.05	0.00	2
114	25.7	14.3	14.4	−0.11	−0.20	−0.20	0.00	0.00	0.00	0.00	2
115	25.7	14.3	14.3	0.00	−0.30	−0.30	0.00	0.10	0.10	0.00	2
⋮	⋮	⋮	⋮	⋮	⋮	⋮	⋮	⋮	⋮	⋮	2
150	25.2	14.2	13.5	0.65	0.05	−0.10	0.15	0.20	0.03	0.17	2

运用 8.1.2 小节中最小信息熵的方法对上表中属性进行离散化处理，表 8-2 给出离散化并去除冗余样本（所有属性离散值相等的样本）后的决策表 S'。

表 8-2　离散化后的决策表 S'

序号	条件属性										决策属性
U	a_1	a_2	a_3	a_4	a_5	a_6	a_7	a_8	a_9	a_{10}	D
1	2	4	2	4	2	1	1	5	2	2	0
2	1	2	2	3	4	4	4	4	2	2	0
4	2	2	2	3	4	3	5	4	2	1	0
5	1	2	4	2	4	3	2	4	3	3	0
7	2	3	1	3	4	1	2	3	4	3	0
8	2	2	3	4	2	4	5	4	1	1	0
9	1	2	4	4	4	2	2	3	3	3	0
10	1	3	4	1	4	5	3	2	4	2	0
14	2	3	5	3	2	2	2	3	4	3	0
16	2	3	4	3	3	2	3	4	1	2	0
19	1	2	5	4	2	2	3	3	3	3	0
20	1	3	5	3	2	3	2	5	3	1	0
23	2	3	1	5	4	2	1	5	2	2	0

续表

序号	条件属性							决策属性			
U	a_1	a_2	a_3	a_4	a_5	a_6	a_7	a_8	a_9	a_{10}	D
⋮	⋮	⋮	⋮	⋮	⋮	⋮	⋮	⋮	⋮	⋮	0
51	3	2	3	2	2	1	1	2	2	1	1
52	2	2	2	5	3	1	5	5	2	2	1
54	3	4	5	4	2	1	1	2	2	3	1
55	1	2	3	3	4	3	1	5	2	1	1
58	3	1	3	4	4	1	1	5	2	2	1
59	3	3	4	2	2	1	2	5	2	2	1
60	2	2	3	1	2	2	5	2	5	2	1
62	3	1	5	2	2	2	4	4	2	3	1
64	2	3	3	4	1	5	4	3	2	3	1
65	3	3	2	5	5	3	5	2	2	2	1
68	2	2	2	4	2	3	4	2	2	3	1
72	2	2	2	4	2	3	4	5	5	3	1
73	3	3	2	1	4	1	5	3	2	2	1
74	2	3	2	4	2	3	3	4	4	2	1
75	2	2	1	3	4	3	1	4	4	1	1
78	2	4	4	2	2	5	5	3	1	3	1
⋮	⋮	⋮	⋮	⋮	⋮	⋮	⋮	⋮	⋮	⋮	1
102	4	2	3	1	2	3	1	2	2	2	2
103	3	4	5	3	2	1	1	5	2	2	2
104	4	1	2	4	5	2	1	5	5	2	2
108	2	4	1	3	2	1	4	3	3	2	2
110	4	2	5	4	2	1	2	3	2	2	2
111	2	1	4	3	4	2	3	2	3	2	2
113	3	2	3	2	4	2	2	4	4	1	2
114	4	1	5	1	4	1	5	2	3	2	2
116	3	2	3	3	4	4	2	2	4	10	2
⋮	⋮	⋮	⋮	⋮	⋮	⋮	⋮	⋮	⋮	⋮	2
144	4	3	4	5	3	1	4	2	2	2	2
149	3	2	3	2	4	2	4	4	5	3	2

依据 6.1.3 中贪心算法对离散化后的决策表进行属性约简，首先由决策表 S' 构造新的决策表 S^*，如表 8-3 所示。

表 8-3　新决策表 S^*

U^*	a_1	a_2	a_3	a_4	a_5	a_6	a_7	a_8	a_9	a_{10}	各行 1 的数目
(1, 51)	1	1	1	1	0	0	0	1	0	1	6
(1, 52)	0	1	0	1	1	0	1	0	0	0	4
(1, 54)	1	0	1	0	0	0	0	1	0	1	4
(1, 55)	1	1	1	1	1	1	0	0	0	1	7
(1, 58)	1	1	1	0	1	0	0	0	0	0	4
(1, 59)	1	1	1	1	0	0	1	0	0	0	5
⋮	⋮	⋮	⋮	⋮	⋮	⋮	⋮	⋮	⋮	⋮	
(1, 102)	1	1	1	1	0	1	0	1	0	0	6
(1, 103)	1	0	1	1	1	0	0	0	0	0	4
(1, 104)	1	1	0	0	1	1	0	0	1	0	5
(1, 108)	0	0	1	1	0	0	1	1	1	0	5
(1, 110)	1	1	1	0	0	0	1	0	0	0	4
⋮	⋮	⋮	⋮	⋮	⋮	⋮	⋮	⋮	⋮	⋮	⋮
(51, 117)	1	1	0	1	0	1	0	0	0	1	5
(51, 118)	0	0	1	0	0	1	0	0	0	1	3
(51, 123)	0	0	1	1	0	1	1	1	1	1	7
(51, 127)	1	0	0	1	0	1	1	0	1	0	5
(51, 128)	1	0	0	1	1	0	1	0	0	1	5
(51, 130)	1	1	0	1	0	1	0	1	0	0	5
(51, 133)	1	1	1	1	1	1	1	1	1	0	9
(51, 135)	0	1	0	0	1	1	0	0	0	0	3
(51, 136)	0	1	1	0	0	1	1	1	0	1	6
(51, 138)	1	1	0	0	1	1	1	1	0	0	6
⋮	⋮	⋮	⋮	⋮	⋮	⋮	⋮	⋮	⋮	⋮	⋮
(98, 149)	0	0	0	0	1	1	1	0	0	0	3
(99, 149)	1	1	1	0	1	0	1	0	0	1	6
各列 1 的数目	1312	1050	785	820	750	470	210	56	82	74	

选取决策表 S^* 所有列中 1 的个数最多的属性 a_1 加入到 CUT 中，去掉此断点所在的列和在此断点上值为 1 的所有行，结果如表 8-4 所示。

表 8-4

U^*	a_1	a_2	a_3	a_4	a_5	a_6	a_7	a_8	a_9	a_{10}	各行 1 的数目
(1, 51)	*	*	*	*	*	*	*	*	*	*	*
(1, 52)	*	1	0	1	1	0	1	0	0	0	4
(1, 54)	*	*	*	*	*	*	*	*	*	*	*
(1, 55)	*	*	*	*	*	*	*	*	*	*	*
(1, 58)	*	*	*	*	*	*	*	*	*	*	*
(1, 59)	*	*	*	*	*	*	*	*	*	*	*
⋮	⋮	⋮	⋮	⋮	⋮	⋮	⋮	⋮	⋮	⋮	⋮
(1, 102)	*	*	*	*	*	*	*	*	*	*	*
(1, 103)	*	*	*	*	*	*	*	*	*	*	*
(1, 104)	*	*	*	*	*	*	*	*	*	*	*
(1, 108)	*	0	1	1	0	0	1	1	1	0	5
(1, 110)	*	*	*	*	*	*	*	*	*	*	*
⋮	⋮	⋮	⋮	⋮	⋮	⋮	⋮	⋮	⋮	⋮	⋮
(51, 117)	*	*	*	*	*	*	*	*	*	*	*
(51, 118)	*	0	1	0	0	1	0	0	0	1	3
(51, 123)	*	0	1	1	0	1	1	1	1	1	7
(51, 127)	*	*	*	*	*	*	*	*	*	*	*
(51, 128)	*	*	*	*	*	*	*	*	*	*	*
(51, 130)	*	*	*	*	*	*	*	*	*	*	*
(51, 133)	*	*	*	*	*	*	*	*	*	*	*
(51, 135)	*	1	0	0	1	1	0	0	0	0	3
(51, 136)	*	1	1	0	0	1	1	1	0	1	6
(51, 138)	*	*	*	*	*	*	*	*	*	*	*
⋮	⋮	⋮	⋮	⋮	⋮	⋮	⋮	⋮	⋮	⋮	⋮
(98, 149)	*	0	0	0	1	1	1	0	0	0	3
(99, 149)	*	*	*	*	*	*	*	*	*	*	*
各列 1 的数目	*	112	87	82	64	55	28	31	15	11	

决策表 S^* 中的元素不为空，则重复上述约简步骤，最终 CUT 中包含的条件属性有 a_1、a_2、a_4、a_5 和 a_7。最终属性约简结果如表 8-5 所示。

表 8-5 属性约简后决策表

U	a_1	a_2	a_4	a_5	a_7	D
2	2	2	3	4	4	0
9	1	2	4	4	2	0
14	2	3	3	2	2	0
24	3	4	5	2	4	0
27	1	2	3	4	5	0
30	1	3	2	3	4	0
⋮	⋮	⋮	⋮	⋮	⋮	⋮
65	3	3	5	5	5	1
68	2	2	4	3	4	1
80	2	1	5	1	2	1
82	3	3	5	3	3	1
83	2	3	4	3	2	1
⋮	⋮	⋮	⋮	⋮	⋮	⋮
135	3	3	2	3	1	2
138	4	3	2	4	3	2
143	2	3	2	2	4	2
146	4	1	2	3	5	2
149	4	3	5	3	4	2

依据上述约简过程对其他实测数据组进行属性约简，对所有约简后条件属性的集合 CUT 取交集，∩CUT 包含的属性有 a_1、a_2、a_4、a_5 和 a_7，分别对应行车参数 d、v_1、v_r、a_1 和 a_r，即经过约简属性的特征提取过程，得到整个行车参数集合中分类能力较好的变量：车间距、目标车速度、相对速度、目标车加速度和相对加速度，可据此建立动态识别模型对跟驰状态下的驾驶倾向性进行识别。

8.3 本 章 小 结

本章利用心理问卷测试、室外观测实验和实车实验得到的行车数据，采用基于粗糙集理论的特征提取方法对跟驰状态下前后车实时相对运动参数进行了特征提取和分析，提取出对驾驶倾向性分类贡献率较大的特征向量：车间距、目标车速度、相对速度、目标车加速度和相对加速度，为倾向性实时辨识模型的构建打下基础。

参 考 文 献

陈雪梅, 高利, 吴绍斌. 2007. 行车紧急度主观判断与车辆行驶控制. 公路交通科技, 24（8）：
    144-148.

丹尼尔 L. 鸠洛夫, 马休 J. 休伯. 1983. 交通流理论. 北京：人民交通出版社.

李楠, 曲长文, 苏峰, 等. 2010. 基于粗糙集的雷达辐射源信号识别. 航天电子对抗, 26（4）：
    8-10.

刘江, 荣健, 任福田. 2005. 基于可变减速时间的通行能力理论模型研究. 武汉理工大学学报
    （交通科学与工程版）, 29（6）：891-894.

阙夏, 胡学刚, 张玉红. 2006. 基于区间类信息熵的连续属性离散化方法. 计算机技术与应用
    发展, 236-239.

王玉海, 宋健, 李兴坤. 2005. 基于模糊推理的驾驶员意图识别研究. 公路交通科技, 22（12）：
    113-118.

张发, 宣慧玉, 赵巧霞. 2008. 基于有限状态自动机的车道变换模型. 中国公路学报, 21（3）：
    97-100.

张磊, 王建强, 杨馥瑞, 等. 2009. 驾驶员行为模式的因子分析和模糊聚类. 交通运输工程学
    报, 9（5）：121-126.

张秋野, 黎明. 2009. 粗糙集理论及其在电力行业应用. 北京：机械工业出版社.

张文长. 1998. 机动车道路交通安全问答. 北京：人民交通出版社.

张文修. 2001. 粗糙集理论与方法. 北京：科学出版社.

周呆尧, 过秀成. 2005. 驾驶行为特性对交通仿真模型的影响及应用. 现代交通技术, 2：
    63-66.

宗长富, 杨肖, 王畅, 等. 2009. 汽车转向时驾驶员驾驶意图辨识与行为预测. 吉林大学学报
    （工学版）, 39（s1）：27-32.

Abe G, Richardson J. 2006. Alarm timing, trust and driver expectation for forward collision warning
    system. Applied Ergonomics, 27：577-586.

Cheng S Y, Trivedi M M. 2006. Turn-intent analysis using body pose for intelligent driver assis-
    tance. Pervasive Computing Oct-Dec 2006, IEEE. 28-37.

Gunnarsson J, Svensson L, Bengtssont E. 2006. Joint driver intention classification and tracking of ve-
    hicles. Nonlinear Statistical Signal Processing Workshop, IEEE. 95-98.

Taha T, Valls Miro J, Dissanayake G. 2007. Wheelchair driver assistance and intention prediction
    using POMDPs. Intelligent Sensors, Sensor Networks and Information, 2007 ISSNIP 3rd International
    Conference. 449-454.

Trivedi M M. 2007. Driver intent interface and dynamic displays for active safety：an overview of
    selected recent studies. SICE Annual Conference 2007, Kagawa University, Japan.

Tsogas M, Polychronopoulos A, Floudas N. 2007. Situation refinement for vehicle maneuver
    identification and driver's intention prediction. 2007 10th International Conference IEEE：1-8.

9 基于动态车路数据协同推演的汽车跟驰状态驾驶倾向性辨识

由第8章特征选择结果可知，根据跟驰过程中的特征参数车间距、目标车速度、前车速度、相对速度、目标车加速度、相对加速度能够对驾驶倾向性进行分类识别。由于可对驾驶倾向性进行分类的参数较多，为使驾驶倾向的辨识易于实现，本章尝试结合车辆的运动学理论分析特征变量间的数量关系，以此作为驾驶倾向识别的判定指标建立识别模型。

9.1 汽车跟驰状态驾驶倾向性辨识模型

9.1.1 判定指标

1）间距条件

目前车辆避撞预警系统的相关研究中多采用车辆与同车道前车间的安全间距作为预警距离，其定义是，当前车紧急停车时，后车亦能停车且不至于发生尾撞事故而需要的最小车头间距。设行车间距为 d，则安全间距可表示为

$$d_s = \frac{v_1^2}{2a_f} - \frac{v_2^2}{2a_l} + v_1 t_r + d_0 \tag{9-1}$$

其中，v_1、a_f 为目标车速度和最大制动减速度，v_2、a_l 为目标车前车速度和最大制动减速度，$a_l = a_f = \varphi g$；φ 为路面附着系数；g 为重力加速度；t_r 为目标车驾驶员操作反应时间，包括驾驶员感应到前方信号并产生减速意图至车辆制动系统开始作用的时间；d_0 为最小停车间距。安全间距在理念上是从交通安全的要求出发，结合运动学理论，推导出的安全行车所需的最小间距，提供了一个判定安全水平的客观尺度。

然而在实际车流中，安全行车间距是随着道路条件、交通条件、环境条件及驾驶员特性的不同而不断变化的，其主要取决于驾驶员的自身感受和主观愿望。由于驾驶倾向性的差异，驾驶员对于安全行车尺度的把握和行车效率的要求是有差别的。例如，中老年驾驶员相对于青年驾驶员在驾驶时会倾向于较为保守的驾驶方式，其主观确定的安全间距往往较大。参照式（9-1），具有不同驾驶倾向的

驾驶员主观确定的安全间距（心理安全间距）与实际安全间距存在的偏差可以反映在反应时间和最小停车间距的不同上。将驾驶员类型划分为保守型、谨慎型和冒险型三种，设驾驶倾向对驾驶员的影响因子为 k ，则驾驶员心理安全间距可以表示为

$$d_p = \frac{v_1^2}{2a_f} - \frac{v_2^2}{2a_l} + k \cdot v_1 t_r + k \cdot d_0 \tag{9-2}$$

由于驾驶员存在个体差异，式（9-2）中驾驶员操作反应时间 t_r 和最小停车间距 d_0 的取值不一，本篇在参考以往研究文献的基础上取 1.25s 和 2m，则 $k \cdot t_r$ 和 $k \cdot d_0$ 分别可表示不同驾驶倾向驾驶员对应的反应时间和最小停车间距。设 d_{p1}、d_{p2}、d_{p3} 分别为保守型、谨慎型和冒险型驾驶员的心理安全间距。

车辆行驶时，后车驾驶员为了保证行车安全，控制车辆使其与前车的距离不低于其心理安全间距，在行车间距达到心理安全间距时，后车相对于前车处于稳定跟驰状态，则可根据各类型驾驶员稳定跟驰时刻的行车间距以及相关数据确定式（9-2）中的 k 值，对应于保守型、谨慎型和冒险型可以得到 k 的三个数值范围：k_1、k_2、k_3。可以根据得到的 k_1、k_2、k_3 实时计算出任一时刻三种可能的心理安全间距范围 d_{p1}、d_{p2}、d_{p3}，将此时的行车间距值与 d_{p1}、d_{p2}、d_{p3} 相比较，即用 $d-d_p$ 的大小来判断倾向性类型。

2）运动状态

车辆运动状态如图 9-1 所示。

图 9-1　车辆运动状态图

当 $d-d_p>0$，其中 d_p 取 d_{p1}、d_{p2}、d_{p3} 中任一值时，仅由 $d-d_p$ 来判定驾驶倾向类型不够充足，还需判断此时跟驰车驾驶员是否已经达到心理安全间距，这种情况对应两种车辆运行状态：

（1）车辆行驶中，某一时刻行车间距若达到后车驾驶员的心理安全间距，则此时有相对速度

$$v_r = v_1 - v_2 \approx 0 \tag{9-3}$$

（2）若某一时刻驾驶员认为行车间距小于自己的心理安全间距，无法满足自己安全行车的条件，跟驰车驾驶员会减速将行车间距拉大，分析此时的运动关

系，有

$$d_n > d_{n-1}, a_1 < 0$$

其中，d_n、d_{n-1} 分别为该时刻及上一时刻的行车间距，a_1 为跟驰车加速度。令 Δs_1、Δs_2 分别为跟驰车和前车单位扫描时钟内驶过的距离，则上式等价于

$$\Delta s_1 < \Delta s_2, a_1 < 0$$

其中

$$\Delta s_1 = v_1 \Delta t + \frac{1}{2} a_1 \Delta t^2$$

$$\Delta s_2 = v_2 \Delta t + \frac{1}{2} a_2 \Delta t^2$$

则单位扫描时钟内

$$\Delta s_1 - \Delta s_2 = (v_1 - v_2) + \frac{1}{2}(a_1 - a_2)$$

$$= v_r + \frac{1}{2} a_r$$

其中，a_r 为相对加速度。根据上式，满足 $\Delta s_1 < \Delta s_2$ 且 $a_1 < 0$ 的条件为

$$\left.\begin{array}{c} a_1 < 0, \ a_r < 0, \ v_r < 0 \\ 或 \\ a_1 < 0, \ a_r < 0, \ 0 < 2v_r < |a_r| \end{array}\right\} \qquad (9\text{-}4)$$

即可用式（9-3）、式（9-4）与 $d - d_p$ 相结合判定驾驶倾向类型。

9.1.2 建立识别模型

（1）取 φ 为沥青（干）路面平均附着系数 0.8，则 $a_l = a_f = \varphi g = -7.84$（m/s²）；由各类型驾驶员稳定跟驰时刻的行车间距及相关数据代入式（9-2）得到 k 的三个数值范围：k_1、k_2、k_3；由 k_1、k_2、k_3、t_r、d_0 及目标车某一时刻 v_1、v_2 的值计算出可能的心理安全距离范围：d_{p1}、d_{p2}、d_{p3}，令 d_{pmax1} 和 d_{pmin1} 为 d_{p1} 的上限和下限，d_{pmax2}、d_{pmin2} 为 d_{p2} 的上限和下限，d_{pmax3}、d_{pmin3} 为 d_{p3} 的上限和下限。

（2）由相关文献可知，当车间距小于 70m 时，车辆的行驶会受前方车辆的影响，即处于跟驰状态如图 9-2 所示。

行车间距 $70\text{m} > d \geq d_{pmin1}$，若满足

$$v_r = 0$$

或

$$\begin{cases} a_1 < 0, \ a_r < 0, \ v_r < 0 \\ a_1 < 0, \ a_r < 0, \ 0 < 2v_r < |a_r| \end{cases}$$

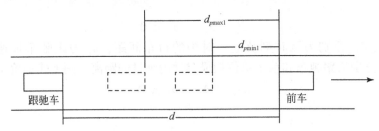

图 9-2　车辆运行状态图（Ⅰ）

则此时车间距达到（或小于）驾驶员心理安全间距，可确定为保守型，若以上条件不满足，则在 $d > d_{p\max1}$ 时可暂定为保守型，在 $d_{p\min1} \leqslant d < d_{p\max1}$ 时暂定为谨慎型，以下类推。

（3）车辆运行状态（Ⅱ）如图 9-3 所示。

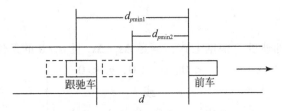

图 9-3　车辆运行状态图（Ⅱ）

若 $d_{p\min2} \leqslant d < d_{p\min1}$，满足

$$v_r = 0$$

或

$$\begin{cases} a_1 < 0,\ a_r < 0,\ v_r < 0 \\ a_1 < 0,\ a_r < 0,\ 0 < 2v_r < |a_r| \end{cases}$$

则为谨慎型；若不满足，则暂定为冒险型。

（4）车辆运行状态（Ⅲ）如图 9-4 所示。

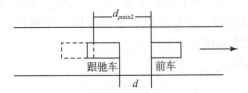

图 9-4　车辆运行状态图（Ⅲ）

若 $d < d_{p\min2}$，则为冒险型。

识别模型流程如图 9-5 所示。

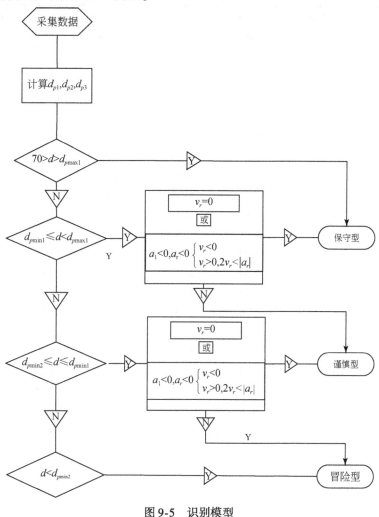

图 9-5 识别模型

9.2 驾驶倾向性识别模型的标定

由实验共得到 60 组实验数据，对每种倾向性类型的数据各取 16 组（共 48 组）进行模型标定，剩余 12 组用于模型验证。限于篇幅，本篇中仅列出部分用于模型标定的数据，如表 9-1～表 9-3 所示。

表 9-1 冒险型驾驶员部分实验数据

时间 /s	目标车加速度 /(m/s²)	相对加速度 /(m/s²)	车间距 /m	目标车速度 /(m/s)	前车速度 /(m/s)	相对速度 /(m/s)
⋮	⋮	⋮	⋮	⋮	⋮	⋮
141.0	−1.26	0.04	17.50	13.41	13.74	−0.33
141.5	−1.44	0.06	15.90	12.97	13.44	−0.47
142.0	0.32	−0.03	16.00	12.98	13.51	−0.53
142.5	0.63	−0.02	17.60	13.51	13.64	−0.13
143.0	1.04	−0.11	17.20	13.29	13.87	−0.58
143.5	0.09	−0.01	16.90	13.19	13.89	−0.70
144.0	−3.04	−0.09	15.70	13.03	13.30	−0.27
144.5	0.23	−0.02	15.80	12.98	13.35	−0.37
145.0	−0.49	0.01	15.70	13.08	13.25	−0.17
145.5	2.26	−0.39	16.60	13.11	13.78	−0.67
146.0	−0.51	0.04	16.30	13.05	13.67	−0.62
146.5	−0.46	0.04	16.10	13.00	13.57	−0.57
147.0	1.41	−0.19	17.10	13.26	13.89	−0.63
147.5	−0.74	0.06	16.50	13.08	13.73	−0.65
148.0	−0.51	−0.51	17.00	13.22	13.89	−0.67
148.5	−0.47	0.03	17.40	13.36	13.79	−0.43
149.0	−1.13	−0.03	17.50	13.57	13.57	0.00
149.5	0.25	0.00	17.50	13.62	13.62	0.00
150.0	0.25	0.00	17.50	13.67	13.67	0.00
150.5	0.10	0.00	17.60	13.46	13.69	−0.23
151.0	0.55	−0.05	17.40	13.31	13.81	−0.50
151.5	−0.90	0.00	17.50	13.52	13.63	−0.11
152.0	0.24	−0.01	17.50	13.47	13.68	−0.21
152.5	0.24	−0.01	17.40	13.42	13.73	−0.31
153.0	0.23	−0.02	17.40	13.37	13.78	−0.41
153.5	0.14	−0.01	17.30	13.32	13.81	−0.49
154.0	0.27	−0.03	17.00	13.27	13.87	−0.60
154.5	−0.05	0.00	17.20	13.30	13.86	−0.56
155.0	0.14	−0.01	16.90	13.24	13.89	−0.65
155.5	0.09	−0.01	16.80	13.21	13.91	−0.70
156.0	−0.09	0.01	16.60	13.17	13.89	−0.72
156.5	−0.18	0.02	16.50	13.14	13.85	−0.71

续表

时间 /s	目标车加速度 /(m/s²)	相对加速度 /(m/s²)	车间距 /m	目标车速度 /(m/s)	前车速度 /(m/s)	相对速度 /(m/s)
157.0	−0.51	0.04	16.20	13.07	13.74	−0.67
157.5	0.22	−0.03	16.40	13.10	13.79	−0.69
158.0	−0.70	0.05	16.00	13.02	13.64	−0.62
158.5	0.18	−0.02	16.10	13.04	13.68	−0.64
159.0	−0.46	0.04	15.80	12.99	13.58	−0.59
159.5	−0.37	0.03	15.70	12.97	13.50	−0.53
160.0	−0.68	0.02	15.60	13.03	13.36	−0.33
160.5	0.23	−0.02	15.60	12.98	13.41	−0.43
161.0	−0.49	0.01	15.50	13.08	13.31	−0.23
161.5	0.39	−0.01	15.50	13.13	13.26	−0.13
162.0	1.45	−0.05	17.60	13.56	13.56	0.00
162.5	0.25	0.00	17.60	13.61	13.61	0.00
163.0	0.25	0.00	17.60	13.66	13.66	0.00
163.5	−1.15	−0.05	17.60	13.71	13.44	0.27
164.0	−0.26	−0.01	17.50	13.76	13.39	0.37
164.5	−0.48	−0.03	17.40	13.77	13.30	0.47
165.0	−0.43	−0.03	17.30	13.75	13.22	0.53
165.5	−0.33	−0.03	17.20	13.73	13.16	0.57
166.0	−0.27	−0.02	17.10	13.71	13.11	0.60
166.5	−0.28	−0.03	17.00	13.69	13.06	0.63
167.0	−0.28	−0.03	16.80	13.66	13.01	0.65
167.5	−0.33	−0.03	16.70	13.62	12.95	0.67
168.0	−0.28	−0.03	16.60	13.59	12.90	0.69
168.5	−0.33	−0.03	16.40	13.54	12.84	0.70
169.0	−0.06	−0.01	16.30	13.50	12.83	0.67
169.5	0.16	0.01	16.20	13.46	12.86	0.60
170.0	0.38	0.03	16.00	13.44	12.93	0.51
170.5	0.11	0.01	16.00	13.39	12.95	0.44
171.0	0.26	0.01	15.90	13.34	13.00	0.34
⋮	⋮	⋮	⋮	⋮	⋮	⋮

表 9-2　谨慎型驾驶员部分实验数据

时间 /s	目标车加速度 /(m/s²)	相对加速度 /(m/s²)	车间距 /m	目标车速度 /(m/s)	前车速度 /(m/s)	相对速度 /(m/s)
⋮	⋮	⋮	⋮	⋮	⋮	⋮
118.0	0.35	−0.05	20.60	12.60	13.33	−0.73
118.5	0.27	−0.03	20.70	12.66	13.39	−0.73
119.0	0.18	−0.02	20.90	12.71	13.43	−0.72
119.5	0.27	−0.03	21.00	12.77	13.49	−0.72
120.0	0.22	−0.03	21.20	12.83	13.54	−0.71
120.5	0.22	−0.03	21.30	12.89	13.59	−0.70
121.0	0.22	−0.03	21.40	12.95	13.64	−0.69
121.5	0.22	−0.03	21.60	13.01	13.69	−0.68
122.0	0.22	−0.03	21.70	13.07	13.74	−0.67
122.5	0.22	−0.03	21.90	13.14	13.79	−0.65
123.0	0.23	−0.02	22.00	13.20	13.84	−0.64
123.5	0.23	−0.02	22.10	13.27	13.89	−0.62
124.0	0.23	−0.02	22.20	13.33	13.94	−0.61
124.5	0.23	−0.02	22.40	13.40	13.99	−0.59
125.0	0.05	0.00	22.50	13.46	14.00	−0.54
125.5	−3.32	−0.42	43.60	13.51	13.42	0.09
126.0	2.21	−0.34	22.60	13.56	13.93	−0.37
126.5	−0.24	0.01	22.70	13.61	13.88	−0.27
127.0	−0.25	0.00	22.80	13.66	13.83	−0.17
127.5	−0.61	−0.01	22.80	13.71	13.71	0.00
128.0	0.25	0.00	22.80	13.76	13.76	0.00
128.5	0.25	0.00	22.80	13.81	13.81	0.00
129.0	−0.95	−0.05	22.70	13.86	13.63	0.23
129.5	−0.26	−0.01	22.70	13.91	13.58	0.33
130.0	−0.27	−0.02	22.60	13.96	13.53	0.43
130.5	−0.27	−0.02	22.50	14.01	13.48	0.53
131.0	−0.50	−0.05	22.40	14.02	13.39	0.63
131.5	−0.39	−0.04	22.30	14.01	13.32	0.69
132.0	−0.28	−0.03	22.10	13.99	13.27	0.72

续表

时间 /s	目标车加速度 /(m/s²)	相对加速度 /(m/s²)	车间距 /m	目标车速度 /(m/s)	前车速度 /(m/s)	相对速度 /(m/s)
132.5	-0.34	-0.04	22.00	13.96	13.21	0.75
133.0	-0.28	-0.03	21.80	13.94	13.16	0.78
133.5	-0.28	-0.03	21.70	13.91	13.11	0.80
134.0	-0.34	-0.04	21.50	13.88	13.05	0.83
134.5	-0.28	-0.03	21.30	13.85	13.00	0.85
135.0	-0.29	-0.04	21.20	13.81	12.95	0.86
135.5	-0.34	-0.04	21.00	13.77	12.89	0.88
136.0	-0.29	-0.04	20.80	13.73	12.84	0.89
136.5	-0.29	-0.04	20.60	13.68	12.79	0.89
137.0	-0.11	-0.01	20.50	13.63	12.77	0.86
137.5	0.22	0.02	20.30	13.59	12.81	0.78
138.0	0.28	0.03	20.10	13.55	12.86	0.69
138.5	0.33	0.03	20.00	13.51	12.92	0.59
139.0	0.16	0.01	19.90	13.46	12.95	0.51
139.5	0.27	0.02	19.80	13.41	13.00	0.41
140.0	0.26	0.01	19.70	13.36	13.05	0.31
140.5	0.26	0.01	19.70	13.31	13.10	0.21
141.0	0.25	0.00	19.70	13.26	13.15	0.11
141.5	0.30	0.00	19.70	13.21	13.21	0.00
142.0	-0.25	0.00	19.70	13.16	13.16	0.00
142.5	-0.25	0.00	19.70	13.11	13.11	0.00
143.0	1.10	-0.10	19.70	13.06	13.35	-0.29
143.5	0.23	-0.02	19.80	13.01	13.40	-0.39
144.0	0.23	-0.02	19.90	12.96	13.45	-0.49
144.5	0.41	-0.04	20.00	12.95	13.54	-0.59
145.0	0.40	-0.05	20.10	12.98	13.63	-0.65
⋮	⋮	⋮	⋮	⋮	⋮	⋮

表 9-3　保守型驾驶员部分实验数据

时间 /s	目标车加速度 /(m/s²)	相对加速度 /(m/s²)	车间距 /m	目标车速度 /(m/s)	前车速度 /(m/s)	相对速度 /(m/s)
⋮	⋮	⋮	⋮	⋮	⋮	⋮
167.0	0.21	0.44	25.60	13.99	14.53	−0.54
167.5	0.19	0.39	25.70	14.04	14.49	−0.45
168.0	0.24	0.49	25.80	14.09	14.44	−0.35
168.5	0.24	0.49	25.90	14.14	14.39	−0.25
169.0	0.30	0.60	25.90	14.19	14.33	−0.14
169.5	0.45	0.90	25.90	14.24	14.24	0.00
170.0	0.25	0.00	25.90	14.29	14.29	0.00
170.5	0.77	1.52	25.90	14.34	14.14	0.20
171.0	0.37	0.72	25.80	14.39	14.07	0.32
171.5	0.37	0.72	25.80	14.44	14.00	0.44
172.0	0.32	0.62	25.70	14.49	13.94	0.55
172.5	0.38	0.73	25.50	14.54	13.87	0.67
173.0	0.56	1.06	25.40	14.55	13.77	0.78
173.5	0.51	0.96	25.20	14.53	13.68	0.85
174.0	0.40	0.75	25.00	14.50	13.61	0.89
174.5	0.34	0.64	24.90	14.47	13.55	0.92
175.0	0.23	0.43	24.20	13.29	12.44	0.85
175.5	0.23	0.43	24.00	13.23	12.40	0.83
176.0	0.34	0.64	24.80	13.16	12.34	0.82
176.5	0.34	0.64	24.70	13.09	12.28	0.81
177.0	0.29	0.54	24.50	13.03	12.23	0.80
177.5	0.28	0.53	23.30	12.97	12.18	0.79
178.0	0.06	0.11	23.20	12.91	12.17	0.74
178.5	0.17	0.02	23.00	12.86	12.20	0.66
179.0	0.32	0.02	22.90	12.80	12.26	0.54
179.5	0.37	0.02	22.80	12.75	12.33	0.42
180.0	0.26	0.01	22.80	12.69	12.38	0.31
180.5	0.36	0.01	22.70	12.64	12.45	0.19
181.0	0.64	−0.01	22.70	12.58	12.58	0.00

续表

时间 /s	目标车加速度 /(m/s²)	相对加速度 /(m/s²)	车间距 /m	目标车速度 /(m/s)	前车速度 /(m/s)	相对速度 /(m/s)
181.5	0.25	0.50	22.70	12.53	12.53	0.00
182.0	0.30	0.60	22.70	12.47	12.47	0.00
182.5	1.15	-0.10	22.70	12.42	12.72	-0.30
183.0	0.28	-0.02	22.80	12.36	12.78	-0.42
183.5	0.32	-0.03	22.90	12.31	12.85	-0.54
184.0	0.27	-0.03	23.00	12.25	12.91	-0.66
184.5	0.27	-0.03	24.60	13.74	14.46	-0.72
185.0	0.27	-0.03	24.70	13.81	14.52	-0.71
185.5	2.94	5.79	24.60	13.86	13.95	-0.09
186.0	2.79	-0.41	25.00	13.91	14.59	-0.68
186.5	0.14	-0.01	25.10	13.96	14.62	-0.66
187.0	0.05	0.10	25.20	14.01	14.61	-0.60
187.5	0.09	0.19	25.30	14.06	14.59	-0.53
188.0	0.14	0.29	25.40	14.11	14.56	-0.45
188.5	0.14	0.29	25.50	14.16	14.53	-0.37
189.0	0.14	0.29	25.60	14.21	14.50	-0.29
189.5	0.20	0.40	25.60	14.26	14.46	-0.20
190.0	0.20	0.40	25.70	14.31	14.42	-0.11
190.5	0.30	0.60	25.70	14.36	14.36	0.00
191.0	0.25	0.00	25.70	14.41	14.41	0.00
191.5	0.25	0.00	25.70	14.46	14.46	0.00
192.0	1.20	2.35	25.60	14.51	14.23	0.28
192.5	0.32	0.62	25.50	14.56	14.17	0.39
193.0	0.32	0.62	25.50	14.61	14.11	0.50
193.5	0.38	0.73	25.30	14.66	14.04	0.62
⋮	⋮	⋮	⋮	⋮	⋮	⋮

从实验所得数据中提取出 $v_r \approx 0$ 时刻数据，代入式（9-2）标定 k 的值，可得三个类型对应驾驶倾向影响因子 k_1、k_2、k_3 的数值范围：$k_1 = [1.067, 1.212]$，$k_2 = [0.938, 1.065]$，$k_3 = [0.815, 0.937]$。由于本篇数据是在天气及道路状况良好且驾驶员没有任务缓急等因素的影响情况下进行实验得到，天气、道路状况及任

务缓急等对跟驰状态下驾驶倾向识别模型的影响可在以后的研究中逐步完善。

9.3 驾驶倾向性识别模型验证

9.3.1 实车实验验证

由9.2节中剩余的12组实验数据对5.1.2小节中建立的实时识别模型进行验证，令 R 表示计算得到的倾向性类型，$R=0$，1，2时分别代表冒险型、谨慎型和保守型。部分数据（取自2号驾驶员的实验数据）及实时计算结果如表9-4所示。

表9-4　模型验证部分数据

时间/ s	$a_1/$ (m/s²)	$a_r/$ (m/s²)	$d/$ m	$v_1/$ (m/s)	$v_2/$ (m/s)	$v_r/$ (m/s)	d_p/m			R
							d_{p1}	d_{p2}	d_{p3}	
⋮	⋮	⋮	⋮	⋮	⋮	⋮	⋮	⋮	⋮	⋮
105.0	0.14	−0.01	19.10	14.18	14.64	−0.46	21.744,24.604	19.199,21.704	17.773,19.953	0
105.5	0.14	−0.01	19.20	14.17	14.67	−0.50	21.811,24.670	19.269,21.772	17.844,19.916	0
106.0	0.09	−0.01	19.30	14.19	14.69	−0.50	21.816,24.678	19.270,21.776	17.842,19.896	0
106.5	0.09	−0.01	19.40	14.24	14.71	−0.47	21.886,24.757	19.332,21.847	17.897,19.874	0
107.0	−0.05	−0.02	19.40	14.29	14.70	−0.41	21.907,24.787	19.344,21.867	17.901,19.865	0
107.5	−0.10	−0.02	19.50	14.34	14.68	−0.34	21.947,24.836	19.377,21.907	17.926,19.824	0
108.0	−0.10	−0.02	19.60	14.39	14.66	−0.27	21.977,24.876	19.399,21.937	17.941,19.825	0
108.5	−0.10	−0.01	19.60	14.44	14.64	−0.20	21.988,24.895	19.401,21.948	17.935,19.823	0
109.0	−0.15	−0.02	19.70	14.49	14.61	−0.12	21.008,24.924	19.414,21.968	17.940,19.814	0
109.5	−0.35	0.00	19.70	14.54	14.54	0.00	21.069,24.994	19.466,21.028	17.985,19.774	0
110.0	0.25	0.00	19.70	14.59	14.59	0.00	21.079,24.014	19.469,21.039	17.979,19.765	0
110.5	0.25	0.00	19.70	14.64	14.64	0.00	21.091,24.033	19.471,21.049	17.974,19.757	0
111.0	−0.77	−0.02	19.60	14.69	14.49	0.20	20.860,23.813	18.233,20.819	15.729,18.213	0
111.5	−0.21	−0.01	19.60	14.74	14.45	0.29	20.850,23.812	18.216,20.810	15.703,18.195	0
112.0	−0.16	−0.01	19.50	14.79	14.42	0.37	20.801,23.772	18.158,20.760	15.638,18.138	0
112.5	−0.21	−0.01	19.40	14.84	14.38	0.46	20.721,23.701	18.070,20.680	15.543,18.050	0
113.0	−0.38	−0.03	19.30	14.85	14.31	0.54	20.673,23.655	18.021,20.632	15.492,18.000	0
113.5	−0.38	−0.03	19.20	14.82	14.24	0.58	20.657,23.633	18.009,20.616	15.485,17.989	0
114.0	−0.16	−0.01	19.10	14.79	14.21	0.58	20.651,23.622	18.008,20.610	15.488,17.988	0

时间/ s	a_1/ (m/s²)	a_r/ (m/s²)	d/ m	v_1/ (m/s)	v_2/ (m/s)	v_r/ (m/s)	d_p			R
							d_{p1}	d_{p2}	d_{p3}	
114.5	−0.11	−0.01	19.00	14.76	14.19	0.57	20.485,23.450	17.847,20.444	15.331,17.826	0
115.0	−0.32	−0.02	18.90	14.72	14.13	0.59	20.476,23.434	17.845,20.436	15.336,17.824	0
115.5	−0.27	−0.02	18.80	14.69	14.08	0.61	20.400,23.353	17.773,20.359	15.269,17.753	0
116.0	−0.27	−0.02	18.60	14.65	14.03	0.62	20.332,23.277	17.711,20.291	15.213,17.691	0
116.5	−0.27	−0.02	18.50	14.61	13.98	0.63	20.183,23.121	17.569,20.143	15.077,17.549	0
117.0	−0.27	−0.02	18.40	14.57	13.93	0.64	20.125,23.056	17.518,20.085	15.031,17.497	0
117.5	−0.33	−0.03	18.20	14.52	13.87	0.65	20.105,23.026	17.505,20.064	15.027,17.485	0
118.0	−0.27	−0.02	18.10	14.48	13.82	0.66	20.076,22.991	17.483,20.036	15.011,17.463	0
118.5	−0.27	−0.02	18.00	14.44	13.77	0.67	20.058,22.965	17.471,20.018	15.005,17.451	0
119.0	−0.27	−0.02	17.80	14.39	13.72	0.67	20.027,22.926	17.449,19.987	14.991,17.429	0
119.5	−0.27	−0.02	17.70	14.35	13.67	0.68	19.949,22.840	17.377,19.909	14.925,17.357	0
120.0	−0.27	−0.02	17.60	14.30	13.62	0.68	19.799,22.681	17.235,19.759	14.790,17.215	0
120.5	−0.27	−0.02	17.40	14.25	13.57	0.68	19.778,22.651	17.222,19.739	14.785,17.203	0
121.0	−0.38	−0.03	17.30	14.19	13.50	0.69	19.716,22.578	17.170,19.676	14.742,17.150	0
121.5	−0.22	−0.02	17.20	14.14	13.46	0.68	19.685,22.538	17.147,19.646	14.727,17.127	0
122.0	−0.27	−0.02	17.00	14.08	13.41	0.67	19.663,22.505	17.134,19.624	14.724,17.115	0
122.5	−0.27	−0.02	16.90	14.02	13.36	0.66	19.610,22.441	17.091,19.571	14.690,17.072	0
123.0	−0.27	−0.02	16.80	13.96	13.31	0.65	19.518,22.338	17.009,19.479	14.616,16.989	0
123.5	−0.27	−0.02	16.60	13.90	13.26	0.64	19.275,22.085	16.776,19.236	14.393,16.756	0
124.0	−0.27	−0.02	16.50	13.84	13.21	0.63	19.213,22.011	16.723,19.174	14.349,16.704	0
124.5	−0.33	−0.03	16.40	13.78	13.15	0.63	19.160,21.948	16.680,19.122	14.315,16.661	0
125.0	−0.27	−0.02	16.30	13.72	13.10	0.62	19.128,21.904	16.657,19.089	14.302,16.638	0
125.5	−0.27	−0.02	16.10	13.66	13.05	0.61	18.995,21.761	16.534,18.957	14.188,16.515	0
126.0	−0.22	−0.02	16.00	13.61	13.01	0.60	18.975,21.731	16.522,18.937	14.183,16.503	0
126.5	−0.27	−0.02	15.90	13.55	12.96	0.59	18.962,21.708	16.519,18.924	14.190,16.500	0
127.0	−0.27	−0.02	15.80	13.49	12.91	0.58	18.910,21.645	16.476,18.872	14.156,16.457	0
127.5	−0.27	−0.02	15.70	13.43	12.86	0.57	18.767,21.491	16.343,18.729	14.033,16.325	0
128.0	−0.27	−0.02	15.60	13.37	12.81	0.56	18.704,21.418	16.291,18.667	13.989,16.272	0
128.5	−0.33	−0.03	15.40	13.31	12.75	0.56	18.492,21.194	16.088,18.455	13.795,16.069	0
129.0	−0.27	−0.02	15.30	13.25	12.70	0.55	18.449,21.141	16.055,18.412	13.772,16.036	0

续表

时间/s	a_1/(m/s²)	a_r/(m/s²)	d/m	v_1/(m/s)	v_2/(m/s)	v_r/(m/s)	d_{p1}	d_{p2}	d_{p3}	R
129.5	−0.27	−0.02	15.20	13.19	12.65	0.54	18.337,21.018	15.952,18.300	13.678,15.934	0
130.0	−0.22	−0.02	15.10	13.14	12.61	0.53	18.136,20.808	15.760,18.100	13.493,15.741	0
130.5	−0.27	−0.02	15.00	13.08	12.56	0.52	18.104,20.765	15.737,18.067	13.480,15.718	0
131.0	−0.27	−0.02	14.90	13.02	12.51	0.51	18.071,20.721	15.714,18.035	13.466,15.696	0
131.5	−0.27	−0.02	14.80	12.96	12.46	0.50	17.979,20.618	15.631,17.943	13.393,5.613	0
132.0	−0.05	0.00	14.70	12.90	12.45	0.00	17.886,20.514	15.548,17.850	13.319,15.530	0
132.5	2.03	0.00	14.60	12.84	12.84	0.00	17.614,20.231	15.285,17.578	13.065,15.267	0
133.0	−0.30	0.00	14.60	12.78	12.78	0.00	17.601,20.208	15.283,17.565	13.072,15.265	0
133.5	1.86	−0.14	14.70	12.72	13.18	−0.46	19.219,21.814	16.910,19.183	14.708,16.892	0
134.0	0.85	−0.10	14.80	12.67	13.37	−0.70	19.278,21.865	16.977,19.243	14.783,16.959	0
134.5	0.39	−0.06	15.00	12.61	13.46	−0.85	19.286,21.861	16.994,19.250	14.810,16.977	0
135.0	0.22	−0.03	15.10	12.55	13.51	−0.96	19.273,21.838	16.992,19.238	14.816,16.974	0
135.5	0.04	−0.01	15.30	12.49	13.52	−1.03	19.751,22.305	17.479,19.716	15.312,17.461	0
136.0	−0.13	0.02	15.50	12.43	13.49	−1.06	19.768,22.311	17.506,19.733	15.349,17.488	0
136.5	−0.08	0.02	15.80	12.37	13.47	−1.10	19.886,22.418	17.633,19.851	15.485,17.616	0
137.0	−0.13	0.02	16.00	12.31	13.44	−1.13	19.893,22.414	17.650,19.858	15.512,17.633	0
137.5	−0.08	0.02	16.20	12.25	13.42	−1.17	19.961,22.471	17.727,19.926	15.598,17.710	0
138.0	0.08	−0.02	16.40	12.24	13.44	−1.20	20.199,22.707	17.967,20.164	15.839,17.950	0
138.5	0.08	−0.02	16.70	12.26	13.46	−1.20	20.223,22.735	17.988,20.188	15.857,17.971	0
139.0	0.12	−0.03	16.90	12.33	13.49	−1.16	20.327,22.852	18.081,20.293	15.939,18.064	0
139.5	−0.08	0.02	17.10	12.40	13.47	−1.07	20.612,23.149	18.354,20.577	16.202,18.337	0
140.0	−0.09	0.01	17.40	12.46	13.45	−0.99	20.625,23.173	18.357,20.589	16.196,18.340	0
140.5	−0.26	0.04	17.50	12.51	13.39	−0.88	20.745,23.302	18.470,20.710	16.301,18.452	0
141.0	−0.27	0.03	17.70	12.56	13.33	−0.77	20.775,23.342	18.492,20.740	16.315,18.474	0
141.5	−0.27	0.03	17.90	12.59	13.27	−0.68	20.792,23.364	18.504,20.756	16.322,18.486	0
⋮	⋮	⋮	⋮	⋮	⋮	⋮	⋮	⋮	⋮	⋮

表 9-4 中 a_1、a_r、d、v_1、v_2、v_r 代表的意义同上文，三种可能的心理安全间距 d_{p1}、d_{p2}、d_{p3} 由 9.2 节中模型标定得到的 k_1、k_2、k_3 及式（9-2）计算得到。将表中数据代入 9.1.2 小节中识别模型对驾驶员的倾向性类型进行判断，可以得到每一时刻对应的识别结果，经计算，最终识别结果为冒险型，与心理测试的结果

相吻合。根据所建模型的识别思路，当驾驶员处于速度变化较大的加速跟随和减速驰近的驾驶状态，此时行车间距较大，模型的实时识别准确度会略低，但随着行车间距逐渐接近心理安全间距，模型仍能较为准确地识别出驾驶倾向类型。表9-4 中所列数据为该驾驶员较为稳定的跟随前车行驶时的数据，此时驾驶员基本达到心理安全间距，并且处于小幅度调整车速以保持心理安全间距的驾驶状态，由识别结果可知，识别模型对驾驶倾向性类型的判断较为准确。全部 12 组数据的最终验证结果如表9-5 所示。

表9-5 验证结果

驾驶员编号	模型验证结果（准确率/%）	心理测试结果	驾驶员编号	模型验证结果（准确率/%）	心理测试结果
17	保守型（96.0）	76（保守型）	57	冒险型（91.9）	46（冒险型）
37	谨慎型（93.6）	50（谨慎型）	60	冒险型（90.8）	48（冒险型）
18	保守型（94.0）	72（保守型）	58	冒险型（94.1）	43（冒险型）
19	保守型（95.3）	73（保守型）	40	谨慎型（91.4）	54（谨慎型）
38	谨慎型（89.6）	53（谨慎型）	20	保守型（95.0）	77（保守型）
39	谨慎型（88.9）	65（谨慎型）	59	冒险型（95.5）	47（冒险型）

同 7.3.1 小节中所述，驾驶员倾向性类型的表现可理解为混合策略对策，则表9-5 中准确率所对应百分比数字表示该驾驶员以此为概率表现的对应类型。结果表明本章所建识别模型可以实现对跟驰状态下驾驶倾向性类型的实时识别。

9.3.2 模拟实验验证

征集 8 名驾驶员（包括 6 名男驾驶员和 2 名女驾驶员，年龄分布为 25～45 岁，驾龄分布为 3～20 年），实验前对驾驶员进行驾驶模拟器的操作培训，以及心理问卷测试。驾驶模拟器具体构成及功能同 7.3.2 小节，此处不再赘述。建立单车道仿真交通场景如图9-3 所示，为较好地模拟跟驰状态，输入交通量设置为500，驾驶模拟实验场景如图9-7 和图9-8 所示。

对实验后驾驶模拟器的导出数据进行整理，将相关数据代入 9.1.2 小节中所建立的识别模型，得到各驾驶倾向性类型的识别结果，限于篇幅，仅列出模型识别结果和心理测试结果的对比如表9-6 所示，表中准确率所对应百分比数字表示该驾驶员以此为概率表现的对应类型。

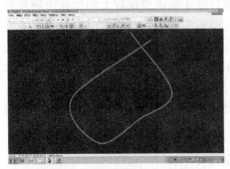
图 9-6 交通仿真环境设置图

图 9-7 驾驶场景模拟

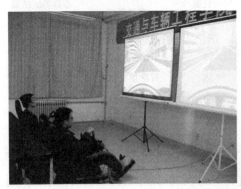

图 9-8 实验过程

表 9-6 模拟实验验证结果

驾驶员编号	模型验证结果（准确率/%）	心理测试结果	驾驶员编号	模型验证结果（准确率/%）	心理测试结果
1	保守型（85.2）	76（保守型）	5	保守型（80.0）	72（保守型）
2	冒险型（96.1）	47（冒险型）	6	冒险型（94.1）	43（冒险型）
3	谨慎型（94.7）	50（谨慎型）	7	谨慎型（91.2）	65（谨慎型）
4	谨慎型（94.0）	61（谨慎型）	8	谨慎型（88.9）	54（谨慎型）

9.4 本章小结

　　本章在第 8 章特征提取的基础上，结合车辆运动学理论给出倾向性类型的判定指标，建立了驾驶倾向性的动态辨识模型，并利用实车实验和交互式并行驾驶模拟实验所得数据对模型进行了验证，结果表明本章所建辨识模型能够实现驾驶倾向性的动态推演，为个性化汽车主动安全系统的设计提供理论基础。

参 考 文 献

冯雨芹，房春泉，张亚平，等.2007. 驾驶员特性评价指标聚类分析. 黑龙江交通科技，11：161-163.

刘江，田萍，荣健，等.2006. 驾驶员气质与行车速度关系的初步研究. 北京工业大学学报，32（1）：27-32.

钱尧平，张成国.2006. 驾驶员事故倾向性心理初探及对策. 汽车运用，10：21-22.

邵志芳.2006. 认知心理学——理论、实验和应用. 上海：上海教育出版社.

腾少冬.2006. 应用于个人机器人的人工心理模型的研究. 北京：北京科技大学.

王洪利.2008. 基于人工心理偏好表示的多方—多属性谈判支持系统. 计算机应用，28（5）：1272-1275.

王晓原.2005. 基于心理物理综合认知结构的微观交通仿真模型. 计算机仿真，22（11）：233-236.

王玉洁.2007. 基于人工心理的情感建模及人工情感交互技术研究. 北京：北京科技大学.

王志良，祝长生，解仑.2009. 人工情感. 北京：机械工业出版社.

王志良.2006. 人工心理与人工情感. 智能系统学报，1（1）：38-43.

王志良.2007. 人工心理. 北京：机械工业出版社.

杨国亮.2006. 人工心理相关技术研究. 北京：北京科技大学.

余志生.1996. 汽车理论. 北京：机械工业出版社.

张雪元.2007. 基于人工心理的服务机器人交互平台相关技术研究. 北京：北京科技大学.

Barrett G V, Thornton C L. 1968. Relationship between perceptual style and driver reaction to an emergency situation. Journal of Applied Psychology, 52（2）：169-176.

Brundell-Freij K, Ericsson E. 2005. Influence of street characteristics, driver category and car performance on urban driving patterns. Transportation Research Part D：Transport and Environment, 10（3）：213-229.

Cheng B, Taniguchi T, Hatano T. 2005. Characteristics of driver behavior in car-following. Review of Automotive Engineering, 26（2）：191-199.

Fang C Y, Fuh C S, Yen P S, et al. 2004. An automatic road sign recognition system based on a computational model of human recognition processing. Computer Vision and Image Understanding, 96（2）：237-268.

Hamdar S H, Mahmassani H S, Chen R B. 2008. Aggressiveness propensity index for driving behavior at signalized intersections. Accident Analysis and Prevention, 40：315-326.

Ko J, Guensler R, Hunter M. 2010. Analysis of effects of driver/vehicle characteristics on acceleration noise using GPS-equipped vehicles. Transportation Research Part F：Traffic Psychology and Behaviour, 13（1）：21-31.

Nakaoka M, Raksincharoensak P, Nagai M. 2008. Study on forward collision warming system adapted to driver characteristics and road environment. International Conference on Control, Automation and

Systems 2008, in COEX. Seoul. 2890-2895.

Yao J, Yang X G, Zhu T. 2009. Chinese driver behavior characteristics research at intersection based on intelligent vehicle-infrastructure integration experimental platform. 2009 2nd International Conference on Intelligent Computing Technology and Automation, 3: 523-528.

Zhou W. 2003. Analysis of distance headway. Journal of Southeast University, 19 (4): 379-381.

10　基于交通流微观仿真实验的驾驶倾向性验证

交通流微观仿真模型用于模拟驾驶员的感知、判断、决策行为，是交通流理论研究的微观基础，也是对车辆智能驾驶系统（自动驾驶和辅助驾驶）、智能运输系统及其许多子系统进行仿真研究的重要理论基础，主要包括跟驰模型和换道模型。本章采用最优控制理论和模糊多目标决策方法建立车辆跟驰和换道模型，选择不同驾驶倾向类型的实验数据输入微观仿真模型，将未考虑和考虑驾驶倾向差异的微观仿真模型模拟结果（交通流宏观和微观参数）与对应实测数据相对比，验证驾驶倾向性的推理效果。

10.1　基于车辆跟驰仿真实验的驾驶倾向性验证

车辆跟驰模型用于模拟非自由流单车道中无法超车的情况下驾驶员的跟车行为，是驾驶员行为仿真的基本模型。最优控制理论是现代控制理论的一个分支，20世纪50年代中期在空间技术的推动下开始形成和发展。在科学技术、经济、军事等部门，特别是在空间技术中，许多指导方案的选定，控制参数的选择，都可以归结为最优控制过程，或最优控制问题。最优控制理论所研究的问题可以概括为：对一个受控的动力学系统或运动过程，从一类允许的控制方案中找出一个最优的控制方案，使系统的运动在由某个初始状态转移到指定的目标状态的同时，其性能指标为最优。最优控制理论是当下各个领域研究的热点，但其尚未应用于微观交通流仿真模型方面的研究。利用最优控制来模拟驾驶员的跟驰行为既是寻找最优的控制规律，使系统在控制末端达到稳定跟驰状态，并使驾驶员的满意程度达到最优。因此，利用最优控制理论建立驾驶员微观仿真模型，与驾驶员在控制中期望达到"最优"的心理较为契合，模型也更为智能化。本章尝试根据最优控制理论，采用感知变量，建立车辆跟驰模型。

10.1.1　最优控制理论

最优控制问题的一般形式为：给定受控系统的状态方程

$$\dot{X}(t) = f[X(t), U(t), t] \tag{10-1}$$

和初始条件

$$X(t_0) = X_0 \tag{10-2}$$

式中，$X(t)$ 为 n 维状态变量，$U(t)$ 为 m 维控制变量，并满足约束条件

$$U(t_0) \in U \in \mathbf{R}^m, \quad t \in [t_0, t_f] \tag{10-3}$$

式中，U 为 m 维控制函数空间闭子集。式（10-1）中向量函数 $f(X(t), U(t), t)$ 是 $X(t)$，$U(t)$，t 的连续函数，并对 $X(t)$，t 连续可微，现在需要确定满足约束条件式（10-3）的具有第一类间断点的分段连续函数 $U(t)$，将系统的状态变量 $X(t)$ 由给定 $x(t_0)$ 转移到目标集 Ω

$$\Omega = \{X(t) \mid \psi(X(t_f), t_f) = 0, X(t_f) \in \mathbf{R}^n\} \tag{10-4}$$

并使性能指标函数

$$J = \Phi(X(t_f), t_f) + \int_{t_0}^{t_f} f_0[X(t), U(t), t] \mathrm{d}t \tag{10-5}$$

达到极值。式中，$f_0[X(t), U(t), t]$ 为区别于 $f[X(t), U(t), t]$ 的函数，$\Phi(X(t_f), t_f)$ 称为终值型性能指，$\int_{t_0}^{t_f} f_0[X(t), U(t), t] \mathrm{d}t$ 称为积分型性能指标，式（10-5）中 J 称为复合型性能指标，$\Phi(X(t_f), t_f)$ 和 $f_0[X(t), U(t), t]$ 都是 $U(t)$ 与 t 的连续可微函数。

具体的计算过程中，最优控制问题根据容许控制是否存在可分为两大类，即无约束的最优控制问题（无容许控制）和有约束的最优控制问题。

10.1.2　基于最优控制理论的跟驰模型

以往的跟驰模型中多以可得到的实测值为模型的输入变量，然而在车辆的实际运行中，驾驶员多利用可感知的变量来决定车辆的运行。我们利用灰关联熵理论给出了车辆行驶过程中多源信息对驾驶员的影响程度排序：车间（时）距>交通标志>车道差异>前车安全>速度差异>前车车速差>侧前车安全>侧后车安全>后车车速差>侧后车车速差>侧前车车速差。其中车间（时）距，前车车速差（可描述为前后车相对距离的变化速度）为可以被驾驶员感知且与跟驰有关的变量。

车辆运行中，当前车驾驶员调整加速度致使前后车的相对距离发生变化并为后车驾驶员所感知时，后车驾驶员根据感知到的前后车相对距离的变化速度结合前后车间距对车辆实施控制，调整本车加速度以控制相对距离变化速度及车间距，使其达到心理满意值。

具体建模过程为：

（1）根据动力学规律建立系统的状态方程

$$\begin{cases} \dot{X}(t) = v_r(t) \\ \dot{v}_r(t) = a_l(t) - a_f(t) \end{cases} \tag{10-6}$$

其中，车间距 $X(t)$、相对速度 $v_r(t)$ 为系统的状态变量，后车加速度 $a_f(t)$ 为控制变量，$a_l(t)$ 为前车加速度。

（2）设开始控制的时刻为 t_0，则系统的初始状态

$$X(t_0) = X^0, \qquad v_r(t_0) = v_r^0$$

t_f 时刻，即控制末端，此时相对速度设为 0，则系统的末端状态为

$$X(t_f) \text{ 自由,} \quad v_r(t_f) = 0$$

即末端约束 $\psi(X(t_f), v_r(t_f), t_f) = v_r(t_f) = 0$。

（3）设控制开始的时刻（即驾驶员感知到相对速度发生变化的时刻）$t_0 = 0$，驾驶员根据此时感知到的间距及相对速度的变化对车辆进行控制，在 t_f 时刻达到控制末端，此时前后车的状态满足跟驰过程中驾驶员期望达到的间距条件和车速条件，本节采用车间距与期望间距的差表征间距条件，采用时距的变化速度（即相对速度）来表征车速条件。则系统的目标函数可描述为

$$J = \int_0^{t_f} D(t) - X(t) + v_r(t) \mathrm{d}t \tag{10-7}$$

根据对前后车的运动状态分析得到

$$D(t) - \Delta X_l(t) = X(t) - \Delta X_f(t)$$

$$\Delta X_l(t) = v_l(t)\Delta t + \frac{1}{2}a_l(t)\Delta t^2$$

$$\Delta X_f(t) = v_f(t)\Delta t + \frac{1}{2}a_f(t)\Delta t^2$$

则有

$$D(t) - X(t) = v_r(t)\Delta t + \frac{1}{2}\big[a_l(t) - a_f(t)\big]\Delta t^2$$

式中，$D(t)$ 为期望车间距，Δt 为时间间隔，本节中 $\Delta t = t_f$，$v_l(t)$ 为前车速度，$v_f(t)$ 为后车速度，ΔX_l 为前车在 Δt 内的行驶距离，ΔX_f 为后车在 Δt 内的行驶距离，其余同上。

则系统目标函数为

$$J = \int_0^{t_f} v_r(t)t_f + \frac{1}{2}a_r(t)t_f^2 + v_r(t)\mathrm{d}t \tag{10-8}$$

本节跟驰模型是一个有约束的最优控制问题，根据现有算法，采用拉格朗日乘子法与梯度法相结合的方法进行计算，计算过程如下：

（1）引入拉格朗日乘子 ν，构造新的目标函数

$$\hat{J} = \int_0^{t_f} \left[v_r(t)t_f + \frac{1}{2}(a_l(t) - a_f(t))t_f^2 + v_r(t) \right] dt + \nu v_r(t_f)$$

将具有终端约束的最优控制问题转化为无终端约束的最优控制问题求解。

哈密顿函数为

$$H(t) = v_r(t)t_f + \frac{1}{2}a_r(t)t_f^2 + v_r(t) + \lambda_1(t)(v_r(t)) + \lambda_2(t)(a_l(t) - a_f(t))$$

其中，$\lambda_1(t)$、$\lambda_2(t)$ 为不同于 ν 的拉格朗日乘子。

（2）本节采用解无约束最优控制问题的数值方法梯度法来求解上述转化后的最优控制问题。

设 $v_r(0) = v_r^0$；给定 $a_f^0 = 0$，$\alpha_0 = 0.1$，$\nu^0 = 0.3$，$\varepsilon = 0.001$

对状态方程 $\dot{v}_r(t) = a_l(t) - a_f(t)$ 两边积分得

$$v_f(t) = c(c \text{ 为常数}) \tag{10-9}$$

假定 $v_l(t) = at + b$，则可得

$$v_r^0(t) = at - v_r^{\ 0} \tag{10-10}$$

此时

$$\hat{J}^0 = \int_0^{t_f} \left[v_r^0(t)t_f + \frac{1}{2}(a_l^0(t) - a_f^0(t))t_f^2 + v_r^0(t) \right] dt + \nu v_r^0(t_f) \tag{10-11}$$

对式

$$\dot{\lambda}_1(t) = -\frac{\partial H}{\partial X} = 0 \text{ 及 } \dot{\lambda}_2(t) = -\frac{\partial H}{\partial v_r} = -t_f - 1 - \lambda_1(t)$$

反向积分且由 $\lambda_1(t_f) = 0$ 及 $\lambda_2(t_f) = \nu$ 得

$$\lambda_1(t) = 0 \tag{10-12}$$

$$\lambda_2(t) = -(t_f + 1)t + t_f^2 + t_f + \nu \tag{10-13}$$

梯度

$$g^0 = \frac{\partial H}{\partial a_f^0} = (t_f + 1)t - \frac{3}{2}t_f^2 - t_f - \nu \tag{10-14}$$

（3）由 t_f 的求解条件 $v_r(t_f) = 0$ 得

$$t_f = v_r^0 / a \tag{10-15}$$

将式（2-12）~式（2-15）代入得出控制

$$a_f^1(t) = a_f^0 - \alpha_0 g^0 = -\frac{\alpha_0}{a} \cdot v_r^0 t - \alpha_0 t + \frac{3\alpha_0}{2a^2} \cdot (v_r^0)^2 + \frac{\alpha_0}{a}v_r^0 + \nu \tag{10-16}$$

（4）令 $\alpha_1 = \frac{1}{2}\alpha_0$，$\nu^1 = \nu^0 + \alpha_0 \psi(a_f^1)$，并以 $a_f^1(t)$ 替代 $a_f^0(t)$ 转步骤（2）重新计算。

（5）对式（10-11）重新计算得 $\hat{J}^1$，估算得到

$$\left| \frac{\hat{J}^1 - \hat{J}^0}{\hat{J}^1} \right| \approx 0.0007 < \varepsilon$$

则式（10-16）即为最优控制。

10.1.3　模型标定及验证

部分用于模型标定及验证的数据如表 10-1 所示。

表 10-1　模型标定和验证的部分数据

时间 /s	前车位置 /m	前车速度 /(m/s)	前车加速度 /(m/s²)	目标车位置 /m	目标车速度 /(m/s)	距离差 /m	目标车加速度 /(m/s²)
0	0.00	0.00	0.00	-4.67	0.00	1.17	0.00
1	0.00	0.00	0.00	-4.67	0.00	1.17	0.00
2	0.00	0.00	2.50	-4.67	0.00	1.17	0.90
3	10.00	5.00	2.50	-2.31	2.98	11.62	1.10
4	30.00	10.00	2.06	6.10	5.67	20.35	1.28
5	43.10	12.06	0.71	12.67	7.46	26.93	1.29
6	56.22	12.77	-0.48	21.01	9.23	31.65	1.31
7	68.27	12.29	-0.15	30.89	10.52	33.87	0.62
8	132.59	13.00	-0.56	89.39	12.50	39.62	-0.07
9	144.74	12.43	0.73	101.86	12.43	39.40	0.00
10	158.27	13.16	-0.73	114.29	12.43	22.62	0.00
11	219.03	12.55	-0.65	174.28	11.99	21.22	-0.44
12	170.34	12.44	-0.67	126.73	12.44	23.76	-0.95
13	181.76	11.76	0.19	138.82	11.76	20.34	0.00
14	193.80	11.95	0.43	150.59	11.76	9.17	0.06
15	230.61	11.90	0.63	186.23	11.90	8.68	0.00
16	243.45	12.53	0.43	198.13	11.90	15.47	0.00
17	256.62	12.96	0.31	210.13	12.09	16.56	0.27
18	282.02	12.41	0.80	234.73	12.41	16.13	0.00
19	295.62	13.20	-0.90	247.13	12.41	22.58	0.00
20	270.05	13.27	-0.86	222.35	12.35	20.37	-0.45
21	206.39	12.38	0.18	162.38	11.82	18.79	-0.95
22	319.58	12.17	0.65	271.73	12.17	19.47	0.00
23	332.72	12.82	-0.42	283.89	12.17	15.69	0.00
24	344.91	12.40	-0.63	296.15	12.35	16.50	-0.26

续表

时间 /s	前车位置 /m	前车速度 /(m/s)	前车加速度 /(m/s²)	目标车位置 /m	目标车速度 /(m/s)	距离差 /m	目标车加速度 /(m/s²)
25	230.61	11.90	0.63	186.23	11.90	13.32	0.00
26	243.45	12.53	0.43	198.13	11.90	15.47	0.00
27	256.62	12.96	0.31	210.13	12.09	14.87	0.27
28	282.02	12.41	0.80	234.73	12.41	15.14	0.00
29	295.62	13.20	−0.90	247.13	12.41	22.58	0.00
30	270.05	13.27	−0.86	222.35	12.35	22.72	−0.44
31	219.03	12.55	−0.65	174.28	11.99	21.46	−0.95
32	307.48	12.31	−0.14	259.49	12.31	22.03	0.00
33	170.34	12.44	−0.67	126.73	12.44	23.76	−0.95
⋮	⋮	⋮	⋮	⋮	⋮	⋮	⋮

采用表 10-1 中部分数据运用线性回归对式（10-16）进行标定，限于篇幅，计算过程不再详述，标定结果为

$$a_f^1(t) = -0.0347 v_r^0 t - 0.1079 t + 0.2726 (v_r^0)^2 + 0.0373 v_r^0 - 0.2968$$

（10-17）

取显著性水平 $\varepsilon = 0.05$，检验回归方程的显著性，见表 10-2。

表 10-2　回归方程的显著性检验

来源	离差	自由度	均方离差	F 值
回归	4.357	4	1.089	4.797
剩余	5.68	25	0.227	—
总和	10.0367	29	—	—

查相关表格得 $F_{0.05}(4, 30) = 2.7$，显见 $F > F_{0.05}(4, 30)$，所以线性回归显著。

在验证后车加速度的同时，根据得到的后车加速度模拟值，分别验证后车速度和前后车距离差，得模拟值与实测值对比结果，如图 10-1 ~ 图 10-3 所示。

由图 10-1 ~ 图 10-3 可知，本章建立的基于最优控制理论的车辆跟驰模型可以较好地模拟驾驶员跟车时的行为。造成误差的主要原因在于车辆跟驰除了受与前车的相对速度的影响外，路况信息、信号灯信息、可变信息板信息、自行车、行人等因素也会对驾驶员的跟车行为带来影响。

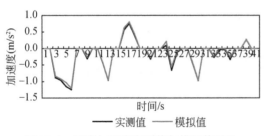

图 10-1 后车加速度实测值与模拟值对比

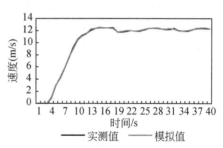

图 10-2 实测速度与模拟速度对比

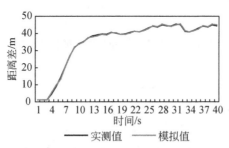

图 10-3 实测距离差与模拟距离差对比

10.1.4 驾驶倾向性推理效果验证

由 8.2.1 小节中实验所得各倾向类型数据中任取较为典型的数据代入式 (10-17)，对本章跟驰模型进行验证。限于篇幅，以下验证仅给出部分加速度模拟值和实测值的对比结果，如图 10-4 ~ 图 10-6 所示，图中模拟值 1 为模型输出结果。

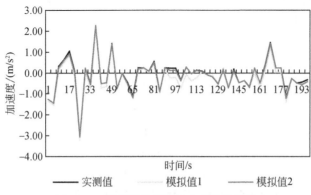

图 10-4 冒险型驾驶员加速度模拟结果

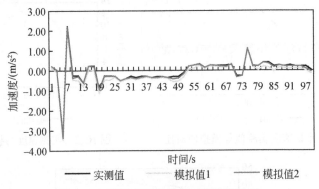

图 10-5　谨慎型驾驶员加速度模拟结果

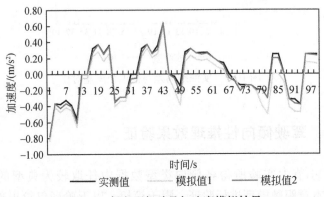

图 10-6　保守型驾驶员加速度模拟结果

　　由上述模拟结果可见，式（10-17）所示跟驰模型对于具有不同驾驶倾向的驾驶员行为模拟准确度较低。因此分别利用 8.2.1 小节实验所得三种倾向性类型数据利用 SPSS 对式（10-16）进行回归标定（标定过程同 10.1.3 小节），标定结果为

$$
\begin{bmatrix} a_1 \\ a_2 \\ a_3 \end{bmatrix} = - \begin{bmatrix} 0.0578 \\ 0.0337 \\ 0.0309 \end{bmatrix} v_r^0 t - \begin{bmatrix} 0.1067 \\ 0.1123 \\ 0.0928 \end{bmatrix} t + \begin{bmatrix} 0.3129 \\ 0.2512 \\ 0.2714 \end{bmatrix} (v_r^0)^2
$$

$$
+ \begin{bmatrix} 0.0581 \\ 0.0357 \\ 0.0337 \end{bmatrix} v_r^0 - \begin{bmatrix} 0.4729 \\ 0.3028 \\ 0.2792 \end{bmatrix}
$$

式中，a_1、a_2、a_3 分别为冒险型、谨慎型、保守型数据的标定结果。将实验数据中标定上式未使用的数据代入上式中，得加速度验证结果如图 10-4～图 10-6 所

示，模拟值2为模型输出结果。

在验证后车加速度的同时，根据得到的后车加速度模拟值，分别验证后车速度和前后车距离差如图10-7~图10-9所示，图中模拟值1为未考虑驾驶倾向性的模型输出结果，模拟值2为考虑驾驶倾向性的模型输出结果。

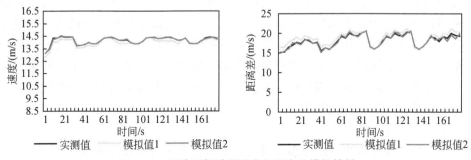

图10-7　冒险型驾驶员速度和距离差模拟结果

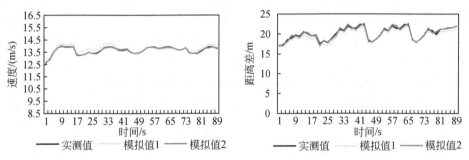

图10-8　谨慎型驾驶员速度和距离差模拟结果

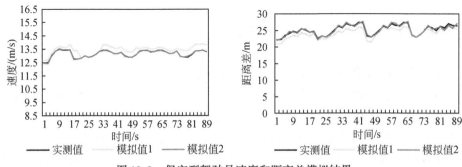

图10-9　保守型驾驶员速度和距离差模拟结果

上述验证结果表明，考虑驾驶倾向性差异的微观仿真模型能够更精确地模拟驾驶员行为，并且适用度也更高。

10.2　基于车道变换仿真实验的驾驶倾向性验证

跟驰模型和车道变换模型是真实刻画驾驶行为必需的两个基本模型，其中车道变换模型的建立较为复杂。车道变换是多车道复杂交通条件下的驾驶行为，其影响因素众多且相互关系复杂。以往国内外对换道的研究多集中在换道实施过程及其中的安全条件方面，对于驾驶员决策过程的研究较少且对影响因素的考虑较为单一。已有换道决策研究大多只考虑车辆间相对运动关系。实际上，换道行为是一个复杂的主观行为，当目标车道前后车之间存在可接受间隙时，驾驶员不一定会选择换道操作，影响驾驶员决策的还有性别、年龄、行车经验、驾驶倾向、交通状况等因素。

多目标决策是在事物涉及多个因素时，综合考虑诸因素对事物的影响，从而对多个相互矛盾的目标进行科学、合理的选优，然后做出决策的理论和方法。模糊多目标决策则是当多目标决策问题中出现了不确定性因素时被广泛应用的方法，它将模糊变换的概念引入到不确定性因素的表达中，从而解决经典多目标决策所不能解决的问题。而车道变换行为实质上就是一个驾驶员对驾驶状态进行多目标决策的过程，跟驰过程中，为了得到更好的行驶条件或出于对驾驶安全性的考虑，驾驶员产生换道意图，并分析与相关车辆的相对运动状态，结合环境信息如交通信息等对是否换道进行决策，决策过程中驾驶员的个体差异也对决策结果有一定的影响。由于一些影响因素如性别、年龄、行车经验、驾驶倾向、交通状况等的存在，驾驶员换道行为带有不确定性，本章应用模糊多目标决策理论，并将驾驶员换道过程的影响因素分为车辆运动特性、驾驶员特性、环境信息三个类别来模拟驾驶员的换道决策过程。

10.2.1　模糊多目标决策方法

模糊多目标决策是在模糊环境下，考虑多种因素的影响，为了某种目的利用模糊变换对一事物做出综合决策方法，分为一级与多级模糊多目标决策。由于本章换道模型需要考虑的因素较多，且存在层次和类别的差别，一级模糊多目标决策不能得出有价值的结果，故采用多级模糊多目标决策来建立换道模型。

多级模糊多目标决策模型的基本形式为二级模糊多目标决策模型，其形式为：

设有两个有限论域，$U = \{x_1, x_2, \cdots, x_n\}$，$V = \{y_1, y_2, \cdots, y_m\}$，其中 U 代表多目标决策的多种因素组成的集合，称为因素集；V 为目标论域中多种决策目标构成的集合，称为评判集。

（1）将因素集 $U = \{x_1, x_2, \cdots, x_n\}$ 按某种属性分成 S 个子因素集 u_1，u_2，$\cdots$，u_s，其中

$$u_i = \{x_{i1}, x_{i2}, \cdots, x_{im}\}, \quad i = 1, 2, \cdots, s$$

且满足：①$n_1 + n_2 + \cdots + n_s = n$；②$u_1 \cup u_2 \cup \cdots \cup u_s = U$；③对任意的 $i \neq j$，$u_i \cap u_j = \varnothing$。

（2）对每一个子因素集 u_i 分别做出一级多目标规划。u_i 中各因素相对于 V 的权重分配是

$$A_i = (a_{i1}, a_{i2}, \cdots, a_{im})$$

若 $\boldsymbol{R}_i$ 为单因素评判矩阵，即 u_i 中各因素到评判集 V 的隶属度矩阵，则可得一级评判向量

$$\boldsymbol{B}_i = A_i \cdot \boldsymbol{R}_i = (b_{i1}, b_{i2}, \cdots, b_{im}), \quad i = 1, 2, \cdots, s \tag{10-18}$$

（3）将每个 u_i 看成一个因素，记

$$K = \{u_1, u_2, \cdots, u_s\}$$

这样，K 又构成一个因素集，K 的单因素评判矩阵就由一级评判向量组成

$$\boldsymbol{R} = \begin{bmatrix} B_1 \\ B_2 \\ \vdots \\ B_S \end{bmatrix} = \begin{bmatrix} b_{11} & b_{12} & \cdots & b_{1m} \\ b_{21} & b_{22} & \cdots & b_{2m} \\ b_{s1} & b_{s2} & \cdots & b_{sm} \end{bmatrix} \tag{10-19}$$

每个 u_i 作为 U 的一部分反映了 U 的某种属性，可以按它们的重要性给出权重分配

$$A = (a_1, a_2, \cdots, a_s)$$

从而得二级模糊多目标决策

$$B = A \cdot \boldsymbol{R} = (b_1, b_2, \cdots, b_m) \tag{10-20}$$

如果每个子因素集还含有不同类型的或不同层次的子因素，则可再进行划分，类似于二级模糊多目标决策过程可得三级决策模型等。

10.2.2　基于模糊多目标决策的换道模型

为了得到更好的行驶条件或出于对驾驶安全性的考虑，驾驶员产生换道意图并开始分析与相关车辆的相对运动状态，结合环境信息如天气等对是否换道进行决策，决策过程中驾驶员的个体差异也对决策结果有一定的影响。

（1）将驾驶员换道过程的影响因素分为三个类别：车辆运动特性，驾驶员特性，环境信息。其中，车辆运动特性包括与换道决策相关的车辆相对运动状

态，即目标车与周围影响其换道车辆之间的相对速度及相对距离；驾驶员特性包括生理特性和心理特性，即性别、年龄、行车经验、驾驶倾向性等，这些因素对驾驶行为的影响可归纳为驾驶员驾驶能力和驾驶倾向对驾驶过程的影响；环境信息包括道路天气和交通流状况。确定影响因素集：

因素集

$$U = \{车辆运动特性，驾驶员特性，环境信息\}$$

一级子因素集

$u_1 = \{$目标车与当前车道前车相对速度，为目标车与目标车道前车相对速度，目标车与当前车道前车空当，目标车与目标车道前车空当，目标车与目标车道后车空当$\}$

$$u_2 = \{驾驶能力，驾驶倾向\}$$

$$u_3 = \{天气，交通流状况\}$$

二级子因素集

对 u_2 中驾驶能力和驾驶倾向进行分类

$$u_{21} = \{能力偏强，能力中等，能力偏弱\}$$

$$u_{22} = \{激进，中性，保守\}$$

对 u_3 中天气和交通流状况进行分类

$$u_{31} = \{良好，差\}$$

$$u_{32} = \{自由流，正常跟驰，紧急跟驰\}$$

评判集

$$V = \{换道，跟驰\}$$

基于以上对影响因素的层次及类别的分析，采用三级模糊多目标决策构建模型。

（2）对经验丰富的驾驶员进行问卷调查，得一级子因素 u_1、u_2、u_3 相对于评判集 V 的权重

$$A_1 = (0.261, 0.256, 0.239, 0.208, 0.036)$$

$$A_2 = (0.404, 0.596)$$

$$A_3 = (0.365, 0.635)$$

以及二级子因素相对评判集 V 的权重

$$A_{21} = (0.120, 0.224, 0.656)$$

$$A_{22} = (0.100, 0.540, 0.360)$$

$$A_{31} = (0.36, 0.64)$$

$$A_{32} = (0.14, 0.302, 0.558)$$

本章利用实验数据计算评判矩阵 R_1、R_{2j} 及 R_{3j}（$j = 1，2$）。对驾驶员进行问

卷调查，通过两两比较 u_1、u_{21}、u_{22}、u_{31}、u_{32} 中各影响因素对换道决策的影响程度得到择优次数如表 10-3 所示。

表 10-3　影响因素对换道决策影响程度的择优次数表

优	劣 u_{ij}	$\sum$	R
u_{ij}	p_{ij}	$\sum p_i$	$R = \dfrac{\sum p_i}{\sum p_i + \sum p_j}$

由于评语换道及跟驰是目标论域的全集，则影响因素对跟驰决策的影响程度择优次数矩阵将是 $p_{ij}{}^{\mathrm{T}}$，类比表中公式计算，将所得两列数据组成矩阵即评判矩阵：R_1、R_{21}、R_{22}、R_{31}、R_{32}。

由式（10-18）可得二级评判向量

$$B_1 = A_1 \cdot R_1 \tag{10-21}$$

及一级评判向量

$$B_{ij} = A_{ij} \cdot R_{ij}, \quad i=2,3,j=1,2 \tag{10-22}$$

类似于式（10-19）得到二级评判向量

$$B_2 = A_2 \cdot \begin{bmatrix} B_{21} \\ B_{22} \end{bmatrix} \tag{10-23}$$

$$B_3 = A_3 \cdot \begin{bmatrix} B_{31} \\ B_{32} \end{bmatrix} \tag{10-24}$$

（3）同样通过问卷调查给出 U 中各因素相对于 V 中决策目标的权重
$$A = (0.409, 0.359, 0.232)$$

由步骤（2）得出 U 对于 V 的评判矩阵

$$R = \begin{bmatrix} B_1 & B_2 & B_3 \end{bmatrix}^{\mathrm{T}} \tag{10-25}$$

由式（10-20）得三级模糊多目标决策

$$B = A \cdot R \tag{10-26}$$

10.2.3　模型标定及驾驶倾向性推理效果验证

进行实验设计，实验前根据 10.2.2 小节对 200 个实验车驾驶员进行问卷调查，得到择优次数表如表 10-4 ~ 表 10-8 所示。

表 10-4 u_1 中影响因素对换道决策影响程度的择优次数表

优	劣					$\sum$	R
	v_{r1}	v_{r2}	d_1	d_2	d_3		
v_{r1}	0	91	90	86	126	393	0.491 3
v_{r2}	109	0	102	131	115	457	0.571 3
d_1	110	98	0	91	109	408	0.510 0
d_2	114	69	109	0	112	404	0.505 0
d_3	74	85	91	88	0	338	0.422 5

注：v_{r1} 为目标车与当前车道前车相对速度；v_{r2} 为目标车与目标车道前车相对速度；d_1 为目标车与当前车道前车空当；d_2 为目标车与目标车道前车空当；d_3 为目标车与目标车道后车空当

表 10-5 u_{21} 中影响因素对换道决策影响程度的择优次数表

优	劣			$\sum$	R
	能力偏强	能力中等	能力偏弱		
能力偏强	0	146	168	314	0.785 0
能力中等	54	0	138	192	0.480 0
能力偏弱	32	62	0	94	0.235 0

表 10-6 u_{22} 中影响因素对换道决策影响程度的择优次数表

优	劣			$\sum$	R
	激进	中性	保守		
激进	0	140	171	311	0.777 5
中性	60	0	136	196	0.490 0
保守	29	64	0	93	0.232 5

表 10-7 u_{31} 中影响因素对换道决策影响程度的择优次数表

优	劣		$\sum$	R
	良好	差		
良好	0	128	128	0.64
差	72	0	72	0.36

表 10-8 u_{32} 中影响因素对换道决策影响程度的择优次数表

优	劣			$\sum$	R
	自由流	正常跟驰	紧急跟驰		
自由流	0	149	186	335	0.837 5
正常跟驰	51	0	130	181	0.452 5
紧急跟驰	14	70	0	84	0.210 0

表 10-4 ~ 表 10-8 中数据得对应评判矩阵

$$\boldsymbol{R}_1 = \begin{bmatrix} 0.4912 & 0.5088 \\ 0.5712 & 0.4288 \\ 0.5100 & 0.4900 \\ 0.5050 & 0.4950 \\ 0.4225 & 0.5775 \end{bmatrix} \quad \boldsymbol{R}_{31} = \begin{bmatrix} 0.6400 & 0.3600 \\ 0.3600 & 0.6400 \end{bmatrix}$$

$$\boldsymbol{R}_{32} = \begin{bmatrix} 0.8375 & 0.1625 \\ 0.4525 & 0.5475 \\ 0.2100 & 0.7900 \end{bmatrix} \quad \boldsymbol{R}_{21} = \begin{bmatrix} 0.7850 & 0.2150 \\ 0.4800 & 0.5200 \\ 0.2350 & 0.7650 \end{bmatrix}$$

$$\boldsymbol{R}_{22} = \begin{bmatrix} 0.7775 & 0.2225 \\ 0.4900 & 0.5100 \\ 0.2325 & 0.7675 \end{bmatrix}$$

1）不考虑驾驶倾向因素的模型标定和验证

不考虑表 10-6 中驾驶倾向性因素，对模型进行标定和验证计算，即以 A_{21} 代替 A_2，评判矩阵 $\boldsymbol{R}_{21}$ 代替 $\boldsymbol{R}_2$，代入式（10-21）~ 式（10-24）得二级评判向量

$$\boldsymbol{B}_1 = \begin{bmatrix} 0.516 & 0.484 \end{bmatrix}$$

$$\boldsymbol{B}_2 = \begin{bmatrix} 0.354 & 0.646 \end{bmatrix}$$

$$\boldsymbol{B}_3 = \begin{bmatrix} 0.404 & 0.596 \end{bmatrix}$$

由式（10-25）~ 式（10-26）得三级评判向量

$$\boldsymbol{B} = \begin{bmatrix} 0.432 & 0.568 \end{bmatrix}$$

即归一化后得换道与跟驰的比例

$$\boldsymbol{B}' = \begin{bmatrix} 0.432 & 0.568 \end{bmatrix}$$

选择实验地点交通运行状况为自由流的时段进行试验，200 辆实验车分 20 组在实验路段运行 10 次，同时用广角摄像机拍摄实验过程，试验结束后对录像进行分析，结果见表 10-9。

表 10-9　实验结果

项目	实验车辆数	分组数	观测换道数	换道率/%	观测跟驰数	跟驰率/%
数据	200	20	103	36.9	177	63.1

将模拟得到的换道比例与表 10-9 中观测实验结果对比可知，换道率偏差为 6.3%。

2）考虑驾驶倾向因素的模型标定和验证

将由表 10-4 ~ 表 10-8 中数据所得评判矩阵代入式（10-21）~ 式（10-24）得

二级评判向量

$$B_1 = [0.516 \quad 0.484]$$
$$B_2 = [0.187 \quad 0.813]$$
$$B_3 = [0.404 \quad 0.596]$$

由式（10-25）~式（10-26）得三级评判向量

$$B = [0.372 \quad 0.628]$$

归一化得换道与跟驰的比例

$$B' = [0.372 \quad 0.628]$$

将换道比例与表10-9中观测实验结果进行对比，换道率偏差为0.3%。即考虑驾驶倾向性差异情况下的模型模拟得的换道结果准确度明显高于去除驾驶倾向性因素的情况。

10.3 本章小结

本章基于交通流微观仿真实验对驾驶倾向性进行验证。根据道路实验基于最优控制理论和模糊多目标决策理论分别构建了车辆跟驰模型和车道变换决策模型，将实验得到的各类型驾驶员实验数据分别输入不考虑和考虑驾驶倾向差异的微观仿真模型中，将模拟出的交通流微观参数和宏观参数，与道路实验情况相对比，进行了驾驶倾向性推理效果的验证。

参 考 文 献

宫锡芳.1979. 最优控制问题的计算方法. 北京：科学出版社.

李迎峰，史忠科，周致纳.2008. 微观交通仿真中随机决策换道行为研究. 系统仿真学报，20（16）：4273-4277.

茆诗松.1979. 回归分析及其试验设计. 上海：华东师范大学出版社.

潘君炜，王印松.2007. 最优控制理论及其在电力系统中的应用. 仪器仪表用户，14（6）：69-70.

邰淑彩，孙韫玉，何娟娟.2005. 应用数理统计. 武汉：武汉大学出版社.

谭满春.2007. 基于Agent与模糊逻辑的车辆换道仿真模型. 系统工程学报，22（1）：41-45.

汪荣鑫.1986. 数理统计. 西安：西安交通大学出版社.

王家凡，罗大庸.2004. 交通流微观仿真中的换道模型. 系统工程，22（3）：93-95.

王荣本，游峰，崔高建，等.2005. 车辆安全换道分析. 吉林大学学报，35（2）：180-182.

王晓原，隽志才，贾洪飞.2002. 开发和评价ITS的微观交通流仿真模型. 交通运输工程学报，2（1）：64-66.

王晓原，孟昭为，宿宝臣.2004. 微观仿真车道变换模型研究. 山东理工大学学报，18（1）：1-5.

王晓原，邢丽，吴芳．2010．车道变换决策仿真模型．计算机工程与应用，46（16）：216-220．

王晓原，杨新月，王凤群．2007．基于灰关联熵理论的驾驶决策影响因子分析．中国安全科学学报，17（5）：126-133．

王晓原，杨新月，王晓辉，等．2007．多源信息刺激下驾驶员任务集聚综合认知拓扑结构．交通标准化，4：178-187．

王晓原，杨新月．2006．基于三次样条非参数拟合的驾驶行为仿真模型．系统仿真学报，18（9）：2691-2694．

王晓原，杨新月．2007．基于非参数最近邻估计的跟车行为仿真模型．交通运输工程学报，7（1）：76-81．

王晓原，杨新月．2008．基于决策树的不同驾驶行为决策机制研究．系统仿真学报，20（2）：415-420．

王艳娜，周子力，王新伟．2007．基于元胞自动机的模糊控制换道模型．计算机应用，27（5）：1198-1200．

吴受章．2008．最优控制理论与应用．北京：机械工业出版社．

肖辞源．2004．工程模糊系统．北京：科学出版社．

邢丽，吴芳，王晓原．2009．车辆跟驰投影寻踪回归模型．计算机工程及应用，45（28）：233-235．

徐玖平，李军．2005．多目标决策的理论与方法．北京：清华大学出版社．

宣慧玉，张发．2008．复杂系统仿真及应用．北京：清华大学出版社．

杨小宝．2009．考虑实施过程的车辆换道模型及其应用．物理学报，58（2）：837-841．

游峰，王荣本，张荣辉，等．2008．智能车辆换道与超车轨迹跟踪控制．农业机械学报，39（6）：42-45．

张立存．2007．汽车驾驶员控制行为统一决策模型的研究．吉林：吉林大学．

Boer E R. 1999. Car Following from the Driver's Perspective. Transportation Research Part F，2：201-206.

Kim K，Medanic J V，Cho D I. 2008. Lane assignment problem using a genetic algorithm in the automated highway systems. International Journal of Automotive Technology，9（3）：353-364.

Wang X Y，Liu J S. 2005. An integrated cognitive traffic simulation model. // IEEE International Conference on System，Man & Cybernetics. Hawaii，USA：405-410.

本篇研究总结

本篇以实现驾驶倾向性的辨识为目的，将驾驶倾向性分为三种类型：冒险型、谨慎型和保守型；从四个方面对交通状况为自由流和跟驰时的驾驶倾向性辨识方法进行了研究：通过心理问卷测试、观测实验、实车实验和交互式并行驾驶模拟实验获取自由流和跟驰状态下各倾向性类型驾驶员的行车数据；采用智能模式识别中基于 BP 神经网络和粗糙集理论的特征提取方法筛选出自由流和跟驰状态对倾向性类型分类能力较好的特征向量；基于支持向量机的模式识别方法建立自由流状态下驾驶倾向性的动态辨识模型，结合车辆运动学理论给出跟驰状态倾向性类型的判定指标，并建立驾驶倾向性的动态辨识模型；利用实车实验、交互式并行驾驶模拟实验以及交通流微观仿真实验对驾驶倾向性的识别进行验证。

第三篇

基于人车环境动态数据协同推演的汽车驾驶倾向性特征提取及辨识

本篇主要内容

第 11 章　通过驾驶心理测试、实车实验获取跟驰状态下各倾向性类型人车环境动态数据，采用 BP 神经网络分类器对数据进行分类训练，然后对大量数据样本，运用离散粒子群算法进行特征优化选择，获得跟驰状态下驾驶倾向性特征数据。

第 12 章　以双车道为例，重点考虑环境因素中直接影响驾驶员情感的态势因素（车辆编组关系），设计实验采集人、车、环境等微观动态信息，运用遗传模拟退火算法，提取不同环境下不同类型驾驶倾向性特征向量。

第 13 章　重点考虑环境因素中直接影响驾驶员情感的态势因素（车辆编组关系），设计生理心理测试和实车实验，采集不同态势下驾驶倾向性特征数据，利用动态贝叶斯网络建立时变环境下驾驶倾向性动态辨识模型。

第 14 章　从环境变化、特别是车辆编组关系演化角度出发，通过设计双车道条件下的驾驶实验，采集不同行驶环境下驾驶员倾向性并进行统计分析，揭示环境嬗变情况下，汽车驾驶倾向性转移机制。

第11章 基于车辆跟驰的汽车驾驶倾向性动态特征数据提取

本章从利用人车环境动态数据协同推演汽车驾驶倾向性的研究角度，设计多源信息实时采集系统并进行跟车实验，捕捉驾驶员行为、车辆运动状态和交通环境等各通道时变信息；将数据分组并运用 BP 神经网络进行训练，获取分类正确率估计；再运用离散粒子群算法对大量样本进行特征选择，最终提取正确的驾驶倾向性特征数据。

11.1 基于离散粒子群的特征提取模型

11.1.1 BP 神经网络分类器

1. BP 神经网络结构

神经网络的基本组成单元是神经元，如图 11-1 所示，x_1，x_2，$\cdots$，x_n 为神经元输入信号，w_1，w_2，$\cdots$，w_n 为各输入信号值与神经元间的权重。神经元接纳外来输入信号，并与各权值相乘累计求和，即 $\sum\limits_{j=1}^{n} w_j x_j$；将求得的加权值和与网络层间阈值 θ 相减，再传递结果给 $f(u)$，最后输出。其中，$f(u)$ 是传递函数，一般为 sigmoid 函数：$f(u) = \dfrac{1}{1+\mathrm{e}^{-u}}$。因此，将多个外部输入处理得到相应输出便是神经元的作用。

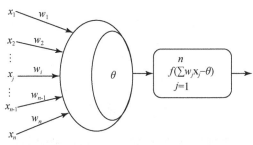

图 11-1 神经元模型

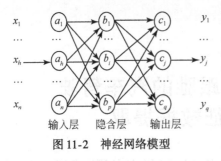

图11-2　神经网络模型

多个神经元彼此相连构成神经网络，根据相连方式的不同，神经网络可划分成前馈型和反馈型。如图11-2所示，此神经网络便是一个前馈网络。此网络由三层构成，从左至右依次为输入层 a，隐含层 b 及输出层 c。刺激经过输入层进去隐含层，再由隐含层进到输出层，处于同层的神经元之间无刺激传递。各个神经元仅接纳其输出，然后经过处理，获得本神经元输出，继而再次将输出作为更下一层神经元输入，继续传递。

2. BP 神经网络算法

记需要求解问题的已知条件为 X，结果为 Y，将 X 作为网络的输入，将 Y 作为网络的输出。而解决神经网络问题的关键是求得网络连接权值 w。在现实应用中，部分已知条件 X 和对应结果 Y 已知，就能运用已知的 (X, Y) 求得连接权重 w，进而得到神经网络。运用已知的数据对神经网络来进行训练，进而获得所需权值、阈值，则 (X, Y) 称为训练样本。样本训练之初，通过随机初始化获得连接权值 w，输入层 X 经过初始的连接权值 w 后，得到的输出层 Y 与预期输出层 Y' 不符，所以，要依据得到的输出层 Y 与期望输出层 Y' 之间的误差，对连接权值进行调整。调整后再一次输入层样本 X，产生新误差，然后继续调节连接权值 w。循环进行连接权值 w 的调整，当输出层 Y 与预期输出层 Y' 之间误差达到了对应要求，那么神经网络就已经正确建立，且样本的训练就可以终止。网络样本训练流程如图11-3所示。

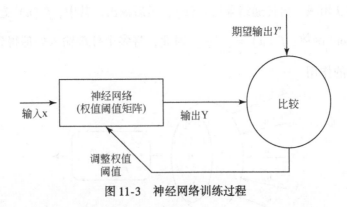

图11-3　神经网络训练过程

根据网络的误差来调整网络的连接权值，实际输出层与期望输入层之间的均

方误差表示网络误差

$$E = \frac{1}{2} \sum_j (y_j^t - y_j)^2 \tag{11-1}$$

式中，y_j^t 为第 j 个节点期望输出数据，y_j 为第 j 个节点实际输出数据。

网络连接权值是 $[w_{11}, w_{12}, \cdots, w_{ij}, \cdots]$，网络误差 E 只与连接权值相关，那么能够假设 E 是对应 $[w_{11}, w_{12}, \cdots, w_{ij}, \cdots]$ 的一个函数。对网络进行训练的目的就是使误差 E 最小，所以能够把样本训练过程看成求函数最小值的问题。经典 BP 神经网络是采用梯度下降法求解最小值。梯度公式为

$$\nabla E = \nabla f(w_{11}, w_{12}, \cdots, w_{ij}, \cdots) = \left[\frac{\partial f}{\partial w_{11}}, \frac{\partial f}{\partial w_{12}}, \cdots, \frac{\partial f}{\partial w_{ij}}, \cdots \right]^T \tag{11-2}$$

首先是梯度的计算，需要求出误差 E 对各个连接权值 w_{ij} 的偏导数 $\frac{\partial E}{\partial w_{ij}}$。以图 11-2 所示的神经网络作为例子进行介绍，输入层，隐含层及输出层分别是 a、b 和 c，n，p，q 为每一层节点数目。表示输入层第 h 个神经元的输出为 a_h，隐含层第 i 个神经元的输出为 b_i，输出层的第 j 个神经元输出为 c_j，$[x_1, x_2, \cdots, x_n]$ 为输入层训练样本，$[y_1^t, y_2^t, \cdots, y_q^t]$ 为输出层训练样本。

输出层 c，偏导公式是

$$\frac{\partial E}{\partial w_{ji}} = \frac{\partial E}{\partial y_j} \frac{\partial y_j}{\partial w_{ji}} \tag{11-3}$$

误差求解公式为

$$E = \frac{1}{2} \sum_j (y_j^t - y_j)^2 \tag{11-4}$$

则

$$\frac{\partial E}{\partial y_j} = -(y_j^t - y_j) \tag{11-5}$$

则

$$y_j = \text{sig}(\sum_i w_{ji} b_i) \tag{11-6}$$

$f(u)$ 采用 sigmoid 函数，即

$$f(u) = \text{sig}(u) = \frac{1}{1 + e^{-u}} \tag{11-7}$$

所以

$$\frac{\partial y_j}{\partial w_{ji}} = \frac{\mathrm{d}[\text{sig}(\sum_i w_{ji} b_i)]}{\mathrm{d} w_{ji}} b_i \tag{11-8}$$

将式 (11-5)，式 (11-8) 代入式 (11-3) 得

$$\frac{\partial E}{\partial w_{ji}} = \frac{\partial E}{\partial y_j}\frac{\partial y_j}{\partial w_{ji}} = -(y_j^t - y_j)\frac{\mathrm{d}[\,\mathrm{sig}(\sum_i w_{ji}b_i)\,]}{\mathrm{d}w_{ji}}b_i = \xi_j^c b_i \tag{11-9}$$

ξ_j^c 为输出层敏感度

$$\xi_j^c = -(y_j^t - y_j)\frac{\mathrm{d}[\,\mathrm{sig}(\sum_i w_{ji}b_i)\,]}{\mathrm{d}w_{ji}} \tag{11-10}$$

则隐含层敏感度为

$$\xi_j^b = \frac{\partial E}{\partial b_i} = \frac{\partial E}{\partial \sum_h w_{ih}a_h} \cdot \frac{\partial \sum_h w_{ih}a_h}{\partial b_i} = \frac{\partial E}{\partial \sum_h w_{ih}a_h} \cdot \frac{\mathrm{d}[\,\mathrm{sig}(\sum_h w_{ih}a_h)\,]}{\mathrm{d}w_{ih}} \tag{11-11}$$

其中，$\dfrac{\partial E}{\partial \sum_h w_{ih}a_h}$ 为 E 对应隐含层 b 第 i 个输入的偏导数。误差由此神经元开始，传递至下层神经元，所以下层偏导数之和为

$$\frac{\partial E}{\partial \sum_h w_{ih}a_h} = \sum_j \frac{\partial E}{\partial c_j} \cdot \frac{\partial c_j}{\partial \sum_h w_{ih}a_h} = \sum_j \xi_j^c w_{ji} \tag{11-12}$$

由于

$$\frac{\partial E}{\partial w_{ih}} = \xi_i^b a_h \tag{11-13}$$

将式 (11-11) 和式 (11-12) 代入式 (11-13)，可求得隐含层偏导数为

$$\frac{\partial E}{\partial w_{ih}} = \sum_j \xi_j^c w_{ji}\frac{\mathrm{d}[\,\mathrm{sig}(\sum_h w_{ih}a_h)\,]}{\mathrm{d}w_{ih}}a_h \tag{11-14}$$

然后根据迭代公式

$$w(t) = w(t-1) - a\frac{\partial E}{\partial w} \tag{11-15}$$

求得权值变化值。

11.1.2 离散粒子群算法

粒子群算法（partical swarm optimization，PSO）也称粒子群优化算法，是由 Kennedy 和 Eberhart 在 1995 年提出的一种进化算法，该算法源于对鸟群或者鱼群觅食行为的研究，通过个体之间的互动，使群体达到最优的目的。最初的设想是仿真简单的社会系统，研究解释复杂的社会行为，后来发现 PSO 算法可以用于对复杂优化问题求解。在 PSO 系统中，每个备选解被称为一个粒子（particle），每个粒子在搜索时，根据自己搜索到的历史最优位置和群体最优位置进行位置更

新，搜索行为受到群中其他粒子经验或知识的影响，由此可见，PSO 算法是一种共生合作算法。

设在 D 维的目标搜索空间中，由 N 个粒子组成一个群体。群落表示为 $\{X_1,$ $X_2, \cdots, X_N\} \subset \mathbf{R}^n$，其中第 i 个粒子的位置表示为 $X_i = (x_{i1}, x_{i2}, \cdots, x_{iD})^T$，其飞行速度为 $V_i = (v_{i1}, v_{i2}, \cdots, v_{iD})^T$。它经历过的最好的位置 $p_i = (p_{i1}, p_{i2}, \cdots, p_{iD})^T$，称为个体极值，用 p_{best} 表示；群体所有粒子经历的最好位置 $p_g = (p_{g1}, p_{g2}, \cdots, p_{gD})^T$，称为全局极值，用 g_{gest} 表示。按追随当前最优粒子的原理，粒子 X_i 将按式（11-16）、式（11-17）更新速度和位置。

$$V_i^{k+1} = \omega V_i^k + c_1 r_1 (p_{best} - x_i^k) + c_2 r_2 (g_{best} - x_i^k) \tag{11-16}$$

$$x_i^{k+1} = x_i^k + v_i^{k+1} \tag{11-17}$$

式中，$i = 1, 2, \cdots, D$，v_i^k 为粒子在第 k 次迭代中第 i 维的速度；r_1, r_2 为 [0, 1] 区间内的随机数；ω 为惯性因子，表示当前速度对下一代速度的影响权重；c_1, c_2 为加速因子，用来调节每次迭代的步长。

上述 PSO 算法适用于连续问题优化求解，而在实际工程应用中一般为离散域问题。为了使 PSO 算法能够应用于解决这类问题，Mohan 等提出了一种离散粒子群算法（DPSO）。

在离散粒子群模型中，将每个粒子位置变量 $X_i = (x_{i1}, x_{i2}, \cdots, x_{iD})^T$ 中的元素 x_{id}（$1 \leq d \leq D$）取 0 或 1，而速度 $V_i = (v_{i1}, v_{i2}, \cdots, v_{iD})^T$ 中的元素 v_{id}（$1 \leq d \leq D$）仍然取连续值。具体算法：

$$P_{best} = \alpha p_{best} + \beta (1 - p_{best}) \tag{11-18}$$

$$G_{best} = \alpha g_{best} + \beta (1 - g_{best}) \tag{11-19}$$

$$V_i^k = c_1 V_i^k + c_2 P_{best} + c_3 G_{best} \tag{11-20}$$

$$X_i^{k+1} = \begin{cases} 1, & V_i^{k+1} < \rho(\Delta) \\ 0, & \text{其他} \end{cases} \tag{11-21}$$

式（11-18）~ 式（11-21）中，P_{best} 为个体最优值，G_{best} 为全局最优值，α、β 为 $(0, 1)$ 区间的常数，且 $\alpha + \beta = 1$；α 为粒子位置取 1 的控制度，α 越小，粒子位置取 1 的概率越大；c_1, c_2, c_3 为 $(0, 1)$ 区间的常数，且 $c_1 + c_2 + c_3 = 1$；$\rho(\Delta)$ 为 $(0, 1)$ 内均匀分布的随机数，通过概率控制更新粒子位置，求得最优解。

DPSO 算法流程如图 11-4 所示。

11.1.3 基于 DPSO 算法的动态特征提取方法

1. 特征数据粒子表达方式

每个粒子的位置 $X_i = (x_{i1}, x_{i2}, \cdots, x_{iD})^T$ 是一维离散向量，取值 0 或者 1，

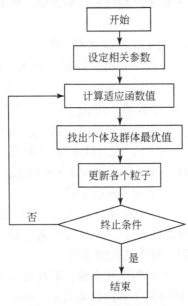

图 11-4 DPSO 算法流程图

粒子位置长度 D 对应于本次实验所有待筛选特征的数量。如果 X_i 的第 n ($n \leqslant D$) 位 $x_{in}=0$，则表示第 n 个候选特征向量不参与反演计算，如果取 $x_{in}=1$ 表示该特征参与计算。

2. DPSO 适应度函数选择

判定粒子性能好坏的根据是粒子的适应度函数值，因此，选用的适应函数必须合理适用。特征子集的性能评价准则主要有一致性、准确性和经典度量三类。准确性度量用来评估特征子集优劣的依旧是机器学习算法的准确率；一致性度量评估特征子集的优劣的根据是样本集中不一致样本率；而经典度量则包括了信息的度量、距离的度量及相关性的度量等。采用 BP 神经网络算法，对特征数据样本进行训练，确定特征子集的分类正确率估计为 $r(i)$。

定义粒子 i 的适应度函数 fitness (i) 为

$$\text{fitness } (i) = r (i) - Ec \frac{q_{\text{Pf}}}{q_{\text{All}}} \tag{11-22}$$

其中，$r(i)$ 为 i 所选的驾驶倾向性特征子集的正确率估计；Ec 为调整参数，是关联度和所选特征数量的平衡系数，本章选取 $Ec = 0.1$；q_{Pf} 为 i 粒子采用的特征子集的个数；q_{All} 为所有特征的总数。

3. 基于 DPSO 算法的特征数据提取

基于 DPSO 算法的特征数据提取步骤如下：

（1）初始化粒子群中的各粒子参数，随机生成各粒子的位置 $X_i = (x_{i1}, x_{i2}, \cdots, x_{iD})^T$ 和速度 $V_i = (v_{i1}, v_{i2}, \cdots, v_{iD})^T$。

（2）根据式（2-23）对粒子群粒子进行性能评价，并记录局部最优位置 p_i 和全局最优位置 p_g。

（3）根据式（11-18）和式（11-19）计算 P_{best} 和 G_{best}。

（4）根据式（11-20）和式（11-21）更新粒子位置。

（5）对更新后的各粒子进行训练，检验其正确率，并计算粒子的适应度，判断是否符合终止条件，如果是，则进入步骤（6），否则转至步骤（2）。

（6）输出最优粒子，终止计算。

11.2　基于车辆跟驰的汽车驾驶倾向性动态特征提取

11.2.1　实验设计

实验运用动态人车环境信息采集系统，在城市道路环境下设计跟驰实验，采集实验数据，然后对数据分析处理，提取基于跟驰行为的驾驶倾向性动态特征数据。

跟驰行驶的动态信息采集系统由驾驶环境信息采集设备、车辆运动信息采集设备以及驾驶操作信息采集设备。驾驶环境信息采集设备主要是采集车辆行驶时的驾驶环境信息，包括车内环境和车外环境；车辆运动信息采集设备用来采集目标车和前车的速度、加速度、位移等动态信息；驾驶员操作信息采集设备主要是用来记录整个实验过程中驾驶员的手脚动作。

1. 心理测试

驾驶员心理测试的目的是通过问卷调查初步确定实验驾驶员的驾驶倾向性类型。调查问卷中的问题通过反复筛选，可以反映驾驶员生理心理及驾驶行为特征，对问题选项参照经典心理量表按递增式数字赋予分值，分值越大，代表选择该选项的驾驶员属于保守型可能性越大。

2. 生理测试

考虑到血压、心率等生理指标的测量在驾驶过程中对驾驶员具有较强的侵入性，影响驾驶员的操作行为，所以本次生理指标测试重点是可通过非接触测量获取的驾驶员反应时间。

驾驶员的反应时间有很多种，如视觉反应时间、听觉反应时间、选择反应时间、制动反应时间等。针对跟车这种特定的交通行为，本次实验选取以下几种反应时间。

（1）视觉反应时间，指一个简单的视觉刺激出现，被测试者从感知刺激到做出反应所持续的时间间隔。

（2）选择反应时间，指当呈现的刺激为两个或者多个时，要求被测试者对不同的刺激做出不同的反应，从选择不同的刺激到做出相应反应之间的时间间隔。

（3）辨别反应时间，指当呈现的刺激为两个或多个时，要求被测试者只对其中一个刺激做出反应，对其他刺激不做反应，从刺激呈现到被测试者做出辨别反应的时间间隔。

（4）操作反应时间，被测试驾驶员受到某种刺激呈现时，完成某一操作动作所需时间，从刺激呈现到动作完成的时间间隔。

3. 主要实验仪器

1）测速设备

本实验可选用的测速设备有两种：SG299-GPS 非接触多功能测试仪及 CTM-8A 非接触多功能测速仪。

（1）SG299-GPS 非接触多功能测试仪（图 11-5）。利用 GPS 多普勒效应测速原理，用以测试汽车整车的动力性能、经济性能及制动性能等。配有标准 RS232 接口，可将测试结果发往其他计算机，完成整个测试项目。用户利用系统机或笔记本电脑可以方便地对该数据进行存储和二次分析处理。

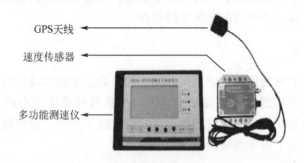

GPS天线

速度传感器

多功能测速仪

图 11-5　GPS 非接触式多功能测速仪

GPS 非接触式多功能测速仪技术性能指标如表 11-1 所示。

表 11-1　GPS 多功能测速仪相关技术指标

项目	测量范围	分辨率	精度
速度	0 ~ 300.0 km/h	0.1 km/h	0.3%
距离	0 ~ 99 999.999 m	1 mm	0.3%
时间	0 ~ 99 999.999 s	1 ms	0.05%
减速度	0 ~ 9.9 m/s^2	0.1 m/s^2	1%
平均减速度	0 ~ 9.99 m/s^2	0.01 m/s^2	1%

注：距离值为累积距离值；减速度和平均减速度是该设备用于制动试验时的输出参数，本次仅需进行车速实验，不输出这两项所对应数据

（2）CTM-8A 非接触多功能测速仪。该仪器是淄博创宇电子有限公司自主开发的以 INAEL 公司 MCS-96 系列 80196KC20 高性能 16 位单片微型计算机为核心的智能化测试仪器，用于测试车辆动力性能，操纵性能，实时显示多项测试数据、曲线，清晰直观（图 11-6）。

多供能测速仪

多供能测速仪
固定吸盘

图 11-6　CTM-8A 非接触多功能测速仪

CTM-8A 非接触多功能测速仪采数频率为 50HZ，测量指标及精度如表 11-2 所示。

表 11-2　非接触多功能测速仪相关技术指标

项目	测量范围	分辨率	精度
速度	0 ~ 300.0 km/h	0.1 km/h	0.5%
距离	0 ~ 99 999.999 m	1 mm	0.5%
时间	0 ~ 99 999.999 s	1 ms	0.05%
减速度	0 ~ 9.9 m/s^2	0.1 m/s^2	1%
平均减速度	0 ~ 9.99 m/s^2	0.01 m/s^2	1%

注：距离值为累积距离值；减速度和平均减速度是该设备用于制动试验时的输出参数，本次仅需进行车速实验，不输出这两项所对应数据

通过大量实验反复对比两种测速仪器各自的使用特点，发现 CTM-8A 非接触多功能测速仪在雨雪天气等比较恶劣天气条件、道路表面状况较差时，采集到的实验数据准确度不高；而在高大建筑林立的城市道路上，由于 SG299GPS 非接触式多功能测速仪的 GPS 信号接收器在接收卫星信号时，易受高大建筑的影响，致使采集到的实验数据的准确度降低。所以，本次跟车实验中，在不同的条件选用采集实验数据更为准确的实验设备，提高实验数据的准确率。

2）测距设备

现有测距仪器及其使用特点：

（1）激光测距传感器，主要分为脉冲和扫描两种方式，其特点是反应快，有效测量距离大，分辨率高，误差小；但易受灰尘、雨雪、风沙的污蚀，反射物体表面的散光程度的影响。

（2）微波测距传感器，主要分为脉冲调频和调频连续波，其特点是工作频率高，波长短，可有效缩小波束角度，减小天线尺寸，适合在恶劣气候条件下工作，但要防止雷达之间与其他通信系统之间的电磁干扰。地表和地物的反射波使接收波的组成较为复杂，区分困难，大气湿度对微波测距的影响相较大，给观测结果带来误差。

（3）超声波测距传感器，主要利用超声波的反射特性，其特点是反应时间长，误差大，波束发散角度大，分辨率低，衰减快，有效测量距离小，常用于倒车后视雷达。

（4）红外测距传感器，特点是探测距离相对较短。

考虑到测距实验对测距范围和精度的要求，选取激光测距传感器（图11-7）。

图 11-7　BTM300-905-200 激光测距传感器

BTM300-905-200 激光测距传感器相关技术指标如表11-3所示。

表 11-3　激光测距传感器相关技术指标

参数	典型值	单位
测距范围	0.5 ~ 200	m
测距精度	±0.5 ~ 1	m
测量频率	10 ~ 50	Hz
激光波长	905	nm
输入电压	8 ~ 24	V
供电方式	外接直流电源	—
消耗功率	<2	W
输出接口	RS232	—
工作温度	−20 ~ +60	℃
防水防尘	IP54	—
外形尺寸	128 * 94 * 56	mm
产品重量	<1.5	Kg

3）视频采集设备

（1）高清摄像头。用于拍摄驾驶员手部操作、面部表情、车外环境、脚部操作及观测车外环境和交通流状况，用以时钟校正与辅助测距传感器和非接触式测速仪进行观测实验及数据分析。

（2）Minivcap 监控系统。支持自动开机录像、循环持续录像、多镜头录像、邮件报警、人脸识别等核心技术；可长时间录像，不限制时间连续运行几周、几个月或更长时间；多路视频监控，可开机后自动启动多个摄像头监控（窗口自动排列或隐藏，若不采用监控卡，则需将有驱动的摄像头和无驱动的摄像头搭配使用，运行过程是，先运行无驱动摄像头，后运行有驱动摄像头）；日期时间显示，可在画面上打印日期时间、镜头名，便于对数据进行分析；硬盘缓存机制，采用硬盘写缓存机制，保证硬盘的使用效率。摄像头安放位置如图 11-8 所示。

　　　　　　　　　　　　　　　　摄像头1
　　　　　　　　　　　　　　　　摄像头2
　　　　　　　　　　　　　　　　摄像头3
　　　　　　　　　　　　　　　　摄像头4

图 11-8　摄像头安放位置

4) 实验车辆

实验选用客、货多种车型，与驾驶员进行多种组合实验，限于篇幅，本章仅选取小型福克斯汽车为例进行研究分析。

5) 其他

实验所用到的设备还包括高清摄像机，笔记本电脑等，此外所用软件有SPSS17.0，绘声绘影10.0等。

4. 实验方案及对象

实验选取天气晴朗、路面干燥的实验条件，实验时间是正常工作日的上午8：30到10：30，道路的交通状况是繁忙，但是未达到拥堵状态，仪器操作人员三名。

实验选择淄博市张店区普通驾驶员，职业分为教师、职员、工人和自由职业者，样本容量为50名。样本中男性驾驶员41名，占82%，女性驾驶员9名，占8%，年龄分布在27~58岁，平均年龄34.6周岁，驾龄分布在3~22年，平均驾龄8.16年，样本中92%的人有过不同类型的违章驾驶现象，样本平均违章次数为5.12次，违章平均频率为0.63次/年，样本中有44%的人发生过不同类型的交通事故，样本平均事故次数为2.54次，事故平均频率为0.31次/年。

本次实验的注意事项有以下几点：

(1) 驾驶员应提前进行一下练习，熟悉实验车辆的性能。

(2) 为了保证驾驶员之间的可比性，本次实验要求每位驾驶员实验的路线要相同；

(3) 实验过程中要求驾驶员正常对待实验过程中的交通流状况，非驾驶人员尽量不影响驾驶员的操作行为。

5. 实验过程

实车实验开始前，被测试驾驶员需要先完成心理测试的问卷调查。

生理测试实验时，提前拍摄、录制大量交通信号灯的照片、录像，然后进行剪辑，针对不同反应时间的测试，制作多段相应的反应时间测试视频。视觉反应时间测试视频中出现的信号灯为单色（整个视频播放只出现一种颜色信号灯），分红、黄、绿三种视频；选择反应时间与辨别反应时间测试视频中会出现红、黄、绿色信号灯（视频播放过程中三种颜色随机出现）。测试过程如下所示。

视觉反应时间测试时，计算机屏幕左侧播放剪辑制作的视频，屏幕右侧打开Word 2003 空白文档，输入字体大小设置为100磅，当被测试者看到视频中出现红色（绿色或黄色）信号灯时，立即安下小键盘的"+"键，则文档中会出现相应的"+"符号，用高清摄像机录制整个实验过程。每位驾驶员分别进行红、黄、绿三种颜色信号灯的视觉反应时间测试，每种颜色信号灯做10组实验，每组实验做15次反应测试，每完成一组测试休息三分钟。

选择反应时间测试时，播放三种颜色信号灯随机出现的剪辑视频，要求被测试人员在看到红色信号灯时立即按下小键盘上的"+"键，看到黄色信号灯时立即按下键盘的"A"键，看到绿色信号灯时立即按下小键盘的"0"键，用高清摄像机录制整个实验过程。每位驾驶员进行10组测试，每组15次反应测试（不区分信号灯颜色），每完成一组测试休息三分钟。

辨别反应时间测试时，播放三种颜色信号灯随机出现的剪辑视频，要求被测试人员看到红色（黄色或绿色）的信号灯时立即按下小键盘上的"+"键，当看到其他颜色的信号灯时不做反应，用高清摄像机录制整个实验过程。每位驾驶员分别进行红、黄、绿三种颜色信号灯的辨别反应时间测试，每种颜色信号灯做5组实验，每组实验做15次反应测试，每完成一组测试休息三分钟。

对于以上三种反应时间的测试，忽略键盘按下时间和计算机反应时间，各种颜色信号灯呈现后反应越快越好，如果被测试者在信号灯出现之前抢按反应键，测试结果无效；如果测试时按错反应键，应立即纠正。

操作反应时间的测试依托于实车实验，跟驰过程中，当前车制动指示灯亮时，后车驾驶员（被测试者）的制动操作反应时间：后车驾驶员（被测试者）从前车制动指示灯信号呈现，到脚移动到制动踏板所需要的时间间隔（不包括脚移动到制动踏板后踩下踏板的时间）。对整个实验过程录像，每位驾驶员提取10组操作反应时间数据，每组数据容量为5。

实车实验时，目标车上安装已标定好的GPS多功能测速仪、激光测距传感器及视频采集系统。实验车以一定的初始间距在指定路线上跟车行驶。每组实验一名实验驾驶员，沿着实验路线行驶，跟驰的对象由驾驶员自行选择，跟车行为不受其他实验人员干扰，每位驾驶员沿路线绕行四周。实验过程中，仪器操作人员保证仪器正常运行，动态信息采集系统实时动态的记录跟驰过车中的相关数据。所选取的实验路线是：山东理工大学东门—南京路—联通路—世纪路—张周路—南京路—山东理工大学东门，如图11-9所示。

11.2.2 心理测试结果

将所有实验驾驶员的心理测试结果作为样本，用SPSS17.0进行统计分析，对问卷进行信度和效度评价。将测试所得数据输入SPSS17.0，以每题对应的50组分数为一个项目，对所有28个项目进行度量分析，获得内部一致性Cronbach's Alpha系数为0.836>0.8，说明该量表具有较高的同质性信度，每题对应得分的

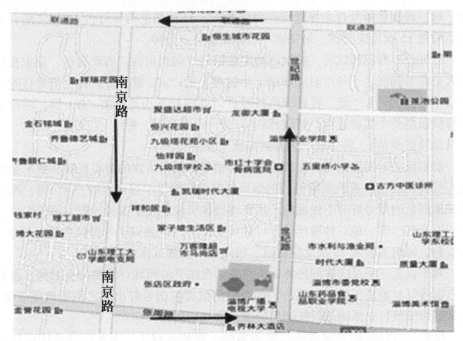

图 11-9　跟车实验路线图

均值和标准差如表 11-4 所示。

表 11-4　每题对应均值、标准差及与总分的 person 相关系数

题目	均值	标准差	相关系数	题目	均值	标准差	相关系数
1	1.30	0.470	0.710**	15	1.90	0.788	0.467**
2	2.40	0.821	0.397**	16	2.00	0.795	0.575**
3	2.15	0.933	0.518**	17	2.00	0.562	0.575**
4	1.90	0.718	0.640**	18	1.95	0.605	0.585**
5	1.75	0.716	0.451**	19	2.15	0.813	0.387*
6	2.05	0.759	0.649**	20	1.95	0.686	0.669**
7	1.90	0.718	0.580**	21	1.95	0.759	0.387*
8	1.80	0.523	0.440**	22	1.75	0.716	0.536**
9	1.80	0.768	0.133	23	1.90	0.718	0.648**
10	2.00	0.562	0.575**	24	1.85	0.671	0.614**
11	2.05	0.686	0.238	25	2.00	0.795	0.594**
12	1.75	0.550	0.255	26	1.80	0.616	0.552**
13	1.80	0.768	0.412*	27	1.95	0.510	0.424**
14	2.00	0.795	0.751**	28	2.40	0.995	0.750**

*说明对应项目在 0.05 的显著性水平下显著相关；**说明对应项目在 0.01 的显著性水平下显著相关

对每题得分与总分利用 SPSS17.0 进行相关分析，得对应 Person 相关系数，其中约 90% 的问题得分与总分在 0.05 和 0.01 的显著水平下显著相关，说明该量表有较好的内容效度，可以据此进行测试。心理测试结果见表 11-5，其中，保守型驾驶员有 19 人，谨慎型驾驶员有 15 人，冒险型驾驶员有 16 人。

表 11-5　心理测试结果

驾驶员编号	倾向性类型	驾驶员编号	倾向性类型	驾驶员编号	倾向性类型	驾驶员编号	倾向性类型	驾驶员编号	倾向性类型
1	保守型	11	谨慎型	21	保守型	31	冒险型	41	冒险型
2	谨慎型	12	谨慎型	22	谨慎型	32	冒险型	42	保守型
3	保守型	13	保守型	23	谨慎型	33	保守型	43	谨慎型
4	谨慎型	14	冒险型	24	冒险型	34	冒险型	44	保守型
5	冒险型	15	保守型	25	谨慎型	35	保守型	45	保守型
6	保守型	16	谨慎型	26	冒险型	36	保守型	46	谨慎型
7	保守型	17	冒险型	27	谨慎型	37	冒险型	47	冒险型
8	冒险型	18	保守型	28	冒险型	38	冒险型	48	保守型
9	保守型	19	谨慎型	29	冒险型	39	谨慎型	49	保守型
10	谨慎型	20	保守型	30	保守型	40	冒险型	50	谨慎型

11.2.3　生理特征选择

生理测试主要是反应时间的测试，对于视觉、选择、辨别反应时间，每位驾驶员共有 10 组数据，对每组数据求均值；对于操作反应时间每位驾驶员也有 10 组数据，求每组操作反应时间均值。

以 1 号驾驶员（保守型）为例，反应时间测试结果如表 11-6 所示。

表 11-6　部分反应时间测结果

组号	视觉反应时间 t_1/s	选择反应时间 t_2/s	辨别反应时间 t_3/s	操作反应时间 t_4/s
1	0.418	0.531	0.480	1.268
2	0.439	0.538	0.475	1.151
3	0.387	0.555	0.445	1.110
4	0.420	0.547	0.451	1.165
5	0.427	0.542	0.460	1.241

组号	视觉反应时间 t_1/s	选择反应时间 t_2/s	辨别反应时间 t_3/s	操作反应时间 t_4/s
6	0.397	0.526	0.485	1.208
7	0.389	0.559	0.465	1.276
8	0.403	0.530	0.467	1.152
9	0.417	0.550	0.466	1.261
⋮	⋮	⋮	⋮	⋮

为了得到较好的分类准确率估计，采用 k-折交叉验证法。把样本分为 k 份，每次取其中 $k-1$ 份作为训练样本集，剩下的 1 个部分作为检验样本集，得到一系列正确率估计，最后取平均值，得到较合理的正确率估计。为兼顾效率和计算精度，本章中 k 值取 5，定义目标输出的表示形式为 $(1, 0, 0)$、$(0, 1, 0)$ 和 $(0, 0, 1)$ 分别表示三种倾向性类型：保守型、谨慎型和冒险型。通过采用输入层-中间层-输出层 4-7-3 的网络结构的 BP 神经网络训练获取特征子集的分类正确率估计。输入层到隐含层之间的连接权值如表 11-7 所示，n 为输入神经元编号。

表 11-7　生理特征分类输入层到隐含层之间的连接权值

n	w_{i1}	w_{i2}	w_{i3}	w_{i4}	w_{i5}	w_{i6}	w_{i7}
1	0.672 2	0.764 3	−0.675 1	0.264 7	−1.276 2	0.431 2	1.261 8
2	0.199 8	−0.777 7	0.744 3	0.776 5	1.698 4	0.233 1	−0.983 6
3	−0.603 2	−1.067 0	0.015 3	0.912 5	0.128 8	2.193 3	1.275 0
4	1.173 8	0.911 7	0.644 2	0.442 8	−0.563 9	0.373 0	1.731 6

隐含层与输出层之间的连接权值如表 11-8 所示，q 为输出层神经元编号。

表 11-8　生理特征分类隐含层到输出层之间的连接权值

q	w_{i1}	w_{i2}	w_{i3}	w_{i4}	w_{i5}	w_{i6}	w_{i7}
1	−0.098 4	−0.323 4	1.772 3	1.256 8	−0.603 4	0.841 8	0.564 3
2	−1.256 9	0.820 7	1.401 0	1.685 7	1.142 2	0.057 4	−0.705 0
3	0.375 8	1.221 0	−0.060 9	0.323 8	1.285 6	−0.608 0	1.053 5

多次训练之后部分数据输出如表 11-9 所示。

表 11-9　部分实际输出与目标输出

实际输出	目标输出	实际输出	目标输出
(0.96, 0.04, 0)	(1, 0, 0)	(0.93, 0.07, 0)	(1, 0, 0)
(0, 94, 0.06)	(0, 1, 0)	(0.08, 0.92, 0)	(0, 1, 0)
(0, 0.07, 0.93)	(0, 0, 1)	(0.03, 0.12, 0.85)	(0, 0, 1)
⋮	⋮	⋮	⋮

运用 DPSO 算法进行特征选择。在 DPSO 中，既要保证计算的速度，还要避免陷入局部最小，本次粒子群体大小为每组数据的样本容量 30，每三组驾驶倾向性相同的实验数据为一组，控制参数 $\alpha = 0.3$，$\beta = 0.7$，$c_1 = 0.2$，$c_2 = 0.3$，$c_3 = 0.5$，粒子群的最大进化迭代次数设置为 30。特征选择优化结果如图 11-10 所示。

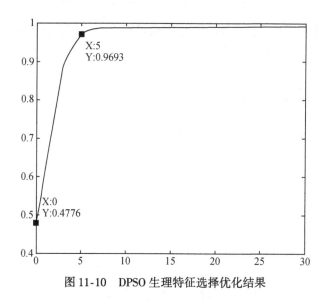

图 11-10　DPSO 生理特征选择优化结果

图 11-10 的横坐标表示迭代的次数，纵坐标表示适应度值，本组粒子群在进化的第 5 步时即找到最优解，此时选择的特征数据为 t_4，即操作反应时间，适应度值达到 0.9693。部分特征选择结果如表 11-10 所示。

保守型驾驶员有 19 人，建立 7 组粒子群，谨慎型驾驶员有 15 人，建立 5 组粒子群，冒险型驾驶员有 16 人，建立 6 组粒子群，共建立粒子群 18 组，特征选择结果汇总如表 11-11 所示。

表 11-10　部分生理特征选择结果

数据	视觉反应时间 t_1/s	选择反应时间 t_2/s	辨别反应时间 t_3/s	操作反应时间 t_4/s
1	0	0	0	1
2	0	0	1	1
3	0	0	0	1
4	0	0	0	1
5	0	1	0	1
6	0	0	0	1
⋮	⋮	⋮	⋮	⋮

表 11-11　生理特征选择结果汇总

特征数据	视觉反应时间 t_1/s	选择反应时间 t_2/s	辨别反应时间 t_3/s	操作反应时间 t_4/s
提取次数	1	3	2	18

在误差允许范围内，由表 11-11 可以获得跟车行为驾驶倾向性的生理特征数据为 t_4，即操作反应时间。

11.2.4　实车特征选择

实车实验可获得的数据如表 11-12 所示。

表 11-12　实验可采集数据

数据	目标车速度	目标车加速度	车间距	前车位移	相对速度	相对加速度	前车加速度变化率	目标车加速度变化率
单位	m/s	m/s^2	m	m	m/s	m/s^2	m/s^3	m/s^3
代码	d_1	d_2	d_3	d_4	d_5	d_6	d_7	d_8

选取 1 号驾驶员（保守型）部分实验数据如表 11-13 所示。

表 11-13　部分实验数据

驾驶员编号	d_1	d_2	d_3	d_4	d_5	d_6	d_7	d_8
1	12.07	0.05	19.39	1 324.22	0.04	−0.06	0.00	0.74
1	12.12	0.79	19.43	1 336.29	0.20	0.16	0.00	−0.61
1	12.91	0.18	19.63	1 348.41	0.20	0.00	0.92	0.68
1	13.09	0.86	19.83	1 361.32	0.05	−0.15	0.88	−0.96

续表

驾驶员编号	d_1	d_2	d_3	d_4	d_5	d_6	d_7	d_8
1	13.95	-0.1	19.88	1 374.41	0.66	0.61	1.21	-1.56
1	13.85	-1.66	20.54	1 388.36	0.43	-0.23	1.15	1.54
1	12.19	-0.12	20.97	1 402.21	-0.05	-0.48	-1.01	0.06
1	12.07	-0.06	20.92	1 414.4	-0.59	-0.54	-0.95	0.58
1	12.01	0.52	20.33	1 426.47	-0.10	0.49	0.49	-0.25
1	12.53	0.27	20.23	1 438.48	-0.05	0.05	0.47	0.85
1	12.80	1.12	20.18	1 451.01	-0.31	-0.26	0.23	-1.29
1	13.92	-0.17	19.87	1 463.81	-0.18	0.13	0.21	-0.38
1	13.75	-0.55	19.69	1 477.73	-0.60	-0.42	-0.03	0.34
1	13.20	-0.21	19.09	1 491.48	-0.03	0.57	-0.03	-0.02
1	12.99	-0.23	19.06	1 504.68	1.39	1.42	-0.49	0.12
1	12.76	-0.11	20.45	1 517.67	0.03	-1.36	-0.47	0.20
1	12.65	0.09	20.48	1 530.43	0.02	-0.01	-0.69	0.07
⋮	⋮	⋮	⋮	⋮	⋮	⋮	⋮	⋮

　　从每位驾驶员大量的跟车数据中选取 10 组典型样本数据，每组样本容量为 30。获取分类正确率估计的方法和网络输出模式与生理特征选择方法相同。实车特征选择采用 8-11-3 网络结构的 BP 神经网络训练获取特征子集的分类正确率估计。输入层到隐含层之间的连接权值如表 11-14 所示，n 为输入层神经元编号。

表 11-14　输入层到隐含层之间的连接权值

n	w_{i1}	w_{i2}	w_{i3}	w_{i4}	w_{i5}	w_{i6}	w_{i7}	w_{i8}	w_{i9}	w_{i10}	w_{i11}
1	1.1264	0.7122	-0.9817	-1.1978	0.9426	1.7122	-0.6766	0.8325	0.6541	-0.8112	0.4526
2	1.1121	1.4766	-0.2028	0.9864	0.4746	1.2357	-0.4207	0.7682	1.3374	-0.6842	1.7148
3	1.5766	-1.0167	0.4428	1.334	-0.4279	-0.5127	1.8832	1.4366	0.8744	0.3102	0.9711
4	0.6584	0.7716	-0.6523	1.1628	1.4388	-0.3671	-1.1136	-0.8746	0.7451	0.2453	-0.6763
5	1.6426	1.1824	1.1033	-0.041	-0.4322	1.2267	0.6775	0.8742	0.7103	0.6694	-0.054
6	-0.6213	-0.5733	0.9764	0.7875	0.92503	0.7765	0.4207	-0.6473	-0.6704	0.3217	0.2434
7	0.2271	1.4752	-1.2436	0.7964	1.0641	-0.9941	0.4765	1.4367	-1.2786	0.6325	-0.4424
8	-1.2536	0.7964	0.8751	-1.3762	1.4725	0.5752	0.2101	-0.0717	0.1426	-0.7423	0.2367

　　隐含层与输出层之间的连接权值如表 11-15 所示，q 为输出层神经元编号。

表 11-15　隐含层与输出层之间的连接权值

q	w_{i1}	w_{i2}	w_{i3}	w_{i4}	w_{i5}	w_{i6}	w_{i7}	w_{i8}	w_{i9}	w_{i10}	w_{i11}
1	0.11	0.78	1.62	−0.81	−0.22	0.71	0.45	−0.36	1.22	0.44	−0.37
2	−0.22	0.67	1.33	−1.12	0.71	1.14	−0.68	1.47	0.36	−0.77	0.82
3	0.37	−0.62	−0.14	0.84	1.31	−0.67	1.03	0.71	−0.31	1.43	−0.14

多次训练之后部分数据输出如表 11-16 所示。

表 11-16　部分实际输出与目标输出对比

实际输出	目标输出	实际输出	目标输出
(0.95, 0.05, 0)	(1, 0, 0)	(0.93, 0.07, 0)	(1, 0, 0)
(0.02, 0.98, 0)	(0, 1, 0)	(0.08, 0.92, 0)	(0, 1, 0)
(0, 0.06, 0.96)	(0, 0, 1)	(0.02, 0.12, 0.86)	(0, 0, 1)
⋮	⋮	⋮	⋮

运用 DPSO 算法进行特征选择，本次粒子群体大小为每组数据的样本容量 30，控制参数 $\alpha=0.3$，$\beta=0.7$，$c_1=0.2$，$c_2=0.3$，$c_3=0.5$，粒子群的最大进化迭代次数设置为 30。

某组粒子群特征选择优化结果如图 11-11 所示。

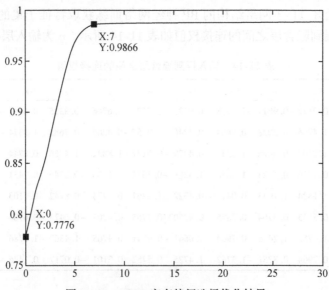

图 11-11　DPSO 实车特征选择优化结果

图 11-11 的横坐标表示迭代的次数，纵坐标表示适应度值，本组粒子群在进化的第 7 步时即找到最优解，此时选择的特征数据为 d_1，d_3，d_5，适应度值达到 0.9866。

某位驾驶员实验数据分析结果如表 11-17 所示。

表 11-17　部分粒子群特征选择结果

数据	d_1	d_2	d_3	d_4	d_5	d_6	d_7	d_8
1	1	1	1	0	1	0	0	0
2	1	0	1	0	1	1	0	0
3	1	1	1	0	0	0	0	0
4	1	1	1	0	0	1	0	0
5	1	1	1	0	1	1	0	0
6	1	1	0	0	1	1	0	1
7	1	1	1	0	1	1	0	0
8	1	1	1	0	1	0	0	0
9	1	1	1	0	0	1	0	0
10	1	0	1	0	1	0	0	0

注：1 表示数据被提取，0 表示数据未被提取

对每位驾驶员的跟驰数据进行特征提取，然后汇总分析。汇总结果如表 11-18 所示。

表 11-18　特征提取结果汇总

数据	d_1	d_2	d_3	d_4	d_5	d_6	d_7	d_8
提取次数	472	447	471	18	466	437	14	13

在误差允许范围内，由表 11-18 可以获得跟车行为驾驶倾向性的特征数据为 d_1，d_2，d_3，d_5，d_6，即目标车速度、目标车加速度、车间距、相对速度和相对加速度。

最终选取的跟车条件下的驾驶倾向性特征数据为操作反应时间、目标车速度、目标车加速度、车间距、相对速度和相对加速度。

11.2.5　验证

选取 10 位验证实验驾驶员（不包括先前的 50 名），根据提取的特征数据运用辨识模型进行验证

$$d_p = \frac{v_1^2}{2a_f} - \frac{v_2^2}{2a_l} + k \cdot v_1 t_r + k \cdot d_0 \tag{11-23}$$

式中，驾驶员心理安全间距为 d_p，v_1 为后车速度，a_f 为后车最大制动减速度，v_2 为前车速度，a_l 为前车最大制动减速度，$a_l = a_f = \varphi g$，φ 为路面附着系数，g 为重力加速度；t_r 为后车驾驶员操作反应时间，d_0 为最小停车间距，k 为驾驶倾向对驾驶员的影响因子。将驾驶员的平均操作反应时间与驾驶倾向对驾驶员的影响因子相乘；再将 kt_r 更换为各个驾驶员所测得的具体操作反应时间，识别过程中其他步骤不变。验证结果如表 11-19 所示。

表 11-19　验证结果

驾驶员编号	模型验证结果（准确率/%）	心理测试结果	驾驶员编号	模型验证结果（准确率/%）	心理测试结果
1	保守型（96.7）	71（保守型）	6	谨慎型（97.1）	52（谨慎型）
2	保守型（95.2）	86（保守型）	7	冒险型（96.5）	48（冒险型）
3	谨慎型（94.3）	62（谨慎型）	8	冒险型（94.4）	44（冒险型）
4	冒险型（96.8）	41（冒险型）	9	保守型（95.3）	80（保守型）
5	谨慎型（93.7）	64（谨慎型）	10	谨慎型（94.5）	61（谨慎型）

由表 11-19 可以得出，由于考虑了驾驶员的操作反应时间，平均验证结果（准确率）为 95.45%，验证结果表明，本章所提取的跟车状态下驾驶倾向性特征数据是科学合理的。

11.3　本 章 小 结

由于车辆的状态信息，道路环境信息与驾驶员行为信息产生的众多特征和分类器性能之间并不存在线性关系，特征数量达到一定限度时就会导致分类器失效。本章在深入分析跟车过程中的驾驶员行为，车辆状态与交通环境等信息的基础上，对可通过非接触测量获取的驾驶员生理数据和车辆运动状态的实时数据进行采集。运用 BP 神经网络分类器对数据进行分类训练，获取特征分类的正确率估计；然后对大量的数据样本，运用 DPSO 算法进行特征优化选择，获得正确的驾驶倾向性的特征数据并运用相关的识别模型进行验证，准确率有明显提高。

参 考 文 献

邓貌，鲁华祥，金小贤. 2010. 基于特征分析的粒子群优化聚类算法. 计算机工程，（8）：185-187.

冯雪芹, 房春泉. 2007. 驾驶员特性评价指标聚类分析. 黑龙江交通科技, (11): 44-148.

郝红卫, 蒋蓉蓉. 2007. 基于最近邻规则的神经网络训练样本选择方法. 自动化学报, 33 (12): 1247-1251.

胡静, 高隽, 杨静. 2008. 模糊神经网络分类器的主动学习方法. 中国科学技术大学学报, 38 (3): 241-246.

刘彩红. 2007. 一种优化BP神经网络训练样本的方法. 重庆师范大学学报 (自然科学版), 24 (3): 51-53.

潘宏侠, 黄晋英, 毛鸿伟, 等. 2008. 基于粒子群优化的故障特征提取技术研究. 振动与冲击, (10): 144-147.

舒华, 张学民, 韩在柱. 实验心理学的理论、方法与技术. 北京: 人民教育出版社.

王波涛, 吴伟陵, 吴善培. 2004. 一种改进的神经网络训练算法. 北京邮电大学学报, 27 (4): 87-91.

王慧, 刘希玉. 2007. 基于最具影响粒子群优化的BP神经网络训练. 计算机工程与应用, 43 (18): 69-71.

王晓原, 孟昭为, 宿宝臣. 2004. 微观仿真车道变换模型研究. 山东理工大学学报, 18 (1): 1-5.

王晓原, 邢丽, 吴芳. 2009. 基于决策树的驾驶员期望车速. 计算机应用, 29: 318-322.

王晓原, 邢丽, 吴芳. 2010. 车道变换决策仿真模型. 计算机工程与应用, 46 (16): 216-221.

王晓原, 邢丽. 2009. 机非混杂环境中的驾驶员行为建模及仿真. 中国公路学报, 22 (2): 98-105.

王晓原, 杨新月, 王凤群. 2007. 基于灰关联熵理论的驾驶决策影响因子分析. 中国安全科学学报, 17 (5): 126-133.

王晓原, 杨新月, 王晓辉, 等. 2007. D-S理论在多传感器驾驶行为决策中的应用. 计算机工程与应用, 43 (27): 230-234.

王晓原, 杨新月, 王晓辉, 等. 2007. 多源信息刺激下驾驶员任务集聚综合认知拓扑结构. 交通标准化, (4): 178-187.

王晓原, 杨新月, 王晓辉, 刘智平. 2007. 多源信息刺激下驾驶员综合认知拓扑结构研究. 交通标准化, (4): 178-183.

王晓原, 杨新月. 2007. 基于非参数最近邻估计的跟车行为仿真模型. 交通运输工程学报, 7 (1): 76-81.

王晓原, 杨新月. 2008. 基于决策树的不同驾驶行为决策机制研究. 系统仿真学报, 20 (2): 415-420.

王晓原. 2002. 微观交通流仿真建模理论及一体化仿真环境研究. 吉林: 吉林大学.

吴磊, 王晓辉, 杨新月, 等. 2007. 交通态势识别及状态转换机制研究. 交通标准化, (Z1): 61-66.

刑丽, 吴芳, 王晓原. 2009. 车辆跟驰投影寻踪回归模型. 计算机工程与应用, 45 (28): 233-235.

姚亚夫, 刘侃. 2007. 基于遗传神经网络的交通流量预测研究. 公路与汽车, (6): 28-30.

张磊, 李升波, 王建强, 等.2008. 基于神经网络方法的集成式驾驶员跟车模型. 清华大学学报, 48 (11): 1985-1992.

张玮, 赵清华, 李化, 等.2010. 离散 PSO 算法动态性能分析及参数选择. 系统仿真学报, 8 (8): 1899-1904.

张元元.2011. 基于动态人车环境协同推演的汽车驾驶倾向性辨识模型及计算方法研究. 山东: 山东理工大学.

赵青.2008. 基于分层遗传算法的 BP 神经网络学习算法. 杭州师范大学学报 (自然科学版), 7 (2): 135-138.

中国公路学会.2001. 交通工程手册. 北京: 人民交通出版社.

宗长富, 杨肖, 王畅, 等.2009. 汽车转向时驾驶员驾驶意图辨识与行为预测. 吉林大学学报 (工学版), 39 (s1): 27-32.

Abe G, Richardson R. 2006. Alarm timing, trust and driver expectation for forward collision warning system. Applied Ergonomics, 27: 577-586.

Amata H, Miyajima C, Nishino T. 2009. Prediction model of driving behavior based on traffic conditions and driver types. IEEE Conference on Intelligent Transportation Systems, 747-752.

Kumagai T, Akamatsu M. 2006. Prediction of human driving behavior using dynamic bayesian networks. IEICE Transactions on Information and Systems, E89-D (2): 857-860.

Nakaoka M, Raksincharoensak P, Nagai M. 2008. Study on forward collision warming system adapted to driver characteristics and road environment. International Conference on Control, Automation and Systems 2008, in COEX. Seoul. 2890-2895.

Wang X Y, Liu J S. 2005. An integrated cognitive traffic simulation model IEEE International Conference on System, Man & Cybernetics. Hawaii, USA: 405-410.

12 多车道环境下汽车驾驶 倾向性特征提取方法

多车道复杂环境下汽车驾驶倾向性表征向量往往是变化不一的，"环境复杂度"不同，对应的"区划方法"不同，驾驶倾向性的特征向量也不一样。所以，驾驶倾向性特征数据以及辨识模型也应随着环境的变换而做相应的改变。本章以双车道为例，通过生理节律推算，性格测试实验，驾驶心理、驾驶情绪的动态测定实验和实车实验，获取多车道不同车辆编组关系下各倾向性类型（如激进型、普通型和保守型等）驾驶员的人、车、环境等微观动态信息，运用遗传模拟退火算法，提取不同环境下汽车驾驶倾向性特征，为后续进一步研究构建适应多车道环境的汽车驾驶倾向性动态辨识模型奠定基础。

12.1 车辆编组复杂性分析

车辆编组关系由动态交通实体构成，对驾驶员行为起决定性影响。显而易见，不同位置车辆对目标车驾驶员影响程度不同，其中，在影响范围内，同车道前车对驾驶员影响最大，相邻车道前后车的影响次之，同车道后车影响最小。以双车道为例，后车对目标车驾驶员影响最小，可简化模型，暂不予考虑，车辆编组关系可划分为如图 12-1 和图 12-2 所示的结果。

由图 12-1 和图 12-2 可以看出，双车道包含的车辆编组关系有 30 种左右，再进一步简化，可将左前、左侧、左后、右前、右侧和右后六类限制车辆划分为左侧限制车和右侧限制车两大类，当目标车左侧或者右侧有多于一辆的限制车时，且两车之间距离满足目标车插车所需要的最小可插车间隙时，假定只有空间距离（沿目标车速度方向与目标车之间的距离）最近的车辆对目标车构成限制；若两车之间距离不满足目标车插车所需要的最小可插车间隙时，将两车合并为一辆干扰车。可将复杂的车辆编组关系约简为如图 12-3 所示的结果。

本章将对简化后八种车辆编组关系分别进行驾驶倾向性动态特征提取。

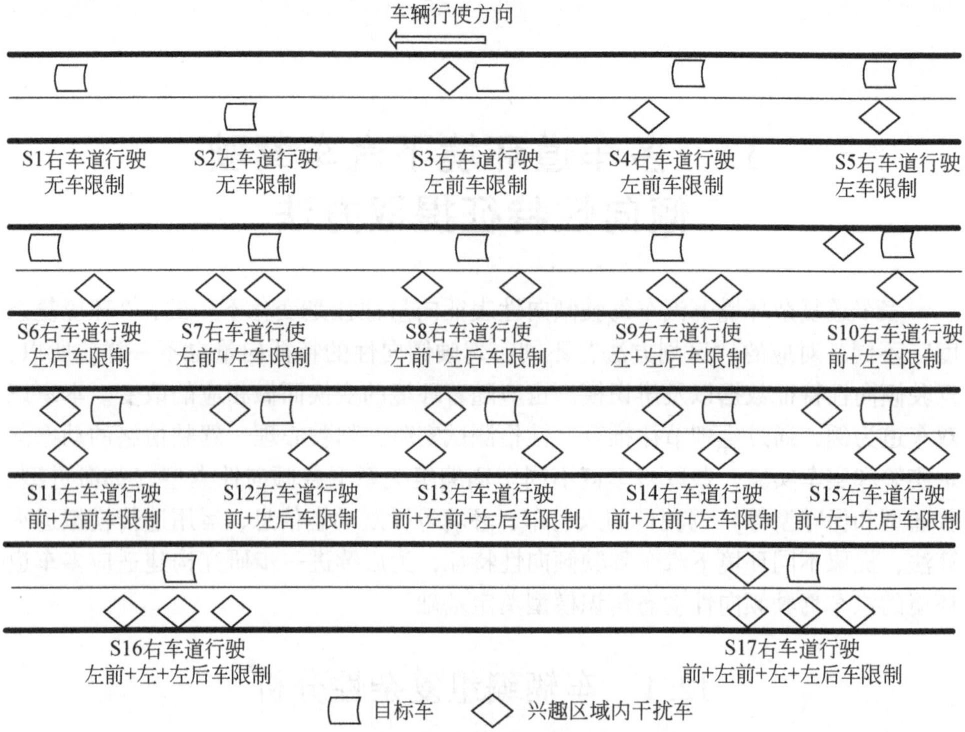

车辆行使方向

| S1右车道行驶
无车限制 | S2左车道行驶
无车限制 | S3右车道行驶
左前车限制 | S4右车道行驶
左前车限制 | S5右车道行驶
左车限制 |

| S6右车道行驶
左后车限制 | S7右车道行使
左前+左车限制 | S8右车道行使
左前+左后车限制 | S9右车道行使
左+左后车限制 | S10右车道行驶
前+左车限制 |

| S11右车道行驶
前+左前车限制 | S12右车道行驶
前+左后车限制 | S13右车道行驶
前+左前+左后车限制 | S14右车道行驶
前+左前+左车限制 | S15右车道行驶
前+左+左后车限制 |

| S16右车道行驶
左前+左+左后车限制 | S17右车道行驶
前+左前+左+左后车限制 |

目标车　　◇ 兴趣区域内干扰车

图 12-1　双车道车辆编组关系种类（A）

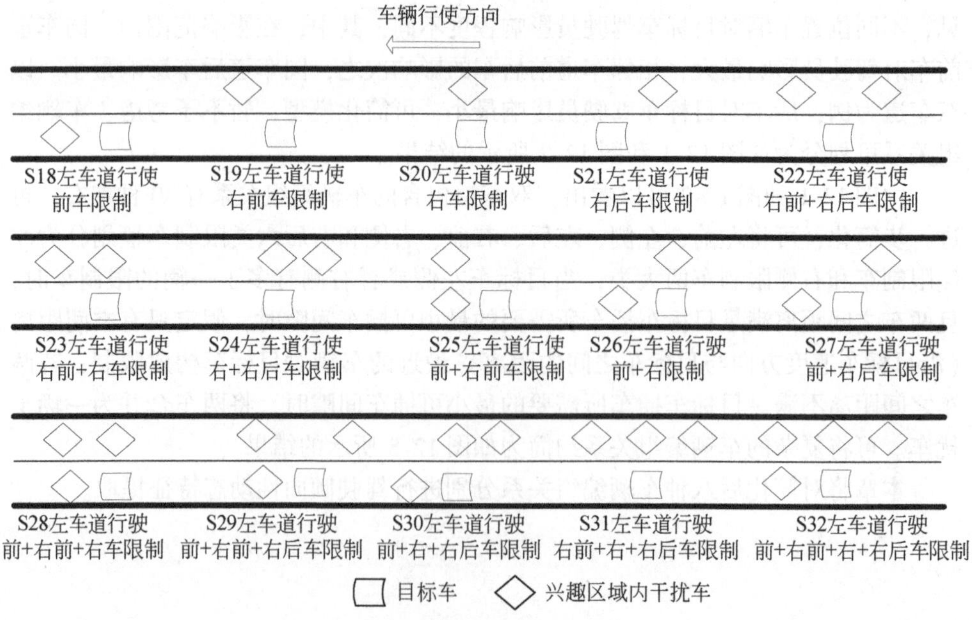

车辆行使方向

| S18左车道行使
前车限制 | S19左车道行使
右前车限制 | S20左车道行驶
右车限制 | S21左车道行使
右后车限制 | S22左车道行使
右前+右车限制 |

| S23左车道行使
右前+右车限制 | S24左车道行使
右+右后车限制 | S25左车道行使
前+右前车限制 | S26左车道行驶
前+右车限制 | S27左车道行驶
前+右后车限制 |

| S28左车道行驶
前+右前+右车限制 | S29左车道行驶
前+右前+右后车限制 | S30左车道行驶
前+右+右后车限制 | S31左车道行驶
右前+右+右后车限制 | S32左车道行驶
前+右前+右+右后车限制 |

目标车　　◇ 兴趣区域内干扰车

图 12-2　双车道车辆编组关系种类（B）

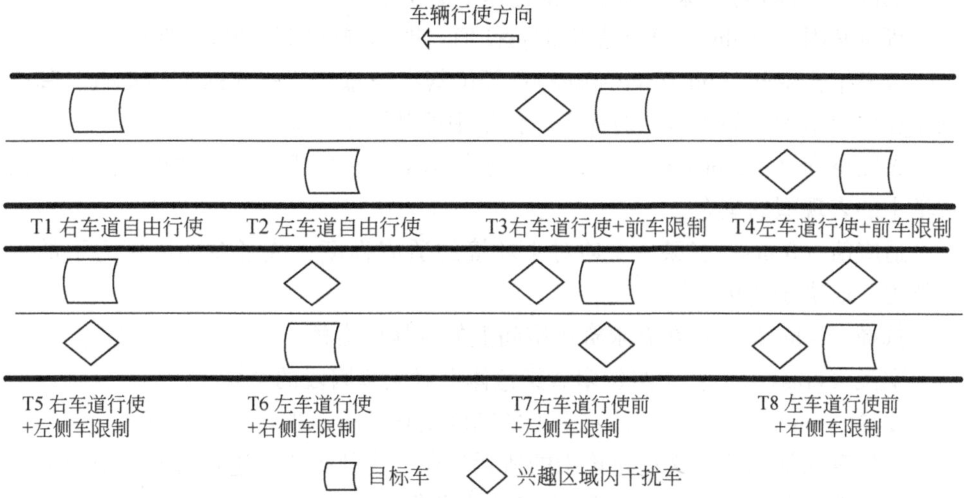

车辆行使方向

T1 右车道自由行使　　T2 左车道自由行使　　T3右车道行使+前车限制　　T4左车道行使+前车限制

T5 右车道行使
+左侧车限制　　T6 左车道行使
+右侧车限制　　T7右车道行使前
+左侧车限制　　T8 左车道行使前
+右侧车限制

▭ 目标车　　◇ 兴趣区域内干扰车

图 12-3　双车道车辆编组关系简化示意图

12.2　基于遗传退火算法的特征提取模型

鉴于遗传算法和模拟退火算法各有特点，本章将两者有机结合起来，运用遗传退火算法来提取驾驶倾向性特征。

12.2.1　遗传算法

1. 遗传算法基本思想

遗传算法（genetic algorithm，GA）是由美国 Michigan 大学心理学教授、电子工程学和计算机科学教授 John H. Holland 首先提出的一种随机自适应的全局搜索算法。早在 1962 年，Holland 就提出了关于遗传算法的基本思想。Holland 于 1975 年在其专著《自然系统与人工系统的自适应性》（*Adaptation in Nature and Artificial Systems*）中对这种理论方法进行了系统且详细的论述。遗传算法中涉及如下一些术语。

个体（individual）：遗传算法所处理的基本对象、结构。

群体（population）：个体的集合。

位串（bit string）：个体的表现形式，对应于遗传学的染色体。

基因（gene）：位串中的元素，表示不同的特征，对应于生物学中的遗传物质单位，以 DNA 序列形式把遗传信息译成编码。

基因位（locus）：某一基因在染色体中的位置。

等位基因（allele）：表示基因的特征值，即相同基因位的基因取值。

位串结构空间（bit string space）：等位基因任意组合构成的位串集合，基因操作在位串结构空间进行，对应于遗传学中的基因型的集合。

参数空间（paremeteres space）：是指位串空间在物理系中的映射，对应于遗传学中的表现型的集合。

适应值（fitness）：某一个体对于环境的适应程度，或者在环境压力下的生存能力，取决于遗传特性。

选择（selection）：在有限资源空间上的排他性竞争。

交叉（crossover）：一组位串或染色体上对应基因段的交换。

变异（mutation）：染色体水平上的基因变化，可以遗传给子代个体。

遗传算法依据达尔文进化论中的适者生存，优胜劣汰的进化规则，对存在可能解的种群反复进行选择、交叉和变异的操作，产生一群新的更适应环境的种群，使群体进化到搜索空间中越来越好的空间位置。如此一代代不断繁殖、进化，最后收敛到最适应环境的群体。

2. 遗传算法重要组成部分

1）编码

遗传算法在求解之前，先将问题解空间的可行解集转化成遗传空间的基因型串结构数据，串结构数据的不同组合构成不同的可行解集，此转化过程称为编码。常用的编码方式有以下两种。

二进制编码方法（binary representation）：此种编码方法是将待求解问题的可行解集编码成为只由0和1组成的二进制字符串，在位串空间上进行相应的遗传操作。将遗传算法计算的解通过解码方式还原成解空间的解集，然后计算适应度值。

浮点数编码方法（float point representation）：此编码方法是直接采用十进制数进行编码，所以可直接对解集进行相应的遗传操作，计算适应度值。

2）群体的初始化

遗传算法在一个给定的初始进化群体中进行迭代搜索。一般情况下，遗传算法在群体初始化阶段采用的是随机数初始方法。采用生成随机数的方法，对染色体的每一维变量进行初始化赋值。通常，生成初始群体策略如下：根据问题本身特点，尽力掌握最优解集在整个搜索空间中的分布范围，然后在估定的分布范围内确定初始群体。

3）适应值评价

适应度函数用于评估各个种群的适应值，进而区分优劣。适应度函数常常根据问题的优化目标来确定，不受连续可微的约束且定义域可以是任意集合。

4）遗传操作

选用一定的操作对已有的种群进行变化以产生新的个体。常见的遗传操作有以下三种。

选择算子：按照一定的规则对群体的染色体进行选择，得到父代种群。一般情况下，越优秀的染色体被选中的次数越多。常用的选择算子有适应度比例方法、最优个体保存方法、期望值方法、排序选择方法和联赛选择方法。

交叉算子：作用于每两个成功交配的染色体，种群交换各自的部分基因，产生两个子代染色体。子代染色体取代父代染色体进入新种群，没有交配的染色体直接进入新种群。交叉算子是遗传算法中起核心作用的基因操作，其目的是使群体信息进行充分组合，扩大搜索范围。常用的交叉算子有：单点交叉、两点交叉及多点交叉。

变异算子：使新种群进行小概率的变异。染色体发生变异的基因改变数值，得到新的染色体。经过变异的新种群替代原有群体进入下一次进化。其基本实现是对选中的父代染色体中随机地确定基因位置，以事先设定好的变异概率来对这些基因位置的基因值进行变异。

5）参数控制

在遗传算法中，主要的控制参数有：种群中所包含的染色体的数目；遗传代数；进行交叉操作的概率；进行变异操作的概率。

3. 遗传算法的特点

（1）遗传算法以问题参数的编码集为处理对象。传统的优化算法往往直接利用问题的参数的实际值本身来进行优化计算，通过调整参数的值找到最优解。但是遗传算法通过参数编码，在求解问题的决定因素和控制参数的编码集上进行操作，因而不受函数限制条件（如导数的存在，连续性，单调性等）的约束，可以解决传统方法不能解决的问题。

（2）遗传算法求解是从问题的解位串集开始搜索，而不是单个解开始搜索，搜索空间范围大，降低了陷入局部最优的可能性。

（3）遗传算法仅使用目标函数来进行搜索，不需要其他辅助信息。遗传算法大大扩大了应用范围，因为目标函数总是存在的，所以遗传算法可以应用在绝大部分问题中。

（4）遗传算法的三个遗传算子（选择，交叉和变异）是随机的。

（5）遗传算法具有隐含的并行性。

（6）遗传算法具有可扩展性，易于同其他技术相结合。

12.2.2　模拟退火算法

1. 模拟退火算法基本思想

模拟退火（simulated annealing, SA）算法的基本思想，早在 1953 年就已经由 Metropolis 提出。不过直到 1983 年，Kirkpatrick 等才真正成功地将模拟退火算法应用到求解组合优化问题上。模拟退火算法的思想来源于物理退火原理，在热力学和统计物理学的研究中，物理退火过程是首先将固体加温至温度充分高，再将其慢慢冷却。加温时，固体内部粒子随着温服的升高而变为无序状态，内能增大，而慢慢冷却时粒子渐趋有序，如果降温速度足够慢，那么每个温度下，粒子都可以达到一个平衡状态，最后在常温时达到基态内能减为最小。另一方面，粒子在某个温度时，固体所处的状态具有一定的随机性，而这些状态之间能否转换由 Metropolis 准则决定。

模拟退火算法首先会生成问题解空间上的一个随机解，然后对其进行扰动，模拟固体内部粒子在一定温度下的状态转移。算法对扰动后得到的解进行评估，将其与当前解进行比较并且根据 Metropolis 准则进行替换。算法会在同一温度下进行多次扰动，以模拟固体内部的多种能量状态。另外，模拟退火算法还通过自身参数的变化来模拟温度下降的过程。算法参数 T 代表温度，每一代逐渐变小。在每一代中，算法根据当前温度下的 Metropolis 转移准则对解进行扰动。在不同温度下不断地重复操作，直到温度降低到某个指定值，这时得到问题的最终解。

2. 模拟退火算法基本原理

模拟退火算法是对固体退火过程的模拟，运用 Metropolis 准则和冷却进度表控制算法进程，使算法可以在多项式时间里给出近似最优解。

1）固体退火过程

固体退火过程是将固体加热至熔化状态，然后慢慢冷却至凝固成规则晶体状态的过程，整个退火过程由加温过程、等温过程和冷却过程三部分组成。

2）Metropolis 准则

Metropolis 准则定义了物体在某一温度 T 下从状态 i 转移到状态 j 的概率 P_{ij}^T，

$$P_{ij}^T = \begin{cases} 1, & E(i) < E(j) \\ e^{-\left(\frac{E(j)-E(i)}{KT}\right)} = e^{-\left(\frac{\Delta E}{KT}\right)}, & \text{其他} \end{cases} \tag{12-1}$$

式中，e 为自然对数，$E(i)$ 和 $E(j)$ 分别为固体在 i 和 j 状态下的内能，$\Delta E = E$

$(j) - E(i)$，表示内能增量，K 为波尔兹曼（Boltzmann）常数。

3）冷却进度表

冷却进度表是控制算法进程的参数，用以逼近模拟退火算法的渐进收敛性，使算法在有限时执行过程后返回一个近似最优解。它是影响模拟退火算法性能的重要因素，包括以下参数：控制参数的初值 t_0，控制参数的衰减函数（退火策略），控制参数的终值 t_{end}，Mapkob 链的长度 L_k。

3. 模拟退火算法特点

模拟退火算法既具有很好的局部寻优特性，又具有较好的全局寻优特性。在求解优化问题时，不但接受优化解，还以某种概率接受恶化解，避免了过早收敛到局部极值点，也正是这个特性，使得模拟退火算法能够跳出局部最优解，从而得到全局最优解或近似全局最优解。

模拟退火算法通用性强，适用范围广，可人为控制降温次数，反复求解，具有很强的通用性，可以用于求解各种优化问题。

12.2.3 基于遗传退火的特征选择模型

遗传模拟退火（genetic/simulated-annealing algorithm，GSA）算法是将遗传算法与模拟退火算法相结合而构成的一种优化算法。遗传算法在处理局部搜索方面性能较差，而模拟退火算法的局部搜索能力较强，并可使搜索过程避免陷入局部最优解，但模拟退火算法不能掌握整个搜索空间的状况，不便于使搜索过程进入最有希望的搜索区域，因而模拟退火算法的运算效率并不是很高。如果将遗传算法与模拟退火算法相结合，互相取长补短，则有可能开发出性能优良的新的全局搜索算法，由此构成了遗传模拟退火算法的基本思想。

遗传模拟退火算法的总体运行过程与基本遗传算法的相类似，也是首先从随机产生的一组初始解（初始群体）出发，进行全局最优的搜索。其具体的操作过程是，先通过选择、交叉和变异等遗传操作来产生一组新个体，然后再独立地对所产生的各个个体进行模拟退火过程操作，并以其结果作为下一代群体中的个体。将上述迭代过程反复进行，直至满足某个终止条件，得到全局最优解，算法结束。

1. 编码

特征提取处需要对个体进行编码，编码方式采用二进制编码方式，此种编码方式位串表达比较简单，操作较为方便，可以代表来源广的不同信息。假设初始特征向量为 N 维，那么个体长度 $L_{个体} = N$，个体的每个基因对应相应的特征，当某一特征被选中时，该特征对应的基因为"1"，相反，特征未被选中时为"0"。例如，本次实验中涉及的初始特征向量有 12 个，则个体 010001011010 表示第 2、第 6、第 8、第 9 和第 11 个特征被选中。

2. 生成初始种群

可以根据专家给出的经验生成初始种群，还可以利用随机数生成器生成初始种群，前者的搜索寻优的速度更快，计算所需时间更短。本次实验生成初始种群的方式如下：随机生成长度为 12 的二进制字符串，其中字符串中"1"的个数也是随机的，连续产生 F 个这样的随机串，则 F 是种群的规模，其大小影响着遗传算法的最终结果及其执行效率。F 太小，计算易于陷入局部最优，影响优化性能；F 太大，则计算复杂度变高，计算时间变长，运算效率变低。

3. 适应度函数确定

特征选择的目的是找出分类能力最强的特征组合，需要一个定量准则来度量特征组合的分类能力。本次实验采用基于类内、类间离散度的分类判据：各类样本可以分开是因为它们位于特征空间中的不同区域，显然这些区域之间距离越大类别可分性就越好。在给定的 R 维特征空间中，应采用这样的 r 个特征，使各类样本尽可能的相互分开，而类内部尽可能的相互聚集；如果类间距离越大、类内各样本间的距离越小，则分类效果越好。

定义式（12-2）为个体的适应度函数

$$J(x) = S_{间} - S_{内} \tag{12-2}$$

式中，$S_{间}$ 为类间模糊距离，$S_{内}$ 为类内模糊距离。具体计算方法如下。

两模式间模糊距离的计算方法有很多种，如海明距离、欧式距离等，本次实验中选取如下欧氏距离

$$d(\alpha_1, \alpha_2) = 1 - \frac{1}{\sqrt{n}} \sqrt{\sum_{i=1}^{n} (\mu_{\alpha_1}(x_i) - \mu_{\alpha_2}(x_i))^2} \tag{12-3}$$

（1）计算类间距离时，$\mu_{\alpha_1}(x_i)$，$\mu_{\alpha_2}(x_i)$ 为 α_1，α_2 两个类各自的均值向量，n 为均值向量内数据个数，第 j 个类别的均值向量的计算公式为

$$c_j = \frac{1}{n_j} \sum_{i=1}^{n_j} x_i, \quad i = 1, 2, 3, \cdots \tag{12-4}$$

式中，n_j 为在第 j 个类别中有 n_j 个数据。对于类间距离

$$S_{间} = \sum_{h=1}^{n_{ALL}-1} \sum_{j=h+1}^{n_{ALL}} d(\alpha_h, \alpha_j) = \sum_{h=1}^{n_{ALL}-1} \sum_{j=h+1}^{n_{ALL}} \left[1 - \frac{1}{\sqrt{n}} \sqrt{\sum_{i=1}^{n} (\mu_{\alpha_h}(x_i) - \mu_{\alpha_j}(x_i))^2} \right]$$

$$\tag{12-5}$$

式中，n_{ALL} 为总的类数。

（2）计算类内距离时，$\mu_{\alpha_1}(x_i)$，$\mu_{\alpha_2}(x_i)$ 为同一类内数据 α_1，α_2 的特征向量，可得类内距离计算公式

$$S_{内} = \sum_{h=1}^{n_{all}-1} \sum_{j=h+1}^{n_{all}} d(\alpha_h, \alpha_j) = \sum_{h=1}^{n_{all}-1} \sum_{j=h+1}^{n_{all}} \left[1 - \frac{1}{\sqrt{n}} \sqrt{\sum_{i=1}^{n} (\mu_{\alpha_h}(x_i) - \mu_{\alpha_j}(x_i))^2} \right]$$

(12-6)

式中，n_{all} 为每一类中选取特征向量的总数。

4. 遗传操作设计

1）选择算子

计算每个个体（染色体）的适应度值，将适应度值按由大到小的顺序排列。群体中 10% 的优秀个体直接进入下一代，其余部分采用轮盘赌的比例选择法进行选择，以确保下一代的最佳群体绝对不比上一代的最佳群体差。

轮盘赌选择算法是遗传算法最经常使用的选择算法，基本思想是基于概率的随机选择。轮盘赌选择算法首先根据群体中每个个体的适应度值，得到群体所有个体适应度值的总和，并分别计算每个个体适应度值与群体适应度值总和的比例 P_i；其次假设一个具有多个扇区的轮盘，每个扇区对应群体中的一个个体，扇区大小与个体适应度值与群体适应度值总和的比例 P_i 成正比关系。每选择转动一次轮盘，轮盘停止时指针停留的扇区对应的个体即被选中进入群体。由此可以看出，较优个体的扇区较大，被选中的概率就相对较大。

2）交叉算子

个体交叉阶段采用单点交叉算子，每个个体能否进行交叉由交叉概率 P_c 决定。所选个体两两交叉，交叉位置是随机的，如考虑两个 12 位变量的父代个体

父代个体1：0 1 1 1 0 0 1 1 0 1 0 1
父代个体2：1 0 1 0 1 1 0 0 1 0 1 1

随机选择交叉点位置为 7，交叉后生成两个子代个体为

子代个体1：0 1 1 1 0 0 1 0 1 0 1 1
子代个体2：1 0 1 0 1 1 0 1 0 1 0 1

3）变异算子

个体 x 以变异概率 P_m 选择其中一个基因（特征）发生突变，由 "0" 变为 "1"，或者由 "1" 变为 "0"，如 12 位变量的父代个体突变位置为 2

父代个体：0 1 1 1 0 0 1 1 0 1 0 1
子代个体：0 0 1 1 0 0 1 1 0 1 0 1

为了确保加好的运算性能，变异概率 P_m 应该设置一个合适的值。变异操作

通过改变原有个体的基因，在提高群体多样性方面具有明显促进作用。如果 P_m 过小算法容易早熟，运算过程中，已找到的较优解可能在变异过程中遭到破坏；如果 P_m 过大，可能会导致算法目前所处的较好的搜索状态退回到原来较差的情况。

5. 群体更新的 Metropolis 准则

在遗传算法中，既要维护种群的多样性，又要使得遗传算法向最优解的方向快速收敛。单一不变的群体更新方式难以兼顾遗传算法在不同阶段对多样性和收敛性的不同要求。因此，在遗传算法的生存策略中引入模拟退火的 Metropolis 更新机制。首先定义一个环境参数均方差 E_p，相当于热力学中的温度。

$$E_p = \frac{1}{n} \sum_{i=1}^{n} (J_i - \bar{J})^2 \tag{12-7}$$

式中，n 为个体数，J_i 为个体 i 的适应度值，$\bar{J}$ 为群体平均适应度值。

子代个体的适应度值大于父代个体的适应度值时，用子代个体代替父代个体；否则，以接受概率为

$$e^{\left(\frac{-k\Delta f}{E_p}\right)} = e^{\left(\frac{-k(f_父 - f_子)}{E_p}\right)} \tag{12-8}$$

替换父代个体。式中，e 为自然对数，$f_父$ 为父代个体适应度值，$f_子$ 为子代个体适应度值，E_p 为环境参数均方差，k 为大于 0 的实数，当 $E_p \geqslant 1$ 时，$k = E_p + 1$；否则，$k=1$。

算法的初期个体间差异很大，遗传环境的表现型均方差 E_p 较大，接受概率接近于 1，群体更新接近于完全更新方式，这样可以加速遗传算法的收敛过程；在算法后期，E_p 较小，群体更新方式可以防止遗传算法的过早收敛。

6. 终止条件

常用的方法是通过控制参数来实现算法的终止，如运算到指定的最大代数；或者当相邻几代的平均适应度差值小于某个阈值 ε 时就可以终止遗传操作。

7. 遗传退火算法的特征选择算法

基于模拟退火遗传算法的特征选择方法，以遗传算法为主流程，把模拟退火算法融入其中。本次实验所用遗传退火算法的步骤如下。

(1) 初始化控制参数：种群个数 n，阈值 ε，变异概率 P_m 等。

(2) 随机生成初始群体 G_t，计算群体中个体的适应度 J_i，群体平均适应度 $\bar{J}$。

(3) 使用选择、交叉、变异算子生成子代，对新子代进行评估，即计算子

代的适应度 J。如果新得到的子代优于父代，用子代替代父代；否则以 Metropolis 准则接受子代。

（4）收敛条件判断。如果相邻几代的平均适应度差值小于某个阈值 ε 时，则终止搜索。按照适应度值将结果代个体排序，选择适应值最高的作为最优解。否则，转步骤（3）。

12.3　实验设计

本次实验包括实车实验和驾驶模拟实验两部分，两部分实验需完成的任务有：

第一，驾驶员倾向性类型的预判，通过对驾驶员生理节律的推算，对性格（人格）、驾驶情绪以及驾驶心理进行测试，综合判定驾驶倾向性。

第二，不同交通环境下驾驶员特征数据采集实验，包括驾驶员反应时间测量，行驶过程中驾驶员减速、加速频率或换道频率等。

第三，车辆行驶过程中相关的运动特征数据，包括车辆的位移、速度、加速度等。

运用动态人车环境信息采集系统，采集实验数据并分析处理，提取不同环境下的驾驶倾向性动态特征数据。

12.3.1　驾驶倾向性预判

环境变化会激发的倾向性演化，单纯的心理测试方法设定的驾驶倾向性在不同环境下的通用性较差。为了尽可能弥补不足，本章从驾驶员生理节律、驾驶员性格、驾驶心理等多方面，对驾驶员的倾向性进行设定。较为稳定的驾驶员心理-生理特性（如性格、气质）实验前进行测定；受环境影响较大的心理-生理特性（如驾驶心理、情绪、生理节律等）采取驾驶过程实时记录和实验后录像回放校正的方法进行动态测定。

1. 生理节律推算

生理节律是指人体内在的有节奏、有规律性的生理循环。生物学家已经证明，人体内存在100多种这样的循环，如呼吸、血压、睡眠等。本章主要讨论人的体力、情绪和智力三种循环。19世纪末，奥地利维也纳大学的心理学教授霍尔曼·斯旺布达和德国著名内科医生威尔霍姆·弗里斯经过长期的临床观察，发现存在着一个以23天为周期的体力盛衰循环和以28天为周期的情绪波动循环。

10 年后，奥地利因斯布鲁大学的阿尔弗雷德·泰尔齐尔教授，在研究了大量学生考试成绩后，发现了以 33 天为周期的智力盛衰循环。

生理节律理论认为，上述三种生理循环从人出生时起，以相同周期循环变化，开始就进入高潮期，随后通过临界点转变为低潮期，再从低潮期转变为高潮期，此过程为一个完整的周期。这样持续不断的循环，直至生命结束。当循环处于高潮期时，人的行为就处于最佳状态，表现为体力充沛，精力旺盛；情绪高昂，心情愉悦；头脑灵活，思维敏捷，记忆力好，具有解决复杂问题的能力，效率高。相反，在低潮期时，人的行为状态就会比较差，体力衰退，极易疲劳；情绪低落，意志消沉，焦躁不安；智力受到抑制，注意力很难集中，思维呈现混乱，判断能力很低，效率低下。处于临界点（高潮期和低潮期的交界点）和临界期（临界点加上临界点前后隔一天，共三天，为临界期）时，生理变化较剧烈，注意力很难集中，机体协调能力下降，适应能力不强，失误频繁。图 12-4 是某生理节律曲线示意图。

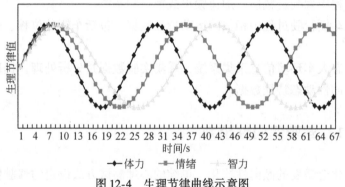

图 12-4　生理节律曲线示意图

1）生理节律计算基本方法

生理节律的循环变化是从人的出生日（以公历为准）开始，首先进入高潮期，经临界点转入低潮期，情绪、智力和体力生理节律各自按照 28 天、33 天和 23 天的周期循环变化。要计算某一天驾驶员三种生理节律所处的位置，首先应求出从出生日到所需计算日的总天数，然后除以各自的周期（天数），得到余数；根据余数查看生理节律曲线，如果无余数，则正好处于临界点上。

2）生理节律计算步骤

从出生日算起，到计算日的总天数计算方法如下：①计算出周岁天数，周岁数×365；②由于闰年比平年多一天，需计算闰年多加的天数，周岁÷4；③计算周岁生日到计算日的天数；④将前三项结果相加，可得总天数。

例如，某驾驶员出生日期为 1962 年 5 月 20 日，计算他 2012 年 1 月 1 日的生理节律位置，绘制生理节律曲线。

第一步，计算从出生日到计算日的总天数。方法有以下两种：第一种算法，从 1962 年 5 月 20 日计算到 2012 年 1 月 1 日，则周岁为 50 岁（实际不满 50 岁）；周岁天数 $50 \times 365 = 18250$（天）；闰年应加天数 $50 \div 4 = 12.5$（天），四舍五入取 12（天）；计算周岁生日（2012 年 5 月 20 日）到计算日（2012 年 1 月 1 日）的天数 $30+28+31+30+20 = 139$（天）；总天数 $18\ 250+12-139 = 18\ 123$（天）。第二种算法，从 1962 年 5 月 20 日计算到 2011 年 5 月 20 日，则周岁为 49 岁；周岁天数 $49 \times 365 = 17\ 885$（天）；算出闰年应加的天数 $49 \div 4 = 12.25$（天），取 12（天）；计算周岁生日（2011 年 5 月 20 日）到计算日（2012 年 1 月 1 日）的天数 $11+30+31+31+30+31+30+31+1 = 226$（天）；总天数 $17\ 885+12+226 = 18\ 123$（天）。

第二步，实验当天驾驶员体力、情绪和智力的状态值公式如下

$$Y_i = A\sin\left(\frac{2\pi t}{T_i}\right), \quad i = 1,\ 2,\ 3 \tag{12-9}$$

式中，Y_i 为生理节律状态，当 $i = 1,\ 2,\ 3$ 时，分别表示体力、情绪和智力的状态值；A 为生理节律循环振幅，t 为时间，表示从被测试者出生日到计算当天的总天数；T_i 为循环周期，当 $i = 1,\ 2,\ 3$ 时，分别表示体力、情绪和智力的循环周期。

2. 性格类型测试

性格，以前称为人格，从心理学的角度上来讲，性格（character）全然不同于人格（personality），但我们日常所谈论的性格的含义，实际上是心理学上人格的概念，指人类心理特征的整合统一体，是一个相对稳定的结构组织，并在不同时间、地域下影响着人的内隐和外显的心理特征和行为模式。它是一个人从行为模式中表现出的心理特性的整体，体现在个人的某一个行为之中，这个行为便可带出这个人整体的心理特征。

性格（人格）由多种特征组成，其结构相对稳定。性格的这种稳定性可以表现在不同时间和地域上。性格（人格）的组合结构多样，导致了人与人之间在性格方面的差异性，虽然人与人之间的某些特征可以是相同的，但他们在整体性格方面还是不同的。性格（人格）支撑着人的行为，驱动着人趋向或避开某种行为，它也是构成人的内在驱动力的一个重要方面，这种驱动力与情绪无关，可以说是一种生来具有的力量。这种驱动力对人的生活具有适应性。常用的量表测试方法有：明尼苏达多项人格测验、卡特尔 16 种人格因素量表（简称 16PF）、MBTI 性格类型测试、DISC 性格测试等。

本章选用卡特尔 16 种人格因素量表（附录一），是美国伊利诺州立大学人格

及能力测验研究所卡特尔教授（R. B. Cattell）经过几十年的系统观察和科学实验，以及用因素分析统计法慎重确定和编制而成的一种精确的测验。这一测验能以约 45 分钟的时间测量出 16 种主要人格特征，凡具有相当于初三以上文化程度的人都可以使用。

本测验在国际上颇有影响，具有较高的效度和信度，广泛应用于人格测评、人才选拔、心理咨询和职业咨询等工作领域。该测验已于 1979 年引入国内并由专业机构修订为中文版。

测试表格及评定方法见附录 1。该方法的测试结果有 8 种次级因素，与驾驶这一较为特殊的行为结合起来考虑，本实验选取适应与焦虑、内向与外向、感情用事与安详机警、怯懦与果断四种次级因素测试。

3. 驾驶心理测试

采用的调查问卷是在文献中心理测试问卷基础上，进行进一步修改完善，然后将测试结果进行标准换算，修改后的问卷及评分方法（见附录二）。心理测试问卷中的问题，是通过反复筛选，可以反映驾驶员驾驶过程中的生理、心理及行为特征。对问题选项参照经典心理量表按递减式数字赋予分值，分值越小，代表选择该选项的驾驶员属于保守型的可能性越大。

驾驶心理测试包括两部分：第一部分，实车实验过程中，安排专人根据心理测试问卷观察驾驶员，并在不影响其情绪及正常驾驶的前提下，进行简单询问；第二部分，回放影像资料，通过驾驶员回忆进一步完善。两部分完成后，按照评分标准，确定实验过程中，驾驶员在不同交通环境下的驾驶心理状态。

4. 驾驶情绪测试

情绪，是人各种感觉、思想和行为的一种综合的心理和生理状态，是对外界刺激所产生的心理反应，以及附带的生理反应，如喜、怒、哀、乐等。情绪是个人的主观体验和感受，常跟心情、气质、性格和性情有关。通常是人在自然需要或者社会需要是否获得满足的情况下所产生的体验，具有较大的情景性和短暂性。

情绪是由人的心理活动产生的。人在产生情绪时，既有喜、怒、哀、乐的情绪体验，也有身体内外的生理变化所体现出来的情绪反应。情绪对人的认识和行为产生的影响就是通过情绪体验和情绪反应而实现的。

已有的情绪测试方法都是一些静态的方法，而在车辆行驶的过程中，环境变化对驾驶员情绪的影响很大，单纯的在实车实验前对驾驶员情绪进行的测试不能正确表征驾驶员行驶过程中变化的情绪。考虑到行驶过程中测试情绪可能影响到驾驶员的正常驾驶行为，为了尽可能准确地描述驾驶员行驶过程中情绪的变化，与驾驶心理测试类似，本章中情绪测试过程也包括实验进行时的观察记录和实验结束后影像边回放边咨询的实验校正两部分。通过实时记录和回放校正两部分确定不同驾驶环境下，被测试驾驶员的情绪状态。

情绪的测试分三部分进行，平静–激动、愉悦–愤怒和轻松–紧张，每部分的测试数值介于 0~1，驾驶员情绪越平静、愉悦和轻松，分值越低，相反，情绪越激动、愤怒和紧张，测试分值越高。

12.3.2　驾驶员生理测试

考虑到心电、脑电、血压、心率、肤表温度等生理指标的测量在驾驶过程中对驾驶员具有较强的侵入性，容易给驾驶员造成心理上的压力，影响驾驶员的操作行为，所以本次生理指标测试重点是可通过非接触测量获取的驾驶员反应时间（不同反应时间的定义见第 12 章 12.2.1 小节），驾驶员减速、加速和换道频率、方向盘转角、手脚压力等数据。

生理测试实验在第 2 章方法基础上进行改进，包括客、货车，交通标志，交通标线，交通信号灯以及一些交通设施然后进行剪辑，针对不同反应时间的测试，制作多段相应的反应时间测试视频。分为以下几类：

客货车测试——制作多段客货车测试视频，不同车种车型随机出现。

交通标志测试——多段测试视频中主要选取警告标志、指示标志和禁令标志三类，不同类型的交通标志随机出现。

交通标线测试——多段测试视频中主要选取禁止标线、指示标线和警告标线三类，不同类型的交通标线随机出现。

信号灯测试——多段测试视频中三种颜色信号灯随机亮起。

测试时，计算机屏幕左侧播放剪辑制作的视频，屏幕右侧打开 Word 2003 空白文档，输入字体大小设置为 100 磅。

1. 视觉反应时间测试

客、货车测试时，当被测试者看到视频（单车型视频）中出现相应的客、货车刺激信号时，立即按下小键盘的"+"键（不区分车型），则文档中会出现相应的"+"符号，用高清摄像机录制整个实验过程。每位驾驶员进行六组测试，分别为大货车、中货车、小货车、大客车、中客车、小客车，每组实验做15 次反应测试，每完成一组测试休息三分钟。

交通标志测试时，当被测试者看到测试视频（单类型交通标志）中出现相应的交通标志刺激信号时，立即按下小键盘的"+"键（不区分标志型），文档中会出现相应的"+"符号，用高清摄像机录制整个实验过程。每位驾驶员进行六组测试，分别为警告标志、指示标志和禁令标志三类，每类进行两组测试，一共六组数据，每组实验做15次反应测试，每完成一组测试休息三分钟。

交通标线测试与交通标志测试类似，每位驾驶员进行六组测试，分别为警告标线、指示标线和禁令标线三类，每类进行两组测试，一共六组数据，每组实验做15次反应测试，每完成一组测试休息三分钟。

信号灯测试时，当测试视频（单色信号视频）中出现信号灯刺激信号时，立即按下小键盘的"+"键，文档中会出现相应的"+"符号，用高清摄像机录制整个实验过程。每位驾驶员进行六组测试，分别为红色信号灯、黄色信号灯和绿色信号灯三类，每类进行两组测试，一共六组数据，每组实验做15次反应测试，每完成一组测试休息三分钟。

2. 选择反应时间测试

客、货车测试时，被测试者会看到视频（多种车型随机出现的视频）中出现相应的客、货车刺激信号，要求被测试人员看到大货车（大客车）时立即按下小键盘上的"+"键，看到中货车（中客车）时立即按下键盘的"A"键，看到小货车（小客车）时立即按下小键盘的"0"键，用高清摄像机录制整个实验过程，分为客车和货车两类，每类进行三组实验，每组实验做15次反应测试，每完成一组测试休息三分钟。

交通标志测试时，被测试者会看到视频（多种类型交通标志随机出现的视频）中出现相应的交通标志刺激信号，要求被测试人员看到警告标志时立即按下小键盘上的"+"键，看到指示标志时立即按下键盘的"A"键，看到禁令标志时立即按下小键盘的"0"键，用高清摄像机录制整个实验过程，共进行六组实验，每组实验做15次反应测试，每完成一组测试休息三分钟。

交通标线测试时，被测试者会看到视频（多种类型交通标线随机出现的视频）中出现相应的交通标线刺激信号，要求被测试人员在看到警告标线时立即按下小键盘上的"+"键，看到指示标线时立即按下键盘的"A"键，看到禁令标线时立即按下小键盘的"0"键，用高清摄像机录制整个实验过程，共进行六组实验，每组实验做15次反应测试，每完成一组测试休息三分钟。

信号灯测试时，播放三种颜色信号灯随机出现的剪辑视频，要求被测试人员在看到红色信号灯时立即按下小键盘上的"+"键，看到黄色信号灯时立即按下键盘的"A"键，看到绿色信号灯时立即按下小键盘的"0"键，用高清摄像机录制整个实验过程，共进行六组实验，每组实验做15次反应测试，每完成一组测试休息三分钟。

3. 辨别反应时间测试

客、货车测试，测试时播放各种车型随机出现的剪辑视频，要求被测试人员看到大货车（中、小货车和大、中、小客车）的信号刺激时立即按下小键盘上的"+"键，看到其他车型的信号刺激时不做反应，用高清摄像机录制整个实验过程。每位驾驶员分别进行六种车型的辨别反应时间测试，每种车型实验做 15 次反应测试，每完成一种车型测试休息三分钟。

交通标志测试，测试时播放各种交通标志随机出现的剪辑视频，要求被测试人员看到警告标志（指示标志和禁令标志）的信号刺激时立即按下小键盘上的"+"键，看到其他车型的信号刺激时不做反应，用高清摄像机录制整个实验过程。每位驾驶员分别进行三类交通标志的辨别反应时间测试，每类标线做两组实验，每组实验做 15 次反应测试，每完成一组测试休息三分钟。

交通标线测试，测试时播放各种类型交通标线随机出现的剪辑视频，要求被测试人员看到警告标线（指示标线和禁止标线）的信号刺激时立即按下小键盘上的"+"键，看到其他类型的交通标线的信号刺激时不做反应，用高清摄像机录制整个实验过程。每位驾驶员分别进行三类交通标线的辨别反应时间测试，每类标线做两组实验，每组实验做 15 次反应测试，每完成一组测试休息三分钟。

信号灯测试，测试时播放各种车型随机出现的剪辑视频，要求被测试人员看到红色（黄色和绿色）信号灯的刺激时立即按下小键盘上的"+"键，看到其他颜色信号灯刺激时不做反应，用高清摄像机录制整个实验过程。每位驾驶员分别进行三类颜色信号灯的辨别反应时间测试，每类进行两组实验，每组实验做 15 次反应测试，每完成一种车型测试休息三分钟。

对于以上三种反应时间的测试，忽略键盘按下时间和计算机反应时间，各种信号刺激呈现后反应越快越好，如果被测试者在信号刺激呈现之前抢先按反应键，测试结果无效；如果测试时按错反应键，应立即纠正。

操作反应时间的测试依托于实车实验，具体方法见 12.2 节。

12.3.3 多车道环境下行驶实验

实车实验选用客、货车多种车型，与驾驶员进行多种组合实验，限于篇幅，本章仅选取小型福克斯汽车为例进行分析。采集车辆行驶过程中相关的运动特征数据，车辆之间间距，驾驶过程中驾驶员减速、加速频率等。所使用目标车测速采集，目标车与前车间距采集，驾驶员操作信息采集等设备见第 11 章 11.2.1 小节，在此不再详述。

在获取相邻车道上的车辆与目标车间距时，由于目标车行驶方向与目标车和周边车辆之间连线的夹角 θ（如图 12-5 所示，A 为目标车，B 为邻近车道车辆，行驶方向如箭头所示）是不断变化的，且变化范围较大，上述几种测距设备在采集数据时，都很难达到要求，因此，采用数字图像处理技术获取目标车与周边车辆间距，主要设备为高清广角专业级工程摄像机。实验对象见 11.2.1 小节，在此不作详述。

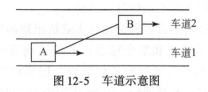

图 12-5　车道示意图

实车实验时，目标车上安装已标定好的 GPS 多功能测速仪、激光测距传感器及视频采集系统等设备。实验车以一定的初始间距在指定路线上行驶。每组实验一名实验驾驶员，沿着实验路线行驶，跟车的对象由驾驶员自行选择，跟驰行为不受其他实验人员干扰。实验过程中，仪器操作人员保证仪器正常运行使用，动态信息采集系统实时动态地记录跟驰过程中的相关数据。

运动特征数据包括目标车和前车的运动特征参数，如位移、速度和加速度等，有的数据可以直接测得，有一些数据则需要通过间接推演得出。仪器操作人员要保证在实验过程中各个仪器的正常使用，通过配套软件将实时数据导入计算机，以便做后期处理。

驾驶环境数据主要是获取车辆之间的间距，包括目标车与前车，目标车与左（右）前车，目标车与左（右）后车之间的距离。

目标车与前车之间的间距采用激光测速传感器实时的获取，仪器器固定在实验车辆前端。目标车与周边车辆（除前后车外）之间的距离，采用数字图像处理技术获取。实验中要选用大、中、小各种车型，不同类型车辆的宽度不同，为了提高通用性，选取车辆的车牌长度作为标定对象，获取不同距离下的车牌长度，通过对图像进行等效变换，实现测量目标车与周边车辆之间的距离。

实验过程中，让一台摄像机拍摄角度与车辆行驶的方向一致，另一台摄像机方向与车辆行驶方向相反。高清广角摄像机拍摄角度大，可以捕捉到三个车道上行驶的不同车辆，包括目标车的前车；获取的数字图像通过简单的图像处理技术，计算出车牌长度的像素大小，然后进一步换算，获得实验需要的车辆间的距离，具体处理方法见 12.3.4 小节。这样可以将数字视频与测距传感器获取的数据匹配起来，也便于标定和数据的计算。实验用摄像机性能参数如表 12-1 所示。

表 12-1 实验用摄像机性能高参数表

规格	参数
分辨率	1628 * 1236
传感器类型	逐行扫描 CCD
光学尺寸	1/1.8"
像素尺寸	4.40um * 4.40um
最大分辨率下帧率	6fps
快门速度可调	20us~70ms
内置处理器	600M DSP，128M SDRAM，4MB Flash
接口	100M 以太网、串口、I/O
图像数据格式	RAW8、JPEG（质量可调）
模数转换精度	12 位
像素输出精度	8 位
增益可调	2 ~36dB
查找表	内置 4K 查找表空间
同步方式	外触发、软触发
功耗	额定功率：5.2W@12V
可支持系统	Windows7（32bit）/XP/2000/Linux
镜头接口	C、CS
工作温度	0 ~50℃
工作湿度	20% ~80%
重量	550g
其他	3A（自动曝光、自动增益、自动白平衡），闪光灯控制信号输出，曝光延迟，监控抓拍功能，看门狗，支持二次开发（相机 DSP 端、PC 端）支持用户算法加密

实车实验关于驾驶员方面的数据采集包括驾驶员操作反应时间和驾驶员操作频率两部分。

整个实验过程中，仪器操作人员要保证所有仪器全程正常运转。

12.3.4 交互式并行驾驶模拟实验

模拟实验应用日本 FORUM8 株式会社生产的驾驶模拟器（图 12-6）进行模拟驾驶实验，该驾驶模拟器采用的仿真软件为 UC-Win road ver.4，支持交通模拟（包括交通流模拟）、信号控制和人物三维动画，通过设置不同的车辆性能参数，不同的道路及周边的环境，实现交通微观仿真。软件内嵌有丰富的二维数据库、三维模型库和各种材质库，对天气、时间（日照）等环境的模拟简单快捷，效果明显，对不同风力环境条件下景物的三维描述真实贴切，相比其他三维软件，更能贴近现实世界，并配有驾驶模拟坐椅，给实验人员一种身临其境的感觉。软件具备驾驶模拟功能，配合外围设备使用可以真实模拟各种车型驾驶的状况，输出不同车辆的速度、位移、加速度、车辆位置、方向盘的操作量、油门踏板的踩下程度、刹车踏板的踩下程度等。

图 12-6　交互式并行驾驶模拟实验

验证实验中，构建虚拟现实的双车道交通场景，设置符合我国交通标准的城市道路及相应道路设施等，实验前对驾驶员进行驾驶模拟器操作培训，实验过程中包括上述所列的八种编组关系，最后获取相应实验数据。

12.3.5　数据分析处理

实验数据的处理的主要内容是视频数据的转换，包括驾驶员操作反应时间的获取、驾驶员操作频率的获取以及目标车、周边车辆（除前后车外）的间距和可插车间隙等数据。

1. 驾驶倾向性类型划分

1）数据标准化

驾驶倾向性预判涉及的内容包括生理节律状态、人格（性格），驾驶心理及驾驶情绪的计算。根据不同驾驶员在不同测试中的实验值，以驾驶员之间的相对

差异为依据，采用如下公式进行标准换算

$$D_{Ti} = \frac{D_{Xi} - D_{X\min}}{D_{X\max} - D_{X\min}} \tag{12-10}$$

式中，D_{Ti} 为标准化后数据，D_{Xi} 为原始采集数据，$D_{X\min}$ 为原始数据中最小值，$D_{X\max}$ 为原始数据中最大值，其中，$D_{X\min}$ 与 $D_{X\max}$ 取已获取数据的最小值和最大值。

2）驾驶倾向性预判模型

驾驶倾向性预判模型，如图 12-7 所示。

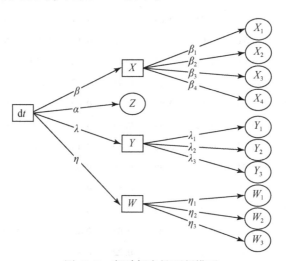

图 12-7　驾驶倾向性预判模型

图中，dt 为驾驶倾向性预判值，Z 为驾驶心理测试结果标准值，α 为驾驶心理权重；β 为性格权重，X_1 为性格（人格）适应与焦虑测试标准值，X_2 为性格（人格）内向与外向测试标准值，X_3 为性格（人格）感情用事与安详机警测试标准值，X_4 为性格（人格）怯懦与果断测试标准值；β_1，β_2，β_3 和 β_4 分别为 X_1，X_2，X_3 和 X_4 对应的计算权重；λ 为生理节律状态权重，Y_1 为体力状态标准值，Y_2 为情绪状态标准值，Y_3 为智力状态标准值，λ_1，λ_2 和 λ_3 分别为 Y_1，Y_2 和 Y_3 对应的权重；η 为情绪测试权重，W_1 为情绪平静-激动测试值，W_2 为情绪愉悦-愤怒测试值，W_3 为情绪轻松-紧张测试值；η_1，η_2 和 η_3 分别为 W_1，W_2 和 W_3 对应的权重。驾驶倾向性预判公式为

$$dt = \alpha Z + \beta \sum_{i=1}^{m} \beta_i X_i + \lambda \sum_{j=1}^{n} \lambda_j Y_j + \eta \sum_{k=1}^{q} \eta_k W_k \tag{12-11}$$

部分实验数据如表 12-2 所示。

表 12-2 部分标准化数据

编号	X_1	X_2	X_3	X_4	Y_1	Y_2	Y_3	Z	W_1	W_2	W_3
1	0.37	0.51	0.56	0.45	0.76	0.15	0.19	0.42	0.68	0.12	0.71
2	0.69	0.18	0.45	0.69	0.91	0.85	0.45	0.15	0.73	0.21	0.58
3	0.54	0.44	0.65	0.63	0.37	0.39	0.27	0.11	0.66	0.53	0.58
4	0.54	0.24	0.62	0.69	0.13	0.19	0.73	0.43	0.35	0.83	0.53
5	0.62	0.56	0.47	0.39	0.24	0.50	0.59	0.49	0.78	0.69	0.32
6	0.71	0.82	0.55	0.23	0.24	0.15	0.64	0.13	0.69	0.30	0.66
7	0.53	0.13	0.71	0.61	0.99	0.50	0.15	0.91	0.41	0.34	0.86
8	0.23	0.66	0.65	0.77	0.37	0.89	0.22	0.19	0.70	0.50	0.65
9	0.41	0.36	0.51	0.36	0.21	0.91	0.87	0.34	0.39	0.42	0.61
10	0.68	0.72	0.33	0.57	0.87	0.19	0.09	0.70	0.84	0.65	0.20
11	0.72	0.45	0.54	0.55	0.94	0.85	0.12	0.70	0.79	0.59	0.51
12	0.20	0.67	0.44	0.85	0.52	0.89	0.15	0.88	0.49	0.37	0.61
13	0.80	0.69	0.54	0.44	0.89	0.85	0.31	0.75	0.66	0.25	0.13
14	0.15	0.83	0.69	0.82	0.76	0.89	0.31	0.47	0.64	0.64	0.41
15	0.61	0.49	0.92	0.90	0.84	0.19	0.64	0.47	0.70	0.73	0.51
16	0.72	0.44	0.77	0.57	0.21	0.85	0.15	0.28	0.70	0.37	0.40
17	0.64	0.36	0.32	0.10	0.37	0.72	0.91	0.72	0.53	0.54	0.65
18	0.77	0.47	0.74	0.40	0.13	0.28	0.17	0.26	0.67	0.19	0.77
19	0.39	0.60	0.45	0.12	0.20	0.51	0.91	0.49	0.37	0.46	0.60
20	0.32	0.56	0.58	0.60	0.41	0.72	0.91	0.57	0.72	0.50	0.33
21	0.22	0.29	0.55	0.54	0.17	0.61	0.36	0.70	0.62	0.44	0.55
22	0.41	0.64	0.31	0.34	0.19	0.11	0.15	0.43	0.63	0.32	0.47
23	0.35	0.68	0.54	0.27	0.19	0.21	0.77	0.66	0.79	0.80	0.36
24	0.21	0.55	0.35	0.27	0.71	0.53	0.77	0.77	0.83	0.91	0.14
25	0.21	0.37	0.68	0.72	0.32	0.25	0.45	0.81	0.75	0.36	0.33
26	0.50	0.41	0.45	0.29	0.57	0.61	0.19	0.30	0.58	0.56	0.61
27	0.61	0.33	0.55	0.63	0.97	0.28	0.14	0.19	0.75	0.33	0.33
28	0.37	0.42	0.54	0.25	0.89	0.72	0.89	0.32	0.73	0.41	0.86
29	0.29	0.26	0.53	0.37	0.13	0.11	0.13	0.81	0.60	0.31	0.70
30	0.39	0.44	0.28	0.23	0.24	0.85	0.89	0.21	0.79	0.73	0.73
31	0.63	0.18	0.23	0.50	0.14	0.19	0.69	0.91	0.62	0.74	0.87

编号	X_1	X_2	X_3	X_4	Y_1	Y_2	Y_3	Z	W_1	W_2	W_3
32	0.35	0.37	0.22	0.51	0.33	0.01	0.11	0.53	0.69	0.43	0.46
33	0.45	0.73	0.45	0.47	0.09	0.72	0.36	0.32	0.58	0.68	0.36
34	0.56	0.72	0.44	0.47	0.14	0.28	0.81	0.36	0.69	0.36	0.38
35	0.40	0.80	0.58	0.51	0.76	0.81	0.54	0.17	0.48	0.38	0.54
36	0.48	0.55	0.44	0.40	0.91	0.89	0.41	0.81	0.81	0.86	0.80
37	0.70	0.45	0.47	0.73	0.43	0.89	0.89	0.53	0.37	0.58	0.77
38	0.57	0.28	0.93	0.72	0.31	0.15	0.69	0.43	0.84	0.52	0.19
39	0.77	0.56	0.38	0.20	0.63	0.11	0.73	0.36	0.71	0.81	0.34
⋮	⋮	⋮	⋮	⋮	⋮	⋮	⋮	⋮	⋮	⋮	⋮

结果 dt 为介于 0 和 1 之间的小数,结合统计规律的特性,将 dt 取值划分为五个区间,根据 dt 所属的区间确定驾驶倾向性的类型。dt 区间划分结果和对应的驾驶倾向性如表 12-3 所示。

表 12-3 驾驶倾向性类型划分

驾驶倾向性类型	保守型	普通保守型	普通型	普通激进型	激进型
dt	[0.00, 0.32)	[0.32, 0.42)	[0.42, 0.57)	[0.57, 0.66)	[0.66, 1.00]

2. 反应时间的获取

对于视觉反应、选择反应和辨别反应时间测试的视频资料,以相关刺激信号出现为关键点,对视频进行每秒钟 25 帧播放,提取出相关的反应时间。对于操作反应时间则是对实验过程中录制的大量驾驶员脚部操作与目标车前方交通场景的同步视频资料进行分析,以交叉口绿色信号灯亮起和前车制动指示灯亮起为关键点,对视频资料进行每秒钟 25 帧逐帧播放,提取出驾驶员的操作反应时间。

由于视频资料中每帧所占有的时间段是 1/25 秒(0.04 秒),所以通过视频可以直接获取的操作反应时间数据是 0.04 秒的整数倍;若以此作为驾驶员操作反应时间,造成的误差较大,因此需要对数据进行估读。通过反复验证发现,若实验数据估读的区间在 [0.000 秒, 0.009 秒],所得到的数据误差仍然较大,合理的数据估读区间应是 [0.000 秒, 0.039 秒],这样才可以做到误差尽可能小。

3. 操作频率获取

驾驶员操作频率的采集同样需要实验结束后对录制的驾驶员脚部动作的视频

进行回放，按照时间分段进行统计。通过分析发现大部分驾驶员操作频率并不是特别高，如果用较低的采集周期，造成的误差较大；如果采集周期太大，随着交通态势的不断变化，较为早期的操作数据对于当前判别的贡献不大。为了减小数据误差，降低计算量，操作频率的采集周期为 60 秒。

4. 车间距获取及转换

1）车间距获取

实验中具体的实现方法与注意事项做如下介绍。

车牌的种类有民用车牌、军用车牌、武警车牌、警车车牌等，此外还有大使馆车牌和领事馆车牌等特殊车牌，本次实验选取一般民用车牌。查阅相关资料可知，常见的民用车牌有两种，白字蓝底车牌和黑字黄底车牌，规格大小如下。

白字蓝底车牌大小

$$长×宽=440(mm)×140(mm)$$

黑字黄底车牌有前牌与后牌之分，其中

$$前牌:长×宽=440(mm)×140(mm)$$
$$后牌:长×宽=440(mm)×220(mm)$$

民用车牌共同之处是长度相同，所以选取图像中车牌的长度作为标定量。两车之间的距离不同，录像中左前车（以此为例）的车牌长度也是不一样的，距离越远，成像的长度越小，相反，距离越近，则成像越大；实验中任意两次测量的车辆间距与车牌成像的大小为反比例关系

$$\frac{M_1}{M_2} = \frac{m_2}{m_1} \tag{12-12}$$

其中，M_1 和 M_2 分别为两次实际测量的车间距（单位：m），m_1 和 m_2 分别为两次测量图像中车牌的长度（单位：像素）。

由式（12-2）可得

$$M_1 m_1 = M_2 m_2 \tag{12-13}$$

记标定系数 Q 为

$$Q = M_1 m_1 = M_2 m_2 \tag{12-14}$$

在实验过程中，通过反复大量的测算数据 M_i 和 m_i，M_i 为实际测量车间距，m_i 与实际测量对应的图像中的车牌长度，$i=1,2,3,\cdots n$。求出

$$Q = \frac{\sum_{i=1}^{n} M_i m_i}{n} \tag{12-15}$$

其中，n 为选取测算数据的组数。表 12-4 所列数据为本次实验标定 Q 所选用的数据。

表 12-4 系数 Q 标定选用数据

测量次序 i	测量距离 M_i /m	标定量在图像中的车牌长度 m_i /像素	测量系数
1	6.75	100	1000
2	13.50	57	1140
3	20.25	39	1170
4	27.00	30	1200
5	33.75	25	1250
6	40.50	21	1260
7	47.25	18	1260
8	54.00	16	1280
9	60.75	14	1260
10	67.50	12	1200
11	74.25	10	1100

通过数据测算，最终得 $Q=1190$，因此，车间距的计算公式可定义为

$$M = \frac{Q}{m} \tag{12-16}$$

其中，M 为要求的车间距；m 为图像中车牌长度（单位：像素）；Q 为测算系数，取值为 1190。

2）车间距转换

本次实验中，最终要获得的实验数据为可插车间隙，如图 12-8 所示，相邻车道上的 A 车和 B 车，通过数字图像技术获取的车间距为图 12-8 中的 c 的距离，数据分析需要的数据为可插车间隙 b。假设 A 车与 B 车均沿着车道中央行驶，则图 12-8 中 a 的距离为一个完整的车道宽度，所以可插车间隙 D 的计算公式为

$$D = \sqrt{M^2 - D_{车道}^2} \tag{12-17}$$

其中，$D_{车道}$ 为实验路线车道宽度。

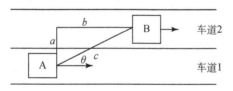

图 12-8 可插车间隙计算示意图

由式（12-16）和式（12-17）得

$$D = \sqrt{\frac{Q^2}{m^2} - D_{车道}^2}$$ (12-18)

其中，D 为可插车间隙；m 为图像中车牌长度（单位：像素）；Q 为测算系数，取值为1190；$D_{车道}$ 为实验路线车道宽度。

实验数据提取的过程中需要注意以下几项：

（1）受限于摄像机的拍摄角度，当图 12-8 中所示 b 的距离小于某一阈值时，图像无法采集到 B 车的车牌，通过数据反复对比验证得此阈值为 1.5m，考虑实验对数据的要求和数据处理时的计算量。所以，本次实验中，当 $b<2.0$m（图像可以采集到车牌）和图像中无法采集到车牌时，可插车间隙统一记为 0。

（2）当车间距 c 大于一定的阈值时，受限于图像的像素，无法准确地辨识图像中的车牌，此时获取的车间距 c 和可插车间隙 b 与实际值相差很大，无法用于实验分析，通过数据的反复对比确定这一阈值为 75m，此时标定量在图像中的车牌长度（像素）约为 10，通过大量数据统计，当 $c>70$m 就不会对驾驶员造成影响。所以本次实验中 $m<10$ 像素，即 $c>75$m 时，定义目标车可自由换道。

12.4 多车道环境下汽车驾驶倾向性动态特征提取

特征选择包括生理特征选择和实车特征选择两部分。

12.4.1 生理特征选择

驾驶员反应时间无法像车辆运动状态数据实时地获取，而是单独进行测试获得的，如果和目标车、驾驶行为及环境因素放到一起比较，由于与时间轴无法匹配到一起，可靠性不大，本实验将反应时间单独进行特征提取。特征选择流程如图 12-9 所示。

本实验中生理测试是指反应时间的测试，对于视觉、选择、辨别反应时间，每位驾驶员共有四类数据，每类当中有六组，每组中有 15 例测试数据；对于操作反应时间每位驾驶员取 10 组，每组五例数据。

从每种驾驶倾向性类型的实验数据中选取典型的 20 组数据，共 100 组实验数据，如表 12-5 所示。

初始化控制参数，令种群个数 $n=100$，阈值 $\varepsilon=0.01$，交叉概率 $P_c=0.8$，变异概率 $P_m=0.01$。经过反复计算，上述四个特征中最终优选结果为，驾驶员的操作反应时间 t_4。

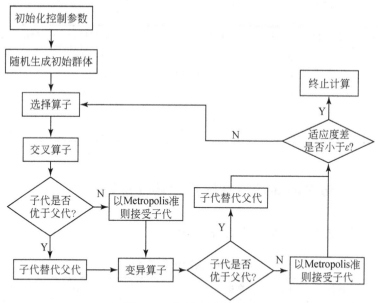

图 12-9　特征选择流程图

表 12-5　部分反应时间测结果

倾向性类别	编号	视觉反应时间 t_1/s	选择反应时间 t_2/s	辨别反应时间 t_3/s	操作反应时间 t_4/s
保守型	1	0.434	0.558	0.480	1.224
	2	0.431	0.552	0.475	1.213
	3	0.428	0.555	0.477	1.217
	⋮	⋮	⋮	⋮	⋮
	20	0.433	0.562	0.483	1.174
普通保守型	1	0.426	0.566	0.492	1.137
	2	0.418	0.571	0.497	1.112
	3	0.443	0.562	0.501	1.118
	⋮	⋮	⋮	⋮	⋮
	20	0.433	0.557	0.487	1.109
普通型	1	0.445	0.569	0.495	1.012
	2	0.452	0.561	0.491	1.003
	3	0.437	0.557	0.482	1.017
	⋮	⋮	⋮	⋮	⋮
	20	0.434	0.559	0.485	1.007
普通激进型	1	0.430	0.546	0.482	0.967
	2	0.428	0.551	0.475	0.959
	3	0.432	0.549	0.476	0.962
	⋮	⋮	⋮	⋮	⋮
	20	0.434	0.564	0.494	0.974

倾向性类别	编号	视觉反应时间 t_1 /s	选择反应时间 t_2 /s	辨别反应时间 t_3 /s	操作反应时间 t_4 /s
	1	0.417	0.552	0.483	0.827
	2	0.424	0.557	0.481	0.831
激进型	3	0.431	0.546	0.476	0.838
	⋮	⋮	⋮	⋮	⋮
	20	0.413	0.566	0.481	0.845

12.4.2 多车道环境下车辆运动特征选择

实车实验可获得的数据如表 12-6 所示。

表 12-6 实验可获取数据

数据	单位	代码	数据	单位	代码	数据	单位	代码
目标车位移	m	d_1	前车速度	m/s	d_6	前车加速度变化率	m/s^3	d_{11}
目标车速度	m/s	d_2	前车加速度	m/s^2	d_7	加速频率	次/min	d_{12}
目标车加速度	m/s^2	d_3	相对速度	m/s	d_8	减速频率	次/min	d_{13}
车间距	m	d_4	相对加速度	m/s^2	d_9	冒险换道频率	次/min	d_{14}
前车位移	m	d_5	目标车加速度变化率	m/s^3	d_{10}	保守换道频率	次/min	d_{15}

通过采集驾驶员换道过程中的可插车间隙（包括由低速车道换道到高速车道和由高速车道换道到低速车道两部分），获取每位驾驶员的期望插车间隙（本次实验取每位驾驶员插车间隙的平均值）。然后根据实验过程采集的驾驶员实际插车间隙和期望插车间隙做比较：当实际插车间隙小于期望插车间隙时，定义为冒险换道；当实际插车间隙大于期望插车间隙时，定义为保守换道；当实际插车间隙等于期望插车间隙时，属于正常换道，不记录在内（或者冒险换道和保守换道各增加一次）。

简化车辆编组关系有八种，限于篇幅，本章不对八种态势下的特征提取过程均进行详细描述，仅以右车道行驶左侧车–前车限制（T7）为例进行详述。

右车道行驶左侧车–前车限制为图 12-3 中的 T7 所示的车辆编组关系，此种态势下目标车行驶受到前车限制的同时也受到相邻车道上车辆的限制。实验中获取大量此种车辆编组关系下的实验数据，对这些数据进行认真筛选，最终提取出 30 个群体，每个群体分五个类别，同一个类别中有 20 个个体，部分数据如表 12-7 所示。

表 12-7　部分实验数据

类型	时刻	d_1	d_2	d_3	d_4	d_5	d_6	d_7	d_8
保守型	1	1 422.00	9.03	1.70	138.12	1 560.12	11.98	−1.24	−2.95
	2	1 431.03	11.33	2.30	134.47	1 565.50	10.62	−1.36	0.72
	3	1 442.36	12.65	1.32	124.97	1 567.34	9.75	−0.87	2.90
	4	1 455.02	14.77	2.12	123.36	1 578.37	9.47	−0.29	5.30
	5	1 469.78	15.08	0.31	115.02	1 584.81	9.09	−0.38	5.99
	⋮	⋮	⋮	⋮	⋮	⋮	⋮	⋮	⋮
	20	1 670.85	9.77	−0.91	82.30	1 753.15	9.26	−0.76	0.51
普通保守型	1	2 680.63	10.41	0.64	79.63	1 760.26	8.78	−0.48	1.64
	2	2 691.04	11.36	0.95	79.22	1 770.26	8.23	−0.54	3.13
	3	2 702.40	11.26	−0.10	77.67	1 780.07	9.15	0.92	2.11
	4	2 713.66	10.97	−0.29	72.33	1 785.99	10.40	1.25	0.56
	5	2 724.62	9.76	−1.21	71.41	1 796.03	11.65	1.24	−1.89
	⋮	⋮	⋮	⋮	⋮	⋮	⋮	⋮	⋮
	20	2 813.94	16.84	3.09	52.50	1 866.43	9.49	−0.76	7.35
普通型	1	762.43	10.05	0.04	35.31	797.74	14.329 81	4.84	−4.28
	2	772.48	11.03	0.98	42.70	815.17	14.963 38	0.63	−3.94
	3	783.50	11.04	0.02	43.03	826.53	12.313 61	−2.65	−1.27
	4	794.55	11.30	0.26	46.67	841.22	12.263 41	−0.05	−0.96
	5	805.85	11.32	0.02	45.47	851.32	14.651 78	2.39	−3.33
	⋮	⋮	⋮	⋮	⋮	⋮	⋮	⋮	⋮
	20	1 000.18	11.43	−0.26	38.76	1 038.94	14.90	1.21	−3.48
普通激进型	1	3 032.39	10.10	−0.20	34.65	1 067.04	12.89	−1.35	−2.79
	2	3 042.50	10.02	−0.09	43.78	1 086.27	10.39	−2.50	−0.37
	3	3 052.51	10.52	0.50	46.18	1 098.70	10.46	0.07	0.06
	4	3 063.03	10.53	0.01	36.93	1 099.96	11.38	0.92	−0.86
	5	3 073.56	10.57	0.05	38.18	1 111.74	11.24	−0.14	−0.66
	⋮	⋮	⋮	⋮	⋮	⋮	⋮	⋮	⋮
	20	3 146.73	14.77	0.85	43.03	1 189.76	10.95	−2.32	3.82
激进型	1	2 161.42	12.42	−2.36	33.08	2 194.50	12.78	1.83	−0.37
	2	2 173.84	13.11	0.69	44.18	2 218.02	16.81	4.03	−3.71
	3	2 186.94	14.59	1.48	29.34	2 216.28	16.43	−0.38	−1.84
	4	2 201.53	14.92	0.33	31.29	2 232.81	14.95	−1.48	−0.03
	5	2 216.45	15.48	0.56	33.80	2 250.25	12.31	−2.64	3.16
	⋮	⋮	⋮	⋮	⋮	⋮	⋮	⋮	⋮
	20	2 479.47	14.36	−0.44	30.90	2 510.38	15.63	1.46	−1.27

类型	时刻	d_9	d_{10}	d_{11}	d_{12}	d_{13}	d_{14}	d_{15}
保守型	1	2.94	0.44	−0.34	5	3	0.08	0.22
	2	3.66	0.60	−0.12	5	3	0.08	0.22
	3	2.18	−0.99	0.49	5	3	0.08	0.22
	4	2.40	0.80	0.58	5	3	0.08	0.22
	5	0.69	−1.80	−0.09	5	3	0.08	0.22
	⋮	⋮	⋮	⋮	⋮	⋮	⋮	⋮
	20	−0.15	−0.44	−0.67	5	3	0.08	0.22
普通保守型	1	1.12	1.55	0.28	5	3	0.12	0.18
	2	1.49	0.31	−0.06	5	3	0.12	0.18
	3	−1.02	−1.05	1.46	5	3	0.12	0.18
	4	−1.54	−0.19	0.34	5	3	0.12	0.18
	5	−2.45	−0.92	−0.01	5	3	0.12	0.18
	⋮	⋮	⋮	⋮	⋮	⋮	⋮	⋮
	20	3.85	2.31	−0.33	4	2	0.12	0.18
普通型	1	−4.80	−3.05	5.59	2	1	0.15	0.16
	2	0.35	0.94	−4.20	2	1	0.15	0.16
	3	2.67	−0.96	−3.28	2	1	0.15	0.16
	4	0.31	0.24	2.60	2	1	0.15	0.16
	5	−2.37	−0.23	2.44	2	1	0.15	0.16
	⋮	⋮	⋮	⋮	⋮	⋮	⋮	⋮
	20	3.17	0.53	−4.69	3	2	0.15	0.12
普通激进型	1	1.16	−0.02	−1.96	3	1	0.19	0.12
	2	2.41	0.11	−1.14	3	1	0.19	0.12
	3	0.44	0.59	2.56	3	1	0.19	0.12
	4	−0.92	−0.49	0.86	3	2	0.19	0.12
	5	0.19	0.04	−1.07	3	2	0.19	0.12
	⋮	⋮	⋮	⋮	⋮	⋮	⋮	⋮
	20	3.17	0.53	−4.69	3	2	0.19	0.12
激进型	1	−4.19	−3.21	4.15	2	0	0.24	0.11
	2	−3.34	3.05	2.20	2	0	0.24	0.11
	3	1.86	0.79	−4.41	2	0	0.24	0.11
	4	1.81	−1.15	−1.09	2	0	0.24	0.11
	5	3.20	0.22	−1.16	2	0	0.24	0.11
	⋮	⋮	⋮	⋮	⋮	⋮	⋮	⋮
	20	1.56	0.36	−0.89	2	1	0.24	0.11

初始化控制参数，令种群个数 $n=100$，阈值 $\varepsilon=0.01$，交叉概率 $P_c=0.8$，变异概率 $P_m=0.01$。

通过上述选择过程，对 30 个种群进行特征选择，选择结果汇总如表 12-8 所示。

表 12-8 特征数据选择结果

数据	代码	选中次数	数据	代码	选中次数	数据	代码	选中次数
目标车位移	d_1	0	前车速度	d_6	2	前车加速度变化率	d_{11}	0
目标车速度	d_2	1	前车加速度	d_7	1	加速频率	d_{12}	25
目标车加速度	d_3	2	相对速度	d_8	26	减速频率	d_{13}	27
车间距	d_4	28	相对加速度	d_9	3	冒险换道频率	d_{14}	23
前车位移	d_5	1	目标车加速度变化率	d_{10}	2	保守换道频率	d_{15}	24

根据上述汇总数据，最终右车道行驶左侧车-前车限制（T7）的车辆编组关系下，提取的驾驶倾向性特征数据为 d_4、d_8、d_{12}、d_{13}、d_{14}、d_{15}，即车间距、相对速度、加速频率、减速频率、冒险换道频率、保守换道频率。

用同样的方法对其他几种车辆编组关系下的驾驶倾向性特征数据进行提取，最终获得八种车辆编组关系下的驾驶倾向性特征数据，如表 12-9 所示。

表 12-9 特征提取结果

车辆编组关系	特征提取结果						
T1	d_2	d_{12}	d_{13}	t_4			
T2	d_2	d_{12}	d_{13}	t_4			
T3	d_2	d_3	d_4	d_8	d_9	d_{12}	d_{13}	t_4
T4	d_2	d_3	d_4	d_8	d_9	d_{12}	d_{13}	t_4
T5	d_2	d_3	d_{12}	d_{13}	d_{14}	d_{15}	t_4
T6	d_2	d_3	d_{12}	d_{13}	d_{14}	d_{15}	t_4
T7	d_4	d_8	d_{12}	d_{13}	d_{14}	d_{15}	t_4
T8	d_4	d_8	d_{12}	d_{13}	d_{14}	d_{15}	t_4

12.5 本章小结

本章在深入分析双车道环境下驾驶员行为、车辆状态与交通环境等信息基础上，通过非接触测量获取驾驶员生理心理特征、交通环境和车辆运动状态等动态数据，运用遗传模拟退火算法进行特征优化选择，提取不同编组关系下驾驶倾向性特征向量。实验验证表明，本章提取的双车道条件不同车辆编组关系下的驾驶倾向性动态特征，能够准确反映汽车驾驶员倾向性，为进一步研究构建适应多车道环境的汽车驾驶倾向性动态辨识模型奠定了基础。

参 考 文 献

蔡自兴. 2005. 人工智能基础. 北京：高等教育出版社.

曹曼. 2006. 基于遗传模拟退火算法的暂态稳定评估特征选择. 北京：华北电力大学.

陈国良. 1996. 遗传算法及其应用. 北京：人民邮电出版社.

陈伦军，罗延科，陈海虹，等. 2005. 机械优化设计遗传算法. 北京：机械工业出版社.

郭秀艳，杨志良. 2004. 实验心理学. 北京：人民教育出版社.

季浏，张力为，姚家新. 2007. 体育运动心理学导论. 北京：北京体育大学出版社.

黎利辉. 2010. 基于遗传模拟退火算法的入侵检测特征选择研究. 计算机安全，(7)：34-38.

李振烈，叶玉玲. 2002. 生理节律理论在安全生产中的应用. 统计与决策，(2)：39.

刘素华，侯惠芳，李小霞. 2005. 基于遗传算法和模拟退火算法的特征选择方法. 计算机工程，31 (16)：157-159.

龙丹，许勇. 2008. 基于数字图像处理的汽车测距算法研究. 中国西部科技，(1)：36-39.

罗炯. 2010. 自行车骑行过程中频率及生理节律对下肢肌电的影响研究. 西南师范大学学报（自然科学版），35 (1)：192-196.

明华. 2006. 基于模拟退火的多序列比对算法的研究. 陕西：西安电子科技大学.

欧居尚. 2011. 基于脑电波分析技术的安全驾驶实验研究. 西南交通大学学报，46 (4)：695-700.

庞峰. 2006. 模拟退火算法的原理及算法在优化问题上的应用. 吉林：吉林大学.

齐平. 2007. 基于遗传模拟退火算法的范例推理的研究. 安徽：安徽大学.

舒华，张学民，韩在柱. 2006. 实验心理学的理论、方法与技术. 北京：人民教育出版社.

唐立山. 1994. 非数值并行计算——模拟退火算法. 北京：科学出版社.

王靖. 2008. 基于基因锁定及链式智能体遗传算法的特征选择研究. 重庆：重庆大学.

王小平，曹立明. 2002. 遗传算法——理论、应用与软件实现. 陕西：西安交通大学出版社.

王晓原，隽志才，贾洪飞. 2002. 开发和评价 ITS 的微观交通流仿真模型. 交通运输工程学报，2 (1)：64-66.

王晓原，王雷. 2007. 基于认知活动链的驾驶行为协调仿真模型. 西南交通大学学报，42 (2)：238-242.

王晓原，杨新月. 2007. 驾驶行为非参数微观仿真模型. 交通运输工程学报，7 (1)：76-80.

王银年. 2009. 遗传算法的研究与应用. 江苏：江南大学.

吴超仲，雷虎. 2010. 汽车驾驶愤怒情绪研究现状与展望. 中国安全科学学报，20 (7)：3-8.

肖运将. 2010. 驾驶员的情绪与行车安全. 科技信息，(32)：191.

张昊，陶然，李志勇，等. 2009. 基于自适应模拟退火遗传算法的特征选择方法. 兵工学报，31（1）：81-85.

张军，詹志辉. 2009. 计算智能. 北京：清华大学出版社.

郑雅敏. 2008. 基于遗传算法的特征选择方法的改进研究. 重庆：重庆大学.

朱福喜，杜友福，夏定纯. 2006. 人工智能引论. 湖北：武汉大学出版社.

Crum M R, Morrow P C, Olsgard P, et al. 2001. Truck driving environments and their influence on driver fatigue and crash rates. Transportation Research Record,: 125-133.

Doshi A, Morris B T, Trivedi M M. 2011. On-road prediction of driver's intent with multimodal sensory cues. IEEE Pervasive Computing, (10): 22-34.

Ehmann M, Butz T. 2007. Model based development of driver assistance systems. VDI Berichte: 481-488.

Graving J S, Easterlund P A, Manser MM. 1998. Developing a bus driver training program for a Driver Assistive System. Human Factors and Ergonomics Society, 55 (1): 1543-1547.

Hu J B, Li A, Wang W L. 2011. Analysis on driver's driving workload in different weather conditions. Beijing Gongye Daxue Xuebao/Journal of Beijing University of Technology, (37): 529-532.

Lees M N, Lee J D. 2011. The influence of distraction and driving context on driver response to imperfect collision warning systems. Ergonomics, (8): 1264-1286.

Singh H, Bhatia J S, Kaur J. 2010. Eye tracking based driver fatigue monitoring and warning system. India International Conference on Power Electronics, IICPE.

Tapani A. 2011. Traffic simulation modeling of driver assistance systems. Advances in Transportation Studies, (4): 41-50.

Tischler K, Clauss M, Guenter Y, et al. 2005. Networked environment description for advanced driver assistance systems. IEEE Conference on Intelligent Transportation Systems: 785-790.

Wang X Y, Liu J S. 2005. An integrated cognitive traffic simulation model. Proceedings of IEEE International Conference on System, Man & Cybernetics, Hawaii, USA.

Wu Z Z, Jia J F. 2011. Demand-based driver distraction quantitative balance model. ICTIS 2011: Multimodal Approach to Sustained Transportation System Development-Information, Technology, Implementation-Proceedings of the 1st Int. Conf. on Transportation Information and Safety: 452-458.

Zhou Y, Wu C Z, Gao S, et al. 2011. Design of virtual dynamic traffic events for driver safety awareness training. ICTIS 2011: Multimodal Approach to Sustained Transportation System Development-Information, Technology, Implementation-Proceedings of the 1st Int. Conf. on Transportation Information and Safety: 1912-1918.

13 适应多车道环境的汽车驾驶倾向性辨识方法

驾驶员倾向性易随行驶环境变化而发生演化。本章以双车道为例，重点考虑环境因素中直接影响驾驶员情感的态势因素（车辆编组关系），采集不同态势下驾驶倾向性特征数据，利用动态贝叶斯网络建立时变环境下驾驶倾向性动态辨识模型。

13.1 动态贝叶斯网络

贝叶斯网络包含静态贝叶斯网络（Bayesian networks，BN）模型与动态贝叶斯网络（dynamic Bayesian networks，DBN）模型。

13.1.1 概率网络

概率网络（probabilistic networks，PN）也是通常所说的因果网络（causal networks）和可信度网络（belief network）。网络中相关变量的状态及网络中变量之间的相互关系是以概率的形式来表达的；网络是指概率网络的拓扑结构的形式，从以下两方面来看概率网络。

（1）概率网络表达了各个节点间的条件独立关系，可以直观地从概率网络中得出变量之间的条件独立及相互依赖关系。

（2）概率网络是事件联合概率分布的另一种表现形式，由概率网络的拓扑结构以及条件概率分布可以快速推理出每个基本事件的概率。

概率网络的网络结构是一个有向无环图，图中每个节点代表一个变量，节点间的有向弧代表变量间的概率依赖关系。一条弧是由一个变量 A 指向另外一个变量 B，表明了变量 A 的取值可以对变量 B 的取值产生影响，由于概率网络是有向无环图，A 和 B 之间不会出现有向回路。在概率网络当中，直接的原因节点（弧的尾）A 叫做其结果节点（弧的头）B 的父节点（parents），B 叫做 A 的子节点（children）。如果从一个节点 X 有一条有向通路指向 Y，则称节点 X 为节点 Y 的祖先（ancestor），同时称节点 Y 为节点 X 的后代（descendent）。

例如，图13-1中有五个节点和四条弧。下雪 A 是一个原因节点，它会导致交通拥堵 B，交通拥堵 B 会导致上班迟到 D。而下雪 A 同样有可能导致交通事故 C，交通事故 C 可能导致上班迟到 D，还可能导致受伤 E。这是一个简单的概率网络的例子，在概率网络中像 A 这样没有输入的节点被称作根节点（root），其他节点被统称为非根节点。

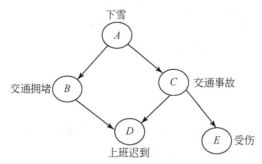

图13-1　概率网络示意图

网络中的弧表示节点间的依赖关系，如果两个节点间有弧连接说明两者之间有因果联系。反之，如果两者之间没有直接的弧连接或者是间接的有向联通路径，则说明两者之间没有依赖关系，即是相互独立的。节点间相互独立关系是概率网络当中一个很重要的属性，可以大大减少计算量。使用概率网络结构可以清晰得出属性节点间的关系，也使得使用概率网络进行推理和预测变得相对容易实现。

13.1.2　静态贝叶斯网络

静态贝叶斯网络就是上面所讲的采用有向图来描述概率关系的概率网络，它适用于不确定性和概率性事物，应用于有条件依赖多种控制因素的相关问题。在解决许多实际问题的过程中，需要从不完全的、不精确的或不确定的知识和信息中进行推理和判断，而静态贝叶斯网络正是一种概率推理技术，它使用概率理论来处理各知识之间因条件相关性而产生的不确定性。

简单地说，静态贝叶斯网络图就是一种非循环有向图及其有关的参数属性。它由两个元素组成。

（1）模型结构：以非循环有向图表示模型结构属性，非循环有向图的节点对应于模型中的变量，有向边代表变量的条件依赖关系。

（2）相关参数：模型的参数是指为每一个变量指定的条件概率表；它为变量的每一个实例均指定了条件概率。

网络中的节点表示所研究问题的相关变量，网络中的每条边表示变量之间的相互依赖关系，每个节点对应一个条件概率分布表，条件概率分布反映了变量与其父节点之间概率依赖关系的强弱。

贝叶斯网络能够将变量的联合概率分布用一些局部概率分布的乘积来表示，也就是说贝叶斯网络的拓扑结构表示了变量间概率依赖关系，容易得出变量之间的条件独立关系，指明了如何利用这些局部概率分布来表示变量间的联合概率分布。它的定量部分给出了各个变量间不确定性的数值度量。用 $X = (X_1, X_2, \cdots, X_n)$ 表示网络中的变量，因为贝叶斯网络的结构包含了所有变量的联合概率分布，所以用条件概率的形式表现出来，即

$$P(X) = P(X_1, X_2, \cdots, X_n) = \prod_{i=1}^{n} P(X_i \mid pa_i) \tag{13-1}$$

式中，pa_i 为 X_i 的父节点。

在一个随机实验中有 n 个互相排斥，竭尽可能的事件 $A_1, A_2, \cdots, A_n$。用 $P(A_i)$ 表示事件 A_i 发生的概率，那么有

$$\sum_{i=1}^{n} P(A_i) = 1 \tag{13-2}$$

记 B 为任一事件，则有

$$P(A_i \mid B) = \frac{P(B \mid A_i) P(A_i)}{\sum_{j=1}^{n} P(B \mid A_j) P(A_j)}, \quad i = 1, 2, \cdots, n \tag{13-3}$$

式中，$P(A_i)$ 为事件 A_i 的先验概率，$P(A_i \mid B)$ 为事件 A_i 的后验概率。$\{P(A_1), P(A_2), \cdots, P(A_n)\}$ 是事先根据经验就已经知道的，称之为先验信息，由于 $\sum_{i=1}^{n} P(A_i) = 1$，满足概率分布的基本条件，称 $\{P(A_1), P(A_2), \cdots, P(A_n)\}$ 为先验分布。假设在某次实验中看到事件 B 发生了，于是对于事 A_1，$A_2, \cdots, A_n$ 发生的可能性大小有了新的认识。它们发生的概率由贝叶斯公式 (13-3) 给出，是在实验之后给出来的，即是后验的知识。而且 $P(A_i \mid B) \geqslant 0$，$\sum_{i=1}^{n} P(A_i \mid B) = 1$，所以后验概率 $P(A_i \mid B)$ 满足概率分布的条件，称之为后验分布。后验分布考虑了先验信息和实验所提供的新信息，形成了对事件 A_i 发生可能性大小的最新认识。

贝叶斯网络由网络拓扑结构和条件概率表两部分组成，建立一个与研究问题相关的贝叶斯网络模型包括三个方面内容：

（1）提取所研究问题的相关变量并确定它们状态的所有可能取值；

（2）建立反映变量之间因果关系的拓扑结构图；

（3）确定模型中反映变量之间因果关系强弱的条件概率。

13.1.3　动态贝叶斯网络

动态贝叶斯网络也称为时间贝叶斯网络，它是随时间发展的静态贝叶斯网络。每一个时间对应一个结构和参数相同的静态贝叶斯网络；相邻两个时间片之间有弧连接，反应相邻时间片的变量之间的依赖关系。

图 13-2 所示为一简单的三时间片动态贝叶斯网络，A_1、A_2 和 A_3 为隐藏节点，B_1、B_2 和 B_3 为观察节点，每一个节点为一个变量，变量可以有多个状态，节点与节点之间以条件概率进行更新。一个动态贝叶斯网络所有节点都是离散变量，则该动态贝叶斯网络就称为离散动态贝叶斯网络，一般定性推理采用此种网络；如果一个动态网络的所有节点的都是连续变量，则该动态网络为连续动态贝叶斯网络。

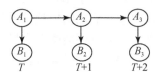

图 13-2　简单动态贝叶斯网络图

除了网络结构以外，同样也要定义参数，此参数对离散动态贝叶斯网络来说是条件概率表，而对连续动态贝叶斯网络则是条件分布。动态贝叶斯网络是由相同静态贝叶斯网络随时间发展而形成，对于离散动态贝叶斯网络起条件概率表分为时间片内部的条件概率表和相邻时间片之间的条件概率表。时间片内部的条件概率表与静态贝叶斯网络一致，时间片之间的条件概率就是反应上一时刻的变量对下一时刻的变量的影响或控制，是给定上一时刻的变量状态时，下一相关变量的条件分布。

设变量集 $X = (X_1, X_2, \cdots, X_n)$，用 $X_1^t, X_2^t, \cdots, X_n^t$ 表示变量在 t 时刻的状态，此外，随机过程符合马尔可夫假设，即 t 时刻状态只受 $t-1$ 影响

$$P(X^t \mid X^0, X^1, \cdots, X^{t-1}) = P(X^t \mid X^{t-1}) \tag{13-4}$$

随机过程是稳定的，即对所有的 t，条件概率 $P(X^t \mid X^{t-1})$ 都是相同的。

定义 13-1　（转移网络 $B_\rightarrow$）一个转移网络 $B_\rightarrow$ 是一个贝叶斯网片断，节点包括 $X \cup X'$，其中 X 中的节点没有父节点，X' 中的节点具有条件概率分布 $P(X' \mid \text{Pare}(X'))$，$B_\rightarrow$ 表现了条件概率分布

$$P(X' \mid X) = \prod_{i=1}^{n} P_{B_\rightarrow}(X_i' \mid \text{Pare}(X_i')) \tag{13-5}$$

一个动态贝叶斯网模型表示为一个二元组 $(B_0, B_\rightarrow)$，其中 B_0 是以 X^0 为节

点的初始贝叶斯网络，$B_{\rightarrow}$ 是时间片的转移网络。对任意时刻 t，X^0，X^1，$\cdots$，X^t 的联合概率分布为

$$P(X^0，X^1，\cdots，X^t) = P(X^0)\prod_{i=1}^{t}P(X^t \mid X^{t-1}) \tag{13-6}$$

动态贝叶斯网络中任一点得联合分布概率为

$$P(X_{(1:n)}^{1:T}) = \prod_{i=1}^{n}P_{B_0}(X_i^1 \mid \mathrm{Pare}(X_i^1)) \times \prod_{t=2}^{T}\prod_{i=1}^{n}P_{B_{\rightarrow}}(X_i^t \mid \mathrm{Pare}(X_i^t)) \tag{13-7}$$

式中，B_0 为初始的贝叶斯网络，$B_{\rightarrow}$ 为有两个以上时间片段的贝叶斯网络组成的图形；X_i^t 为第 i 个变量 t 时刻取值，$\mathrm{Pare}(X_i^t)$ 为其父节点；n 为变量数。

我们可以通过叠加 B_0 和 $B_{\rightarrow}$ 形成一个完整的动态贝叶斯网络，这个过程称之为动态贝叶斯网络的打开。

动态贝叶斯网络是静态网络在时间序列上的扩展，初始网络代表网络的初始状态，转移网络反映了动态贝叶斯网络中相邻时间片之间的前后依赖关系，相邻时刻变量之间转移概率大小反映了它们之间依赖关系的强弱。动态贝叶斯网络不仅能够描述变量之间的因果关系，而且还能够对变量在时间序列上状态的演化过程进行描述，即它能够对动态事件进行建模与分析。

13.2　适应多车道环境的汽车驾驶倾向性辨识模型

模型首先要判断辨识时刻的车辆编组关系，然后选取不同车辆编组关系下提取出的不同驾驶倾向性特征数据，运用动态贝叶斯网络中与判定的车辆编组关系相对应的子模型进行辨识，确定驾驶员的倾向性类型。

不同的车辆编组关系有不同的子模型，子模型中包括变量状态集的划分，贝叶斯网络模型参数的设置，模型推理算法以及输入数据的概率求解等，限于篇幅，仅以车辆编组关系 T7（图 13-3）为例进行详细介绍。

13.2.1　车辆编组关系辨识

车辆编组关系辨识的依据是不同空间位置车辆编组关系以及车辆沿速度方向的距离。有研究指出，当目标车与其前车的间距 $d_{间}<70\mathrm{m}$ 时，前车会对目标车的行驶构成影响。同样，通过大量实验发现，当目标车与相邻车道上其他车辆沿目标车速度方向上的间距 $d_{左}$ 或 $d_{右}$（$d_{左}$ 为目标车与左车道上行驶车辆沿目标车速度方向的空间直线距离，$d_{右}$ 为目标车与右车道上行驶车辆沿目标车速度方向的空间直线距离）小于（或等于）某一门限值时，也才会对目标车造成影响。对不同驾驶员大量实验数据统计表明，$d_{左}$ 区间 [-65m，60m]，$d_{右}$ 区间 [-50m，55m]。

车辆编组关系辨识模型如图 13-3 所示。

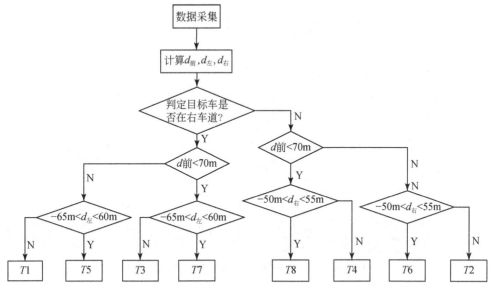

图 13-3　车辆编组关系辨识模型

注：$d_{前}$ 为目标车与前车之间的距离；$d_{右}$ 为目标车与右侧车辆沿速度方向间距；

$d_{左}$ 为目标车与左侧车辆沿速度方向间距

按照心理测试结果将数据分为五类，数据内容包括驾驶员行驶过程中的正常驾驶特征数据和根据特征数据对驾驶员驾驶倾向性类型的识别结果，建立数据库。对不同交通环境下提取的特征数据求并集，行驶过程中采集并集中的全部特征数据。动态贝叶斯网络总模型如图 13-4 所示。

图 13-4 中包含了不同车辆编组关系下的所有特征数据，在辨识过程中会根据不同的环境选择与之对应的特征数据进行计算。动态贝叶斯网络模型中变量状态集合如下：

倾向性 =（保守型，普通保守型，普通型，普通激进型，激进型）

目标车速度 =（小，中，大）

目标车加速度 =（小，中，大）

车间距 =（大，中，小）

相对速度 =（低，中，高）

相对加速度 =（小，中，大）

减速频率 =（高，中，低）

加速频率 =（高，中，低）

操作反应时间 =（慢，中，快）

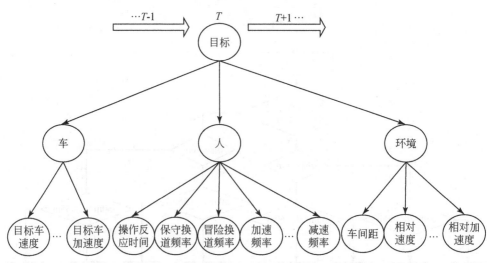

图 13-4　动态贝叶斯网络模型（特征数据并集）

保守换道频率＝（高，中，低）

冒险换道频率＝（低，中，高）

变量状态都是模糊集合，状态的定义是根据驾驶过程中数据的相对变化来定义的，如果统一进行状态划分，则无法真实地反映不同驾驶员驾驶特性的差异，不同驾驶员的状态门限值是不同的。模型中的输入数据是不同特征数据处于不同状态的概率，根据数据处于不同状态的隶属度确定其状态概率。

输入模型的数据是以概率表达的，本章采用隶属度来表达某一特征数据的概率。设样本数据 x 含有 N 个特征数据，需要用隶属度函数的数值表示，用 p_i 表示样本数据中该特征分量隶属于特征 i 的可能性。本章选取的特征向量所处的状态都有三类，隶属度（概率）计算公式如下

$$\begin{cases} P_1 = \left(1 + \left|\dfrac{a_i - a_{i\min}}{a_{i\max} - a_i}\right|\right)^{-4} \\ P_2 = \left(1 + \left|\dfrac{a_i - \overline{a_i}}{a_{i\max} - a_i}\right|\right)^{-1} \\ P_3 = 1 - P_1 - P_2 \end{cases} \tag{13-8}$$

式中，$\overline{a_i}$ 为已知样本数据的均值，a_i 为特征数据的观测值，$a_{i\min}$ 和 $a_{i\max}$ 为观测值中的最小值和最大值。

13.2.2 动态贝叶斯网络模型参数设定

1. 前期参数设定

条件概率矩阵反映的是领域专家对于网络中关联节点之间因果关系的看法，是一种专家知识。根据专家经验，T7 车辆编组关系下，稳定行驶时，驾驶倾向性特征数据有车间距、相对速度、减速频率、加速频率、操作反应时间、保守换道频率和冒险换道频率，由此推理出驾驶员倾向性类型的规则采用概率方式；初期条件概率根据专家经验获取，数据库数据达到一定容量之后，采用数据库存储数据进行概率计算。

根据上述的推理规则，可得到驾驶员自身特性条件概率矩阵如表 13-1 ~ 表 13-4 所示。

表 13-1 T7 下驾驶员特性条件概率矩阵

驾驶员特性	$P(d_{12}\|人因)$ (小, 中, 大)	$P(d_{13}\|人因)$ (大, 中, 小)	$P(t_4\|人因)$ (慢, 中, 快)	$P(d_{14}\|人因)$ (高, 中, 低)	$P(d_{15}\|人因)$ (低, 中, 高)
保守型	0.75 0.15 0.10	0.85 0.10 0.05	0.80 0.10 0.10	0.90 0.05 0.05	0.80 0.10 0.10
普通保守型	0.45 0.45 0.10	0.40 0.45 0.15	0.50 0.40 0.10	0.60 0.30 0.10	0.60 0.30 0.10
普通型	0.15 0.75 0.10	0.10 0.80 0.10	0.10 0.80 0.10	0.15 0.70 0.15	0.10 0.80 0.10
普通激进型	0.10 0.40 0.50	0.10 0.45 0.45	0.10 0.45 0.45	0.15 0.25 0.60	0.10 0.40 0.50
激进型	0.10 0.10 0.80	0.10 0.15 0.75	0.10 0.10 0.80	0.10 0.15 0.75	0.05 0.15 0.80

注：当驾驶人特性分别为保守型，普通保守型，普通型，普通激进型和激进型时，驾驶员人因特性数据处于不同状态的概率，如表中第二行第二列数值0.75，表示当驾驶员特性为保守型时，d_{12} 处于状态小的概率为 0.75

表 13-2 T7 下环境特性条件概率矩阵

倾向性类型	$P(d_4\|环境)$ (大, 中, 小)	$P(d_8\|环境)$ (小, 中, 大)
保守型	0.80 0.10 0.10	0.75 0.15 0.10
普通保守型	0.50 0.40 0.10	0.50 0.45 0.05
普通型	0.10 0.80 0.10	0.10 0.80 0.10
普通激进型	0.10 0.45 0.45	0.10 0.40 0.50
激进型	0.05 0.10 0.85	0.05 0.15 0.80

注：当驾驶人特性分别为保守型，普通保守型，普通型，普通激进型和激进型时，驾驶员人因特性数据处于不同状态的概率，如表中第二行第二列数值0.80，表示当驾驶员特性为保守型时，d_{12} 处于状态小的概率为 0.80

表 13-3　T7 下倾向性类型条件概率矩阵

倾向性类型	P（人因｜倾向性） （保守型，普通保守型，普通型， 普通激进型，激进型）					P（环境｜倾向性） （保守型，普通保守型，普通型， 普通激进型，激进型）				
保守型	0.75	0.10	0.05	0.05	0.05	0.65	0.15	0.10	0.05	0.05
普通保守型	0.15	0.65	0.10	0.05	0.05	0.10	0.70	0.10	0.05	0.05
普通型	0.05	0.10	0.70	0.10	0.05	0.05	0.10	0.70	0.10	0.05
普通激进型	0.05	0.05	0.10	0.70	0.10	0.05	0.10	0.05	0.65	0.15
激进型	0.05	0.05	0.10	0.15	0.65	0.05	0.10	0.10	0.15	0.60

注：当驾驶倾向性分别为保守型，普通保守型，普通型，普通激进型和激进型时，人因或者环境所处的状态分别为保守型，普通保守型，普通型，普通激进型和激进型的概率，如表中第二行第二列数值 0.75 表示驾驶倾向性为保守型时，人因为保守型的概率为 0.75

表 13-4　T7 下动态贝叶斯网络状态转移概率表

新节点/旧节点	保守型（旧）	普通保守型（旧）	普通型（旧）	普通激进型（旧）	激进型（旧）
保守型（新）	0.60	0.20	0.10	0.05	0.05
普通保守型（新）	0.15	0.60	0.15	0.05	0.05
普通型（新）	0.05	0.10	0.70	0.10	0.05
普通激进型（新）	0.05	0.05	0.15	0.60	0.15
激进型（新）	0.05	0.05	0.10	0.15	0.65

值得注意的是，条件概率矩阵是一种专家知识，难免存在一定的主观性，可以采用样本数据反复调试的方法，对矩阵数据进行适度调整，以提高评估结果的可信性。

车辆编组关系 T8 前期参数设置与 T7 相同，不再详述（其余态势初期参数设置见附录三）。

2. 后期参数设定

前期数据库积累数据达到一定容量以后，建立驾驶倾向性特征数据库。数据按照驾驶员心理测试结果划分为五大类，保守型，普通保守型，普通型，普通激进型和激进型；每一类数据中是各个提取出来的相应的特征数据和前期根据特征数据获得的驾驶倾向性识别结果。

在相同的心理测试结果下，对数据库中的数据按照倾向性识别结果进行统计分析，确定不同交通环境下的不同倾向性（识别）类型中各个特征数据在不同状态下所占的比例，以此来确定动态贝叶斯网络中的各个条件概率。动态贝叶斯网络状态转移概率的确定与条件概率的确定类似，在此不做详述。

13.2.3 汽车驾驶倾向性辨识模型推理算法

动态贝叶斯网络推理的基础是贝叶斯公式

$$P(x \mid y) = \frac{P(yx)}{P(y)} = \frac{P(yx)}{\sum\limits_x P(yx)} \tag{13-9}$$

具有 n 个隐藏节点和 m 个观测节点的静态贝叶斯网络，其推理的本质是计算

$$P(x_1, x_2, \cdots, x_n \mid y_1, y_2, \cdots, y_n)$$

$$= \frac{\prod\limits_j P(y_j \mid \mathrm{Pare}(Y_j)) \prod\limits_i P(x_i \mid \mathrm{Pare}(X_i))}{\sum\limits_{x_1, x_2, \cdots, x_n} \prod\limits_j P(y_j \mid \mathrm{Pare}(Y_j)) \prod\limits_i P(x_i \mid \mathrm{Pare}(x_i))}, \tag{13-10}$$

$$(i = 1, 2, \cdots, n; j = 1, 2, \cdots, m)$$

式中，x_i 为 X_i 的一个取值状态，$\mathrm{Pare}(Y_j)$ 为 Y_j 的父节点集合；分母 $\sum$ 下的 x_1，x_2，$\cdots$，x_n 是隐藏节点组合状态，含义是对观测变量组合状态和隐藏变量组合状态的联合分布求和，实际是计算确定的观测变量组合状态的分布。

动态贝叶斯网络是静态贝叶斯网络的一个扩展。静态贝叶斯网络随时间发展就可以得到 T 个时间片组成的动态贝叶斯网络，每个时间片有 n 个隐藏节点和 m 个可观测节点，则其网络的推理可以表示为

$$P(x_{11}, x_{12}, \cdots, x_{1n}, \cdots, x_{Tn} \mid y_{110}, y_{120}, \cdots, y_{1m0}, \cdots, y_{T10}, \cdots, y_{Tm0})$$

$$= \sum\limits_{y_{11}, y_{12}, \cdots, y_{1m}, \cdots, y_{T1}, \cdots, y_{Tm}}$$

$$\frac{\prod\limits_{i, j} P(y_{ij} \mid \mathrm{Pare}(Y_{ij})) \prod\limits_{i, k} P(x_{ik} \mid \mathrm{Pare}(X_{ik}))}{\sum\limits_{x_{11}, x_{12}, \cdots, x_{1n}, \cdots, x_{T1}, \cdots, x_{Tm}} \prod\limits_{i, j} P(y_{ij} \mid \mathrm{Pare}(Y_{ij})) \prod\limits_{i, k} P(x_{ik} \mid \mathrm{Pare}(X_{ik}))} \cdot$$

$$\prod\limits_{i, j} P(Y_{ij0} = y_{ij}), \quad i = 1, 2, \cdots, T; j = 1, 2, \cdots, m; k = 1, 2, \cdots, n$$

$$\tag{13-11}$$

式中，x_{ij} 为 X_{ij} 的一个取值状态，i 为第 i 个时间片，j 为在第 i 个时间片内的第 j 个隐藏节点；y_{ij} 为观测变量 Y_{ij} 的取值；$Pare(Y_{ij})$ 为 y_{ij} 的父节点集合；Y_{ij0} 为第 i 个时间片内第 j 个观测节点 Y_{ij} 的观测状态；分母 $\sum$ 下的 x_{11}，x_{12}，$\cdots$，x_{1n}，$\cdots$，x_{T1}，$\cdots$，x_{Tn} 隐藏节点组合状态；$P(Y_{ij0} = y_{ij})$ 是 Y_{ij} 的连续观测值属于状态 y_{ij} 的隶属度。

不同的子模型中，除了贝叶斯网络模型参数的设置彼此不同外，数据状态集

划分，模型推理算法以及输入数据的概率求解等基本相同。动态贝叶斯辨识模型流程如图 13-5 所示。

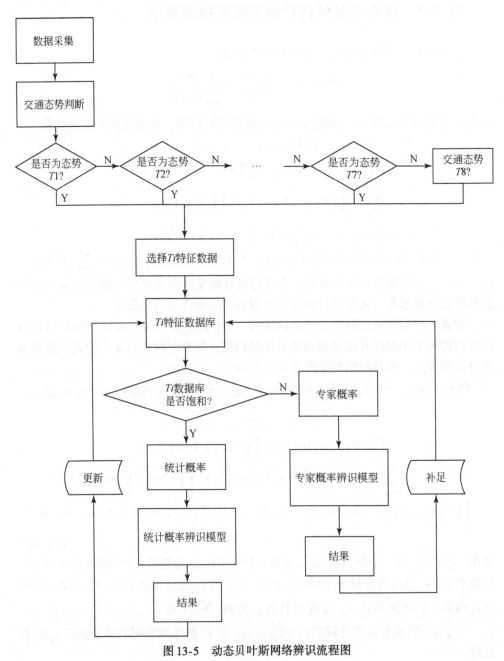

图 13-5　动态贝叶斯网络辨识流程图

13.3 辨识模型验证

本模型识别分为两部分，第一部分为专家经验数据，第二部分为统计分析数据。在没有其他的证据情况下，初始状态以初期驾驶倾向性的标定结果为依据，如表 13-5 所示。

表 13-5 不同倾向性的初始概率

标定结果 初始概率	P（保守型）	P（普通保守型）	P（普通型）	P（普通激进型）	P（激进型）
保守型	0.75	0.10	0.05	0.05	0.05
普通保守型	0.10	0.70	0.10	0.05	0.05
普通型	0.05	0.10	0.70	0.10	0.05
普通激进型	0.05	0.05	0.10	0.70	0.10
激进型	0.05	0.05	0.05	0.10	0.70

对于不同心理测试结果的驾驶员分别以上述的几种情况为合理起点，收集不同节点上的证据，（假设证据之间相互独立）。本章对多位驾驶员分别进行了实车实验以及交互式并行驾驶的模拟实验，得到大量的特征数据和识别结果，选取五种典型驾驶倾向性（初期标定）驾驶员 T7 态势下的数据进行详述。如表 13-6 所示为五种典型驾驶员 T7 关系下 10 个时刻的特征数据。

表 13-6 五种典型驾驶员特征数据

类型	时刻	车间距	相对速度	加油频率	制动频率	保守换道频率	冒险换道频率	操作反应时间
保守型	1	(0.8, 0.1, 0.1)	(0.8, 0.1, 0.1)	(0.5, 0.3, 0.2)	(0.7, 0.2, 0.1)	(0.6, 0.2, 0.2)	(0.9, 0.1, 0.0)	(0.7, 0.2, 0.1)
	2	(0.8, 0.1, 0.1)	(0.7, 0.2, 0.1)	(0.6, 0.2, 0.2)	(0.7, 0.2, 0.1)	(0.6, 0.3, 0.1)	(0.9, 0.1, 0.0)	(0.7, 0.2, 0.1)
	3	(0.8, 0.1, 0.1)	(0.8, 0.1, 0.1)	(0.6, 0.3, 0.1)	(0.7, 0.2, 0.1)	(0.6, 0.3, 0.1)	(0.9, 0.1, 0.0)	(0.7, 0.2, 0.1)
	⋮	⋮	⋮	⋮	⋮	⋮	⋮	⋮
	10	(0.8, 0.1, 0.1)	(0.7, 0.2, 0.1)	(0.6, 0.2, 0.2)	(0.8, 0.1, 0.1)	(0.7, 0.2, 0.1)	(0.9, 0.1, 0.0)	(0.7, 0.2, 0.1)
普通保守型	1	(0.4, 0.4, 0.2)	(0.6, 0.3, 0.1)	(0.4, 0.5, 0.1)	(0.5, 0.3, 0.2)	(0.5, 0.5, 0.0)	(0.4, 0.4, 0.2)	(0.5, 0.4, 0.1)
	2	(0.4, 0.4, 0.2)	(0.6, 0.3, 0.1)	(0.4, 0.5, 0.1)	(0.5, 0.3, 0.2)	(0.5, 0.5, 0.0)	(0.4, 0.4, 0.2)	(0.5, 0.4, 0.1)
	3	(0.4, 0.4, 0.2)	(0.6, 0.3, 0.1)	(0.4, 0.5, 0.1)	(0.5, 0.3, 0.2)	(0.5, 0.4, 0.1)	(0.4, 0.4, 0.2)	(0.5, 0.4, 0.1)
	⋮	⋮	⋮	⋮	⋮	⋮	⋮	⋮
	10	(0.5, 0.4, 0.1)	(0.4, 0.4, 0.2)	(0.4, 0.5, 0.1)	(0.5, 0.3, 0.2)	(0.4, 0.4, 0.2)	(0.4, 0.4, 0.2)	(0.5, 0.4, 0.1)

续表

类型	时刻	车间距	相对速度	加油频率	制动频率	保守换道频率	冒险换道频率	操作反应时间
普通型	1	(0.2, 0.7, 0.1)	(0.2, 0.6, 0.2)	(0.2, 0.7, 0.1)	(0.2, 0.6, 0.2)	(0.2, 0.7, 0.1)	(0.1, 0.8, 0.1)	(0.2, 0.6, 0.2)
	2	(0.2, 0.6, 0.2)	(0.1, 0.7, 0.2)	(0.2, 0.7, 0.1)	(0.2, 0.7, 0.1)	(0.2, 0.7, 0.1)	(0.1, 0.8, 0.1)	(0.2, 0.6, 0.2)
	3	(0.2, 0.6, 0.2)	(0.2, 0.6, 0.2)	(0.2, 0.7, 0.1)	(0.2, 0.7, 0.1)	(0.2, 0.7, 0.1)	(0.1, 0.8, 0.1)	(0.2, 0.6, 0.2)
	⋮	⋮	⋮	⋮	⋮	⋮	⋮	⋮
	10	(0.2, 0.7, 0.1)	(0.1, 0.8, 0.1)	(0.1, 0.6, 0.3)	(0.2, 0.6, 0.2)	(0.1, 0.7, 0.2)	(0.2, 0.7, 0.1)	(0.2, 0.6, 0.2)
普通激进型	1	(0.1, 0.5, 0.4)	(0.2, 0.4, 0.4)	(0.1, 0.4, 0.5)	(0.1, 0.3, 0.6)	(0.2, 0.4, 0.4)	(0.1, 0.4, 0.5)	(0.2, 0.4, 0.4)
	2	(0.1, 0.5, 0.4)	(0.2, 0.4, 0.4)	(0.1, 0.4, 0.5)	(0.2, 0.4, 0.4)	(0.2, 0.4, 0.4)	(0.1, 0.4, 0.5)	(0.2, 0.4, 0.4)
	3	(0.1, 0.5, 0.4)	(0.2, 0.4, 0.4)	(0.1, 0.4, 0.5)	(0.2, 0.4, 0.4)	(0.1, 0.4, 0.5)	(0.1, 0.4, 0.5)	(0.2, 0.4, 0.4)
	⋮	⋮	⋮	⋮	⋮	⋮	⋮	⋮
	10	(0.1, 0.4, 0.5)	(0.1, 0.4, 0.5)	(0.1, 0.4, 0.5)	(0.1, 0.4, 0.5)	(0.1, 0.4, 0.5)	(0.1, 0.4, 0.5)	(0.2, 0.4, 0.4)
激进型	1	(0.1, 0.2, 0.7)	(0.1, 0.1, 0.8)	(0.2, 0.2, 0.6)	(0.1, 0.2, 0.7)	(0.1, 0.1, 0.8)	(0.2, 0.2, 0.6)	(0.1, 0.2, 0.7)
	2	(0.1, 0.2, 0.7)	(0.1, 0.1, 0.8)	(0.2, 0.2, 0.6)	(0.1, 0.2, 0.7)	(0.1, 0.1, 0.8)	(0.2, 0.2, 0.6)	(0.1, 0.2, 0.7)
	3	(0.1, 0.2, 0.7)	(0.1, 0.1, 0.8)	(0.2, 0.2, 0.6)	(0.1, 0.2, 0.7)	(0.1, 0.1, 0.8)	(0.2, 0.2, 0.6)	(0.1, 0.2, 0.7)
	⋮	⋮	⋮	⋮	⋮	⋮	⋮	⋮
	10	(0.1, 0.2, 0.7)	(0.0, 0.2, 0.8)	(0.1, 0.2, 0.7)	(0.1, 0.1, 0.8)	(0.1, 0.1, 0.8)	(0.2, 0.2, 0.6)	(0.1, 0.2, 0.7)

表13-7 和表13-8 为驾驶员驾驶倾向性的识别结果。

表13-7　驾驶倾向性识别结果（初期专家概率）

类型	时刻	识别结果（专家概率）				
		保守型	普通保守型	普通型	普通激进型	激进型
保守型	1	0.630 67	0.140 54	0.104 62	0.065 43	0.058 74
	2	0.662 85	0.151 79	0.090 91	0.048 15	0.046 3
	3	0.680 18	0.140 84	0.110 21	0.019 92	0.049 84
	⋮	⋮	⋮	⋮	⋮	⋮
	10	0.851 91	0.060 92	0.039 91	0.039 09	0.008 17
普通保守型	1	0.141 24	0.614 23	0.124 24	0.076 76	0.043 53
	2	0.120 77	0.640 89	0.130 91	0.059 14	0.048 29
	3	0.135 41	0.654 34	0.113 33	0.055 59	0.041 33
	⋮	⋮	⋮	⋮	⋮	⋮
	10	0.053 57	0.841 56	0.062 55	0.017 44	0.024 88

类型	时刻	识别结果（专家概率）				
		保守型	普通保守型	普通型	普通激进型	激进型
普通型	1	0.041 37	0.151 13	0.611 22	0.128 72	0.067 56
	2	0.054 48	0.144 11	0.644 15	0.135 75	0.021 51
	3	0.053 33	0.124 83	0.683 29	0.106 21	0.032 34
	⋮	⋮	⋮	⋮	⋮	⋮
	10	0.041 84	0.051 31	0.840 24	0.058 79	0.007 82
普通激进型	1	0.012 66	0.062 71	0.112 06	0.647 51	0.165 06
	2	0.031 32	0.031 85	0.121 66	0.658 65	0.156 52
	3	0.032 57	0.062 39	0.102 42	0.667 57	0.135 05
	⋮	⋮	⋮	⋮	⋮	⋮
	10	0.022 26	0.026 33	0.044 22	0.855 72	0.051 47
激进型	1	0.061 48	0.062 11	0.090 43	0.177 82	0.608 16
	2	0.044 68	0.074 52	0.084 71	0.155 31	0.640 78
	3	0.044 62	0.034 74	0.093 99	0.145 77	0.680 88
	⋮	⋮	⋮	⋮	⋮	⋮
	10	0.023 12	0.022 57	0.052 62	0.047 04	0.854 65

表 13-8　驾驶倾向性识别结果（后期统计概率）

编号	时刻	识别结果（统计概率）				
		保守型	普通保守型	普通型	普通激进型	激进型
保守型	1	0.734 61	0.154 86	0.068 25	0.030 38	0.011 90
	2	0.775 25	0.117 35	0.058 14	0.033 94	0.015 32
	3	0.819 94	0.112 06	0.010 64	0.042 24	0.015 13
	⋮	⋮	⋮	⋮	⋮	⋮
	10	0.937 04	0.028 11	0.016 51	0.010 04	0.008 29
普通保守型	1	0.107 51	0.713 01	0.117 08	0.020 18	0.042 23
	2	0.092 11	0.726 34	0.090 94	0.045 31	0.045 30
	3	0.071 30	0.810 76	0.082 20	0.028 17	0.007 58
	⋮	⋮	⋮	⋮	⋮	⋮
	10	0.021 98	0.941 39	0.022 89	0.012 47	0.001 28

续表

编号	时刻	识别结果（统计概率）				
		保守型	普通保守型	普通型	普通激进型	激进型
普通型	1	0.063 65	0.111 61	0.704 73	0.114 51	0.005 50
	2	0.027 81	0.115 32	0.705 61	0.113 71	0.037 55
	3	0.037 96	0.108 64	0.746 03	0.103 53	0.003 84
	⋮	⋮	⋮	⋮	⋮	⋮
	10	0.003 02	0.032 51	0.940 79	0.021 03	0.002 64
普通激进型	1	0.016 47	0.053 96	0.095 93	0.731 92	0.101 72
	2	0.005 06	0.023 62	0.100 56	0.763 12	0.107 64
	3	0.014 82	0.033 76	0.088 92	0.791 06	0.071 45
	⋮	⋮	⋮	⋮	⋮	⋮
	10	0.002 27	0.011 61	0.023 68	0.935 04	0.027 41
激进型	1	0.025 30	0.032 31	0.071 93	0.160 28	0.710 18
	2	0.029 38	0.022 24	0.075 48	0.140 80	0.732 10
	3	0.019 52	0.028 03	0.069 31	0.114 13	0.769 01
	⋮	⋮	⋮	⋮	⋮	⋮
	10	0.000 22	0.006 71	0.017 12	0.031 49	0.944 46

如图 13-6 ~ 图 13-10 所示，五种类型驾驶员 T7 车辆编组关系下辨识结果。

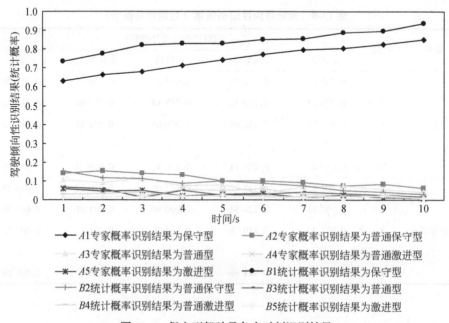

图 13-6　保守型驾驶员各个时刻识别结果

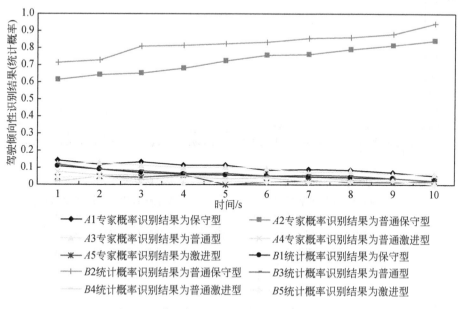

图 13-7　普通保守型驾驶员各个时刻识别结果

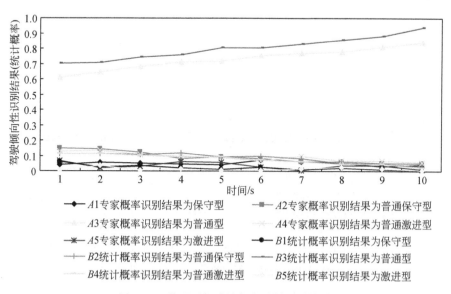

图 13-8　普通型驾驶员各个时刻识别结果

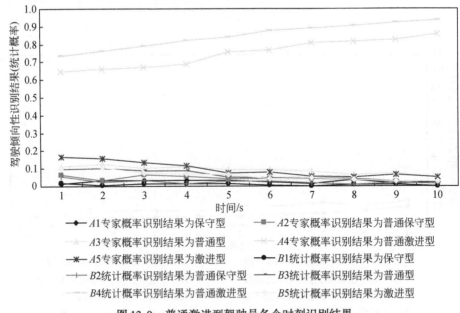

图 13-9　普通激进型驾驶员各个时刻识别结果

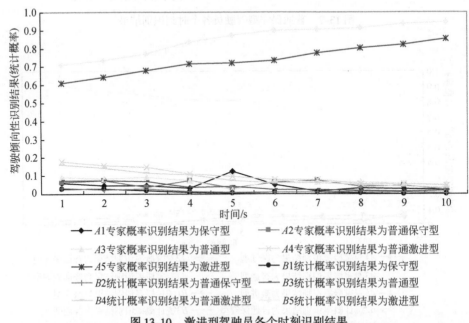

图 13-10　激进型驾驶员各个时刻识别结果

同样的验证方法，对五种类型驾驶员在不同车辆编组关系下选取一定的特征数据进行辨识模型验证，所得平均结果如图 13-11 ~ 图 13-15 所示。

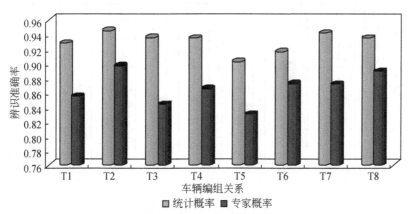

图 13-11   保守型驾驶员在不同态势下辨识准确率

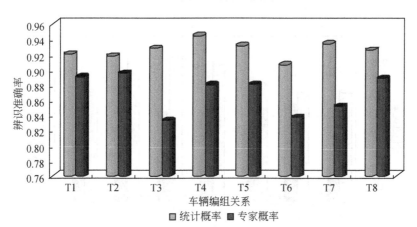

图 13-12   普通保守型驾驶员在不同态势下辨识准确率

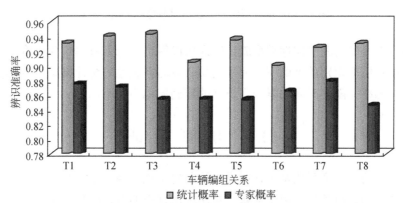

图 13-13   普通型驾驶员在不同态势下辨识准确率

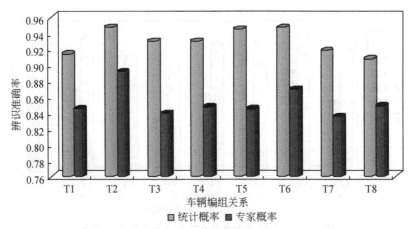

图 13-14   普通激进型驾驶员在不同态势下辨识准确率

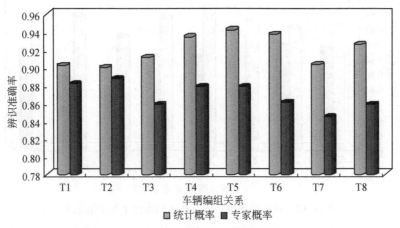

图 13-15   激进型驾驶员在不同态势下辨识准确率

由以上 5 种驾驶倾向性类型验证结果可以得出，专家概率难免具有一定的主观性，影响模型识别的准确率，而采用具有较高客观性的统计概率可以提高模型识别的准确率，随着时间的累积，识别的准确率也不断增加。

13.4   仿 真 验 证

本章中仿真验证采用基于投影寻踪回归的车辆跟驰模型和基于模糊多目标决策的换道模型进行验证，限于篇幅，对两种仿真模型以及模型标定过程不再做详细介绍。

13.4.1　车辆跟驰模型验证

验证包括目标车速度、加速度和目标车与前车的车间距，结果如图 13-16 ~ 图 13-33 所示，其中，模拟 1 为仿真过程未动态考量驾驶倾向性的情况，模拟 2 为考虑驾驶倾向性时变规律并实时用于仿真过程的情况。

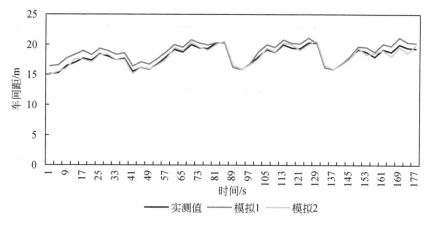

图 13-16　激进型驾驶员车间距模拟结果

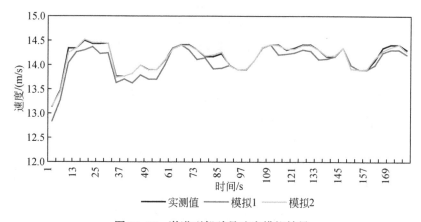

图 13-17　激进型驾驶员速度模拟结果

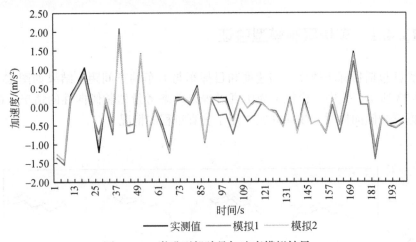

图 13-18 激进型驾驶员加速度模拟结果

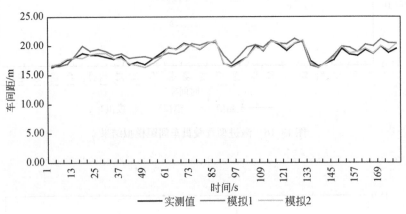

图 13-19 普通激进型驾驶员车间距模拟结果

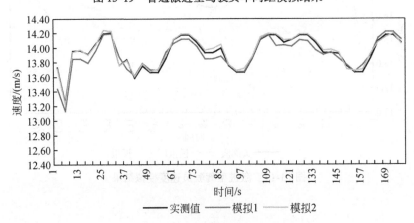

图 13-20 普通激进型驾驶员速度模拟结果

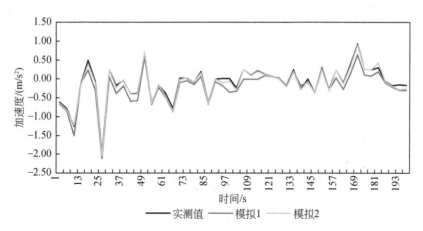

图 13-21　普通激进型驾驶员加速度模拟结果

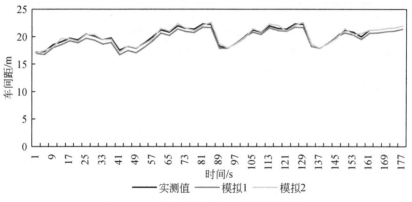

图 13-22　普通型驾驶员车间距模拟结果

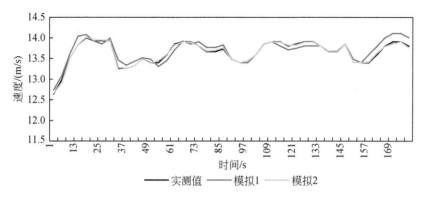

图 13-23　普通型驾驶员速度模拟结果

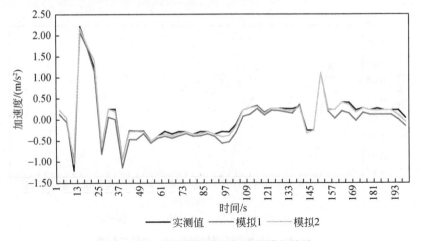

图 13-24 普通型驾驶员加速度模拟结果

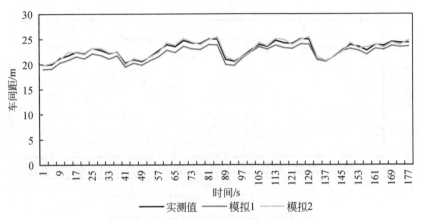

图 13-25 普通保守型驾驶员车间距模拟结果

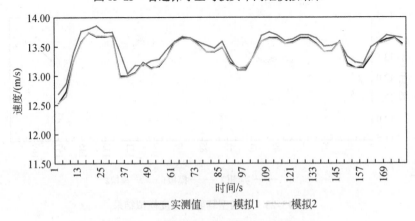

图 13-26 普通保守型驾驶员速度模拟结果

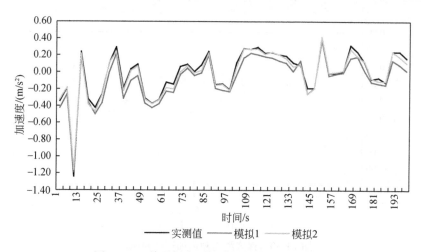

图 13-27 普通保守型驾驶员加速度模拟结果

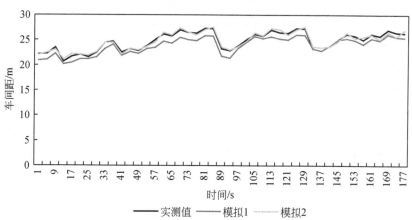

图 13-28 保守型驾驶员车间距模拟结果

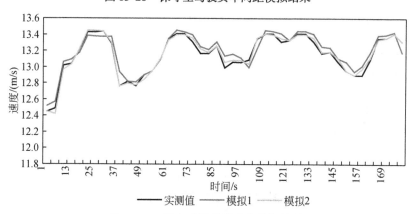

图 13-29 保守型驾驶员速度模拟结果

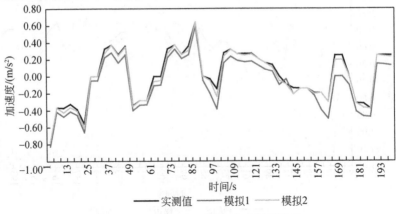

图 13-30　保守型驾驶员加速度模拟结果

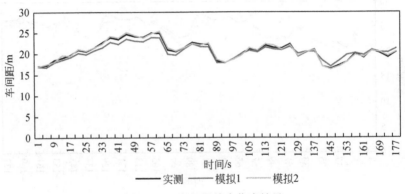

图 13-31　车间距综合仿真结果

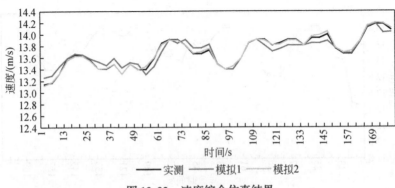

图 13-32　速度综合仿真结果

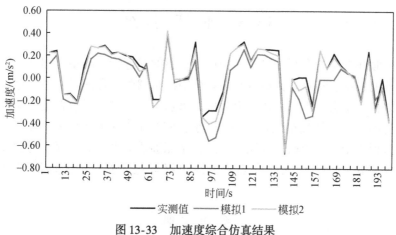

图 13-33 加速度综合仿真结果

上述结果表明，考虑驾驶倾向性差异的仿真模型能够更精确地模拟驾驶员行为，而且模型的适用度也更高。

13.4.2 车道变换模型验证

选择实验地点交通运行状况为自由流的时段进行试验，200辆实验车分20组在实验路段运行10次，同时用广角摄像机拍摄实验过程，实验结束后对录像进行分析，结果如图13-34所示。其中模拟1为仿真过程未动态考量驾驶倾向性的情况，模拟2为考虑驾驶倾向性时变规律并实时用于仿真过程的情况。不难看出考虑驾驶倾向性差异情况下的模型模拟的换道结果准确度明显高于去除驾驶倾向性因素的情况。

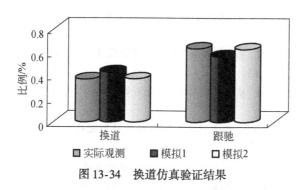

图 13-34 换道仿真验证结果

13.5　本　章　小　结

驾驶倾向性是汽车行驶过程中操控者情感偏好等特征的动态测度，是车辆安全驾驶辅助系统、特别是其碰撞预警系统中汽车驾驶员意图等心理、意识计算必须考虑的核心参数。本章以双车道为例，重点考虑环境因素中直接影响驾驶员情感的态势因素（车辆编组关系），利用动态贝叶斯网络建立时变环境下驾驶倾向性动态辨识模型。实验验证表明，所建模型能够适应多车道情况下驾驶员倾向性类型的动态识别，为以人为中心的个性化汽车主动安全系统的实现提供理论基础。

参 考 文 献

高嵩，潘泉，李智军，等.2007.基于动态贝叶斯网络推理的运动目标状态最优估计.探测与控制学报，29（4）：74-76.

高玉英.2007.基于贝叶斯理论的动态不确定度评定方法研究.安徽：合肥工业大学.

胡大伟.2009.动态贝叶斯网络的近似推理算法研究.安徽：合肥工业大学.

刘次华.2003.随机过程及其应用.北京：高等教育出版社.

马跃龙，詹武.2010.基于贝叶斯网络动态推理的信息融合方法探讨.舰船电子工程，30（3）：67-69.

冉婕，刘丽梅.2009.齐次马尔可夫预测的应用及其在 Matlab 上的实现.电脑学习，（2）：19-21.

史建国，高晓光，李相民.2006.离散模糊动态贝叶斯网络用于无人作战飞机目标识别.西北工业大学学报，（24）：45-49.

唐政，高晓光.2009.基于离散动态贝叶斯网络的辐射源目标识别研究.系统仿真学报，21（1）：117-126.

王晓原，杨新月.2006.基于三次样条非参数拟合的驾驶行为仿真模型.系统仿真学报，18（9）：2691-2694.

吴超仲，张晖，毛喆.2007.基于驾驶操作行为的驾驶员状态识别模型研究.中国安全科学技术学报，17（4）：162-165.

吴天侯，张安，李亮.2009.基于离散模糊动态贝叶斯网络的空战威胁估计.火力与指挥控制，34（10）：56-59.

肖秦琨，高嵩，高晓光.2007.动态贝叶斯网络推理学习理论及应用.北京：国防科技出版社.

肖秦琨.2006.基于动态贝叶斯网络的智能自主优化机制研究.陕西：西北工业大学.

邢丽.2008.基于综合认知活动及决策优化方法的驾驶员行为研究.山东：山东理工大学.

张星辉，刘占军.2010.基于动态贝叶斯网络的设备故障预测方法研究.科技广场，（5）：30-32.

赵晓辉, 姚佩阳, 张鹏. 2010. 动态贝叶斯网络在战场态势估计中的应用. 电光与控制, 17 (1): 44-47.

周忠宝, 马超群, 周经伦, 等. 2008. 基于动态贝叶斯网络的动态故障树分析. 系统工程理论与实践, (2): 35-42.

朱慧明, 曾惠芳, 虞克明, 等. 2009. 基于多子样的贝叶斯动态过程能力估计与评价方法研究. 中国管理科学, 17 (4): 170-176.

Dong Y C, Hu Z C, Uchimura K, et al. 2011. Driver inattention monitoring system for intelligent vehicles: a review. IEEE Transactions on Intelligent Transportation Systems, (12): 596-614.

Easa S, Ganguly, C. 2005. Modeling driver visual demand on complex horizontal alignments. Journal of Transportation Engineering, (5): 583-590.

Handford D, Rogers A. 2011. Modeling driver interdependent behavior in agent-based traffic simulations for disaster management. Advances in Intelligent and Soft Computing, (88): 163-172.

Jensen M, Wagner J, Alexander K. 2011. Analysis of in-vehicle driver behavior data for improved safety. International Journal of Vehicle Safety, (5): 197-212.

Jiang R, Klette R, Vaudrey T, et al. 2011. Corridor detection and tracking for vision-based driver assistance system. International Journal of Pattern Recognition and Artificial Intelligence, (25): 253-272.

Kisacanin B. 2011. Automotive vision for advanced driver assistance systems. Proceedings of 2011 International Symposium on VLSI Design, Automation and Test. 47-48.

Lenné M G, Rudin B, Christina M, et al. 2011. Driver behavior at rail level crossings: responses to flashing lights, traffic signals and stop signs in simulated rural driving. Applied Ergonomics, (42): 548-554.

Lewis-Evans B, de Waard D, Brookhuis K A. 2011. Speed maintenance under cognitive loadImplications for theories of driver behavior. Accident Analysis and Prevention, (43): 1497-1507.

MacNeille P, Theisen K, Gusikhin O. 2011. Intelligent music selection to influence driver behaviour: an empirical study. Proceedings of the 8th International Conference on Informatics in Control, Automation and Robotics, (2): 83-90.

Nordfjrn T, Jrgensen S, Rundmo T. 2011. A cross-cultural comparison of road traffic risk perceptions, attitudes towards traffic safety and driver behavior. Journal of Risk Research, (14): 657-684.

Tischler K, Clauss M, Guenter Y, et al. 2005. Networked environment description for advanced driver assistance systems. Proceedings of IEEE Conference on Intelligent Transportation Systems. 785-790.

Zhang J L, Wang X Y. 2011. Extraction and dynamic deduction method of vehicle driving tendency feature under time variable free flow condition. Journal of Beijing Institute of Technology, (20): 127-133.

14 双车道条件下汽车驾驶倾向性转移机制

汽车驾驶员在行车过程中的情感状态会随环境变化而发生转移，直接影响汽车操控行为，这种情感状态主要反映为驾驶员倾向性。准确揭示复杂环境下驾驶倾向性转移机制，对实现汽车自动驾驶和辅助驾驶研究具有重要意义。本章以双车道为例，从环境变化，特别是车辆编组关系演化角度出发，通过设计双车道条件下的驾驶实验，采集不同行驶环境下驾驶员倾向性并进行统计分析，揭示环境嬗变情况下，汽车驾驶倾向性转移机制。验证结果表明，利用倾向性转移规律对汽车驾驶员情感进行预测的结果与实时辨识结果基本吻合，揭示的汽车驾驶倾向性转移机制是科学合理的。

14.1 态势复杂性分析

双车道条件下的车辆编组关系如第 12 章中图 12-1 和图 12-2 所示。

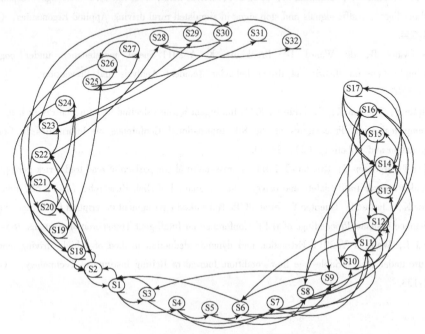

图 14-1 双车道部分车辆编组状态转移示意图

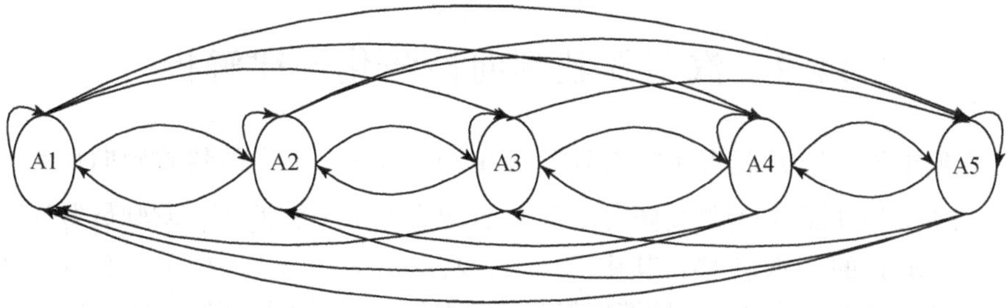

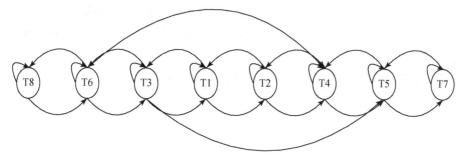

图 14-2　驾驶倾向性状态转移过程

图 14-1 为双车道情况下，不同编组关系之间的部分转移示意图，图 14-2 为不同驾驶倾向性之间的转移示意图，A1 ~ A5 依次为保守型、普通保守型、普通型、普通激进型和激进型。由图 14-1 可以看出，由于双车道条件下车辆编组关系非常复杂，本章对问题进行了简化（简化方法和简化结果同第 12 章中第 12.1 节），仅以较为简单的情况为例（图 14-3），揭示双车道条件下驾驶倾向性的演化规律。

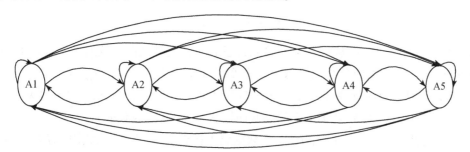

图 14-3　简化车辆编组关系转移示意图

图 14-3 为简化后的不同车辆编组之间的转移示意图，图 14-4 为简化车辆编组关系下不同驾驶倾向性之间的转移示意图。不同车辆编组关系和不同环境下驾驶倾向性的辨识采用第 4 章中所建立的辨识模型。

图 14-4　简化车辆编组关系下驾驶倾向性状态转移示意图

14.2 汽车驾驶倾向性演化规律解析

在编组关系为 T_i 情况下，若驾驶员在 t 时刻表现出来的驾驶倾向性为 A_j，在 $t+1$ 时刻表现出来的驾驶倾向性为 A_k，记为编组关系 T_i 下，驾驶员驾驶倾向性由 A_i 到 A_j 的一次转移；其中，$i=1，2，\cdots，8，j=1，2，\cdots，5，k=1$，$2，\cdots，5$，由于统计过程比较繁琐复杂，数据量大，所以要编写一些数据处理程序，对不同编组关系之间的转移概率以及不同编组关系下汽车驾驶倾向性转移概率进行统计，提高统计效率（部分驾驶倾向性演化的统计特征见附录四）。

14.2.1 初始概率确定方法

编组关系序列 $T=\{T_1，T_2，\cdots，T_8\}$，驾驶倾向性状态序列 $A=\{A_1，A_2，\cdots，A_5\}$。对于观测得到的驾驶倾向性状态序列 $X(t)：x_1，x_2，\cdots，x_n(x_n \in A)$ 和编组关系序列 $Y(t)：y_1，y_2，\cdots，y_n$，可观测的状态数据 x 和 y 均取有限状态。由于 x_t 和 y_t 均为最后一个观测值，在 x_{t+1} 和 y_{t+1} 未知的情况下，可先不考虑 x_t 和 y_t。

设观测序列 $Y(t-1)$ 中，有 N_i 个数据属于状态 T_i，有

$$\sum_{i=1} N_i = t-1(i=1，2，\cdots，5) \tag{14-1}$$

所以状态 T_i 发生的频率为

$$F_{T_i} = \frac{N_i}{n-1} \tag{14-2}$$

令

$$a_i = F_{T_i} \tag{14-3}$$

同理可得到

$$b_{ijm} = F_{Dijm} = \frac{M_{ijm}}{N_{ij}} \tag{14-4}$$

式中，M_{ijm} 为编组关系从状态 T_i 转移到状态 T_j 时，驾驶倾向性数据属于状态 A_m 的数据个数；N_{ij} 为编组关系从状态 T_i 转移到状态 T_j 数据的个数，b_{ijm} 为编组关系从状态 T_i 转移到状态 T_j 数据中，驾驶倾向性为状态 A_m 的概率；F_{Dijm} 为编组关系从状态 T_i 转移到状态 T_j 数据中，驾驶倾向性状态 A_m 发生的频率。

设观测序列 $Y(t-1)$ 中有 N_i 个数据属于状态 T_i，且 N_i 个数据中有 N_{ij} 个数据在其下一个时刻转移到状态 T_j，则 T_{ij} 发生的频率为

$$F_{T_{ij}} = \frac{N_{ij}}{N_i} \qquad (14\text{-}5)$$

令

$$a_{ij} = F_{T_{ij}} \qquad (14\text{-}6)$$

其中，a_{ij} 为从状态 T_i 到状态 T_j 的一步转移概率。

同理得

$$b_{ijmn} = F_{Dijmn} = \frac{M_{ijmn}}{M_{ijm}} \qquad (14\text{-}7)$$

其中，M_{ijmn} 为编组关系从状态 T_i 转移到状态 T_j 时，驾驶倾向性数据属于状态 A_m 的数据中，在下一时刻汽车驾驶倾向性状态转移为 A_n 的数据个数，b_{ijmn} 为编组关系从状态 T_i 到状态 T_j 时，驾驶倾向性状态从 A_m 转移到 A_n 的一步转移概率，F_{Dijmn} 为编组关系从状态 T_i 到状态 T_j 时，驾驶倾向性状态从 A_m 转移到 A_n 发生的频率。

14.2.2　初始概率确定结果

编组关系集为 $T = \{T_1, T_2, \cdots, T_8\}$，驶倾向性状态集为 $A = \{A_1, A_2, \cdots, A_5\}$，$P_{T_{ij}}$ 表示编组关系从状态 T_i 经过一次转移到状态 T_j 的概率。记作

$$P_{T_{ij}} = \begin{bmatrix} a_{11} & a_{12} & a_{13} & a_{14} & a_{15} & a_{16} & a_{17} & a_{18} \\ a_{21} & a_{22} & a_{23} & a_{24} & a_{25} & a_{26} & a_{27} & a_{28} \\ a_{31} & a_{32} & a_{33} & a_{34} & a_{35} & a_{36} & a_{37} & a_{38} \\ a_{41} & a_{42} & a_{43} & a_{44} & a_{45} & a_{46} & a_{47} & a_{48} \\ a_{51} & a_{52} & a_{53} & a_{54} & a_{55} & a_{56} & a_{57} & a_{58} \\ a_{61} & a_{62} & a_{63} & a_{64} & a_{65} & a_{66} & a_{67} & a_{68} \\ a_{71} & a_{72} & a_{73} & a_{74} & a_{75} & a_{76} & a_{77} & a_{78} \\ a_{81} & a_{82} & a_{83} & a_{84} & a_{85} & a_{86} & a_{87} & a_{88} \end{bmatrix} \qquad (14\text{-}8)$$

对大量数据统计后的结果如式（14-9）所示：

$$P_{T_{ij}} = \begin{bmatrix} 0.662 & 0223 & 0.115 & 0 & 0 & 0 & 0 & 0 \\ 0.172 & 0.681 & 0 & 0.147 & 0 & 0 & 0 & 0 \\ 0.107 & 0 & 0.622 & 0 & 0.143 & 0.128 & 0 & 0 \\ 0 & 0.134 & 0 & 0.613 & 0.152 & 0.101 & 0 & 0 \\ 0 & 0 & 0 & 0.177 & 0.711 & 0 & 0.112 & 0 \\ 0 & 0 & 0.146 & 0 & 0 & 0.682 & 0 & 0.172 \\ 0 & 0 & 0 & 0 & 0.233 & 0 & 0.767 & 0 \\ 0 & 0 & 0 & 0 & 0 & 0.192 & 0 & 0.808 \end{bmatrix} \qquad (14\text{-}9)$$

编组关系概率转移矩阵 P 中 a_{ij} 表示转移概率，其中 i，$j=1$，2，…，8 分别代表 $T_1 \sim T_8$ 八种编组关系，i 为转移前编组关系，j 为转移后的编组关系。每种编组关系下驾驶倾向性的转移概率矩阵如下所示：

$$P_D = \begin{bmatrix} P_{11} & P_{12} & P_{13} & P_{14} & P_{15} & P_{16} & P_{17} & P_{18} \\ P_{21} & P_{22} & P_{23} & P_{24} & P_{25} & P_{26} & P_{27} & P_{28} \\ P_{31} & P_{32} & P_{33} & P_{34} & P_{35} & P_{36} & P_{37} & P_{38} \\ P_{41} & P_{42} & P_{43} & P_{44} & P_{45} & P_{46} & P_{47} & P_{48} \\ P_{51} & P_{52} & P_{53} & P_{54} & P_{55} & P_{56} & P_{57} & P_{58} \\ P_{61} & P_{62} & P_{63} & P_{64} & P_{65} & P_{66} & P_{67} & P_{68} \\ P_{71} & P_{72} & P_{73} & P_{74} & P_{75} & P_{76} & P_{77} & P_{78} \\ P_{81} & P_{82} & P_{83} & P_{84} & P_{85} & P_{86} & P_{87} & P_{88} \end{bmatrix} \tag{14-10}$$

其中

$$P_{11} = \begin{bmatrix} 0.712 & 0.103 & 0.077 & 0.056 & 0.052 \\ 0.114 & 0.682 & 0.107 & 0.063 & 0.034 \\ 0.044 & 0.113 & 0.703 & 0.107 & 0.033 \\ 0.033 & 0.035 & 0.097 & 0.713 & 0.122 \\ 0.043 & 0.054 & 0.075 & 0.137 & 0.691 \end{bmatrix},$$

$$P_{12} = \begin{bmatrix} 0.687 & 0.133 & 0.071 & 0.064 & 0.045 \\ 0.127 & 0.694 & 0.102 & 0.051 & 0.026 \\ 0.038 & 0.117 & 0.707 & 0.094 & 0.044 \\ 0.021 & 0.041 & 0.111 & 0.712 & 0.115 \\ 0.031 & 0.053 & 0.077 & 0.151 & 0.688 \end{bmatrix}$$

$$P_{13} = \begin{bmatrix} 0.692 & 0.157 & 0.071 & 0.052 & 0.028 \\ 0.116 & 0.707 & 0.123 & 0.042 & 0.012 \\ 0.033 & 0.116 & 0.688 & 0.128 & 0.035 \\ 0.023 & 0.044 & 0.119 & 0.692 & 0.122 \\ 0.027 & 0.046 & 0.061 & 0.155 & 0.711 \end{bmatrix}$$

$$P_{14} = P_{15} = P_{16} = P_{17} = P_{18} = \begin{bmatrix} 0 & 0 & 0 & 0 & 0 \\ 0 & 0 & 0 & 0 & 0 \\ 0 & 0 & 0 & 0 & 0 \\ 0 & 0 & 0 & 0 & 0 \\ 0 & 0 & 0 & 0 & 0 \end{bmatrix}$$

$$\boldsymbol{P}_{21} = \begin{bmatrix} 0.678 & 0.147 & 0.081 & 0.054 & 0.040 \\ 0.126 & 0.677 & 0.114 & 0.061 & 0.022 \\ 0.031 & 0.126 & 0.684 & 0.112 & 0.047 \\ 0.038 & 0.044 & 0.132 & 0.671 & 0.115 \\ 0.028 & 0.055 & 0.072 & 0.144 & 0.701 \end{bmatrix}$$

$$\boldsymbol{P}_{22} = \begin{bmatrix} 0.721 & 0.144 & 0.071 & 0.052 & 0.012 \\ 0.093 & 0.707 & 0.104 & 0.061 & 0.035 \\ 0.031 & 0.113 & 0.716 & 0.102 & 0.038 \\ 0.028 & 0.032 & 0.104 & 0.724 & 0.112 \\ 0.024 & 0.053 & 0.068 & 0.137 & 0.718 \end{bmatrix}$$

$$\boldsymbol{P}_{24} = \begin{bmatrix} 0.662 & 0.172 & 0.091 & 0.055 & 0.020 \\ 0.133 & 0.671 & 0.127 & 0.047 & 0.022 \\ 0.031 & 0.142 & 0.652 & 0.133 & 0.042 \\ 0.015 & 0.039 & 0.141 & 0.667 & 0.138 \\ 0.025 & 0.045 & 0.086 & 0.167 & 0.677 \end{bmatrix}$$

$$\boldsymbol{P}_{23} = \boldsymbol{P}_{25} = \boldsymbol{P}_{26} = \boldsymbol{P}_{27} = \boldsymbol{P}_{28} = \begin{bmatrix} 0 & 0 & 0 & 0 & 0 \\ 0 & 0 & 0 & 0 & 0 \\ 0 & 0 & 0 & 0 & 0 \\ 0 & 0 & 0 & 0 & 0 \\ 0 & 0 & 0 & 0 & 0 \end{bmatrix}$$

$$\boldsymbol{P}_{31} = \begin{bmatrix} 0.658 & 0.152 & 0.081 & 0.062 & 0.047 \\ 0.122 & 0.667 & 0.127 & 0.065 & 0.019 \\ 0.041 & 0.114 & 0.662 & 0.127 & 0.056 \\ 0.024 & 0.085 & 0.113 & 0.671 & 0.107 \\ 0.036 & 0.051 & 0.092 & 0.156 & 0.665 \end{bmatrix}$$

$$\boldsymbol{P}_{33} = \begin{bmatrix} 0.717 & 0.144 & 0.077 & 0.051 & 0.011 \\ 0.112 & 0.722 & 0.097 & 0.047 & 0.022 \\ 0.042 & 0.104 & 0.716 & 0.099 & 0.039 \\ 0.023 & 0.056 & 0.095 & 0.709 & 0.117 \\ 0.028 & 0.043 & 0.064 & 0.151 & 0.714 \end{bmatrix}$$

$$\boldsymbol{P}_{35} = \begin{bmatrix} 0.674 & 0.196 & 0.081 & 0.037 & 0.012 \\ 0.124 & 0.681 & 0.136 & 0.042 & 0.017 \\ 0.032 & 0.134 & 0.672 & 0.128 & 0.034 \\ 0.014 & 0.039 & 0.126 & 0.688 & 0.133 \\ 0.014 & 0.036 & 0.064 & 0.201 & 0.685 \end{bmatrix}$$

$$P_{36} = \begin{bmatrix} 0.681 & 0.207 & 0.062 & 0.036 & 0.014 \\ 0.131 & 0.676 & 0.138 & 0.042 & 0.013 \\ 0.026 & 0.127 & 0.677 & 0.134 & 0.036 \\ 0.017 & 0.037 & 0.133 & 0.682 & 0.131 \\ 0.016 & 0.032 & 0.067 & 0.212 & 0.673 \end{bmatrix}$$

$$P_{32} = P_{34} = P_{37} = P_{38} = \begin{bmatrix} 0 & 0 & 0 & 0 & 0 \\ 0 & 0 & 0 & 0 & 0 \\ 0 & 0 & 0 & 0 & 0 \\ 0 & 0 & 0 & 0 & 0 \\ 0 & 0 & 0 & 0 & 0 \end{bmatrix}$$

$$P_{42} = \begin{bmatrix} 0.677 & 0.153 & 0.081 & 0.054 & 0.035 \\ 0.121 & 0.684 & 0.108 & 0.061 & 0.026 \\ 0.033 & 0.116 & 0.681 & 0.128 & 0.042 \\ 0.041 & 0.061 & 0.092 & 0.692 & 0.114 \\ 0.030 & 0.054 & 0.082 & 0.146 & 0.688 \end{bmatrix}$$

$$P_{44} = \begin{bmatrix} 0.722 & 0.142 & 0.061 & 0.052 & 0.023 \\ 0.097 & 0.719 & 0.103 & 0.056 & 0.025 \\ 0.031 & 0.106 & 0.727 & 0.112 & 0.024 \\ 0.020 & 0.065 & 0.102 & 0.702 & 0.111 \\ 0.019 & 0.039 & 0.088 & 0.146 & 0.708 \end{bmatrix}$$

$$P_{45} = \begin{bmatrix} 0.688 & 0.173 & 0.074 & 0.043 & 0.022 \\ 0.114 & 0.692 & 0.117 & 0.052 & 0.025 \\ 0.041 & 0.107 & 0.685 & 0.116 & 0.051 \\ 0.032 & 0.054 & 0.115 & 0.681 & 0.118 \\ 0.017 & 0.031 & 0.078 & 0.188 & 0.686 \end{bmatrix}$$

$$P_{46} = \begin{bmatrix} 0.672 & 0.211 & 0.071 & 0.033 & 0013 \\ 0.146 & 0.665 & 0.151 & 0.027 & 0.011 \\ 0.022 & 0.144 & 0.668 & 0.149 & 0.017 \\ 0.016 & 0.044 & 0.132 & 0.674 & 0.134 \\ 0.011 & 0.031 & 0.073 & 0.217 & 0.668 \end{bmatrix}$$

$$P_{41} = P_{43} = P_{47} = P_{48} = \begin{bmatrix} 0 & 0 & 0 & 0 & 0 \\ 0 & 0 & 0 & 0 & 0 \\ 0 & 0 & 0 & 0 & 0 \\ 0 & 0 & 0 & 0 & 0 \\ 0 & 0 & 0 & 0 & 0 \end{bmatrix}$$

$$\boldsymbol{P}_{54} = \begin{bmatrix} 0.663 & 0.196 & 0.077 & 0.042 & 0.022 \\ 0.143 & 0.674 & 0.132 & 0.038 & 0.013 \\ 0.022 & 0.137 & 0.679 & 0.141 & 0.021 \\ 0.016 & 0.033 & 0.139 & 0.668 & 0.144 \\ 0.020 & 0.038 & 0.063 & 0.202 & 0.677 \end{bmatrix}$$

$$\boldsymbol{P}_{55} = \begin{bmatrix} 0.723 & 0.156 & 0.073 & 0.034 & 0.014 \\ 0.112 & 0.717 & 0.108 & 0.053 & 0.010 \\ 0.034 & 0.112 & 0.726 & 0.106 & 0.022 \\ 0.015 & 0.042 & 0.108 & 0.722 & 0.133 \\ 0.014 & 0.031 & 0.074 & 0.167 & 0.714 \end{bmatrix}$$

$$\boldsymbol{P}_{57} = \begin{bmatrix} 0.663 & 0.214 & 0.065 & 0.037 & 0.021 \\ 0.129 & 0.676 & 0.132 & 0.044 & 0.019 \\ 0.033 & 0.133 & 0.672 & 0.126 & 0.036 \\ 0.019 & 0.037 & 0.131 & 0.677 & 0.136 \\ 0.013 & 0.038 & 0.071 & 0.209 & 0.669 \end{bmatrix}$$

$$\boldsymbol{P}_{51} = \boldsymbol{P}_{52} = \boldsymbol{P}_{53} = \boldsymbol{P}_{56} = \boldsymbol{P}_{58} = \begin{bmatrix} 0 & 0 & 0 & 0 & 0 \\ 0 & 0 & 0 & 0 & 0 \\ 0 & 0 & 0 & 0 & 0 \\ 0 & 0 & 0 & 0 & 0 \\ 0 & 0 & 0 & 0 & 0 \end{bmatrix}$$

$$\boldsymbol{P}_{63} = \begin{bmatrix} 0.688 & 0.141 & 0.087 & 0.052 & 0.032 \\ 0.113 & 0.674 & 0.106 & 0.062 & 0.045 \\ 0.052 & 0.121 & 0.691 & 0.098 & 0.038 \\ 0.039 & 0.044 & 0.113 & 0.682 & 0.122 \\ 0.038 & 0.052 & 0.071 & 0.154 & 0.685 \end{bmatrix}$$

$$\boldsymbol{P}_{66} = \begin{bmatrix} 0.722 & 0.161 & 0.074 & 0.032 & 0.011 \\ 0.102 & 0.727 & 0.108 & 0.044 & 0.019 \\ 0.038 & 0.107 & 0.718 & 0.104 & 0.033 \\ 0.018 & 0.041 & 0.111 & 0.724 & 0.106 \\ 0.015 & 0.032 & 0.077 & 0.157 & 0.719 \end{bmatrix}$$

$$\boldsymbol{P}_{68} = \begin{bmatrix} 0.679 & 0.216 & 0.064 & 0.023 & 0.018 \\ 0.127 & 0.682 & 0.131 & 0.039 & 0.021 \\ 0.022 & 0.136 & 0.685 & 0.141 & 0.016 \\ 0.011 & 0.047 & 0.127 & 0.681 & 0.134 \\ 0.013 & 0.032 & 0.057 & 0.221 & 0.677 \end{bmatrix}$$

$$P_{61} = P_{62} = P_{64} = P_{65} = P_{67} = \begin{bmatrix} 0 & 0 & 0 & 0 & 0 \\ 0 & 0 & 0 & 0 & 0 \\ 0 & 0 & 0 & 0 & 0 \\ 0 & 0 & 0 & 0 & 0 \\ 0 & 0 & 0 & 0 & 0 \end{bmatrix}$$

$$P_{75} = \begin{bmatrix} 0.667 & 0.199 & 0.074 & 0.041 & 0.019 \\ 0.135 & 0.673 & 0.138 & 0.036 & 0.018 \\ 0.032 & 0.129 & 0.678 & 0.134 & 0.027 \\ 0.021 & 0.064 & 0.126 & 0.671 & 0.118 \\ 0.015 & 0.032 & 0.073 & 0.203 & 0.677 \end{bmatrix}$$

$$P_{77} = \begin{bmatrix} 0.732 & 0.151 & 0.072 & 0.033 & 0.012 \\ 0.095 & 0.728 & 0.101 & 0.052 & 0.024 \\ 0.036 & 0.107 & 0.727 & 0.102 & 0.028 \\ 0.016 & 0.042 & 0.104 & 0.731 & 0.107 \\ 0.015 & 0.036 & 0.067 & 0.148 & 0.734 \end{bmatrix}$$

$$P_{71} = P_{72} = P_{73} = P_{74} = P_{76} = P_{78} = \begin{bmatrix} 0 & 0 & 0 & 0 & 0 \\ 0 & 0 & 0 & 0 & 0 \\ 0 & 0 & 0 & 0 & 0 \\ 0 & 0 & 0 & 0 & 0 \\ 0 & 0 & 0 & 0 & 0 \end{bmatrix}$$

$$P_{86} = \begin{bmatrix} 0.671 & 0.204 & 0.067 & 0.042 & 0.016 \\ 0.122 & 0.676 & 0.128 & 0.046 & 0.028 \\ 0.027 & 0.133 & 0.682 & 0.126 & 0.032 \\ 0.015 & 0.044 & 0.129 & 0.681 & 0.131 \\ 0.024 & 0.035 & 0.061 & 0.207 & 0.673 \end{bmatrix}$$

$$P_{88} = \begin{bmatrix} 0.731 & 0.153 & 0.074 & 0.031 & 0.011 \\ 0.109 & 0.728 & 0.102 & 0.043 & 0.018 \\ 0.021 & 0.111 & 0.733 & 0.108 & 0.027 \\ 0.011 & 0.041 & 0.106 & 0.729 & 0.113 \\ 0.014 & 0.036 & 0.068 & 0.149 & 0.733 \end{bmatrix}$$

$$P_{81} = P_{82} = P_{83} = P_{84} = P_{85} = P_{87} = \begin{bmatrix} 0 & 0 & 0 & 0 & 0 \\ 0 & 0 & 0 & 0 & 0 \\ 0 & 0 & 0 & 0 & 0 \\ 0 & 0 & 0 & 0 & 0 \\ 0 & 0 & 0 & 0 & 0 \end{bmatrix}$$

$P_{11} \sim P_{88}$ 分别表示 $T_1 \sim T_8$ 八种车辆编组关系变化时，对应不同类型驾驶倾向性之间的转移概率矩阵，b_{ijmn} 为转移概率，i 为 t 时刻编组关系类型，j 为 $t+1$ 时刻编组关系类型，m 为 t 时刻驾驶倾向性类型，n 为 $t+1$ 时刻驾驶倾向性类型。

14.3 马尔可夫过程

马尔可夫（A. Markov, 1856～1922）是俄国数学家，他开创了一种无后效性随机过程的研究，此过程为马尔可夫过程。马尔可夫的工作极大地丰富了概率论的内容，促使其成为与自然科学和技术直接有关的最重要的数学领域之一。

14.3.1 马尔可夫链定义

参数空间和状态空间都是离散的马尔可夫过程称为马尔可夫链。由于离散集总是可以与整数或非负整数对应，所以马尔可夫链的参数空间一般取 $T = \{0, 1, \cdots, n, \cdots\}$，其中 $t = 0$ 时刻为初始时刻，与时刻 $t = n$ 对应的 $X(t)$ 习惯记作 X_n。所以，马尔可夫链通常表示为

$$\{X_n, n \in T\}, \quad T = \{0, 1, \cdots, n, \cdots\} \tag{14-11}$$

马尔可夫链的状态空间记作 I，设 $i \in I$，那么 $X_n = i$ 的含义就是在 $t = n$ 时刻，马尔可夫链处于状态 i。

对任意非负整数

$$T = \{0, 1, \cdots, n, \cdots\} \tag{14-12}$$

都有

$$P(X_{n+1} = i_{n+1} \mid X_0 = i_0, X_1 = i_1, \cdots, X_n = i_n) = P(X_{n+1} = i_{n+1} \mid X_n = i_n) \tag{14-13}$$

成立，式中，$i_0, i_1, \cdots, i_n, i_{n+1} \in I$。式（14-13）是马尔可夫链的马氏性（无后效性）的数学表达式。马尔可夫链的统计特性完全由条件概率 $P\{X_{n+1} = i_{n+1} \mid X_n = i_n\}$ 决定，如何确定此条件概率是马尔可夫链理论和应用中的重要问题之一。

定义 14-1 $P(X_{m+k} = j \mid X_m = i)$，$(i, j \in I, m \geq 0, k > 0)$，记为马尔可夫链的 k 步转移概率，记作 $p_{ij}(m, k)$。

所谓转移概率就是在已知马尔可夫链 m 时刻是处于状态 i 的条件下，到 $m + k$ 时刻转移到状态 j 概率，其中经过了 k 个时刻，所以 $p_{ij}(m, k)$ 称为 k 步转移概率。当 $k = 1$ 时，即 $p_{ij}(m, 1)$，$(i, j \in I, m \geq 0)$ 称为一步转移概率或基本转移概率，简称为转移概率。

定义 14-2 设 P 表示转移概率 p_{ij} 所组成的矩阵，且状态空间 $I = \{1, 2, \cdots\}$

则矩阵

$$
\boldsymbol{P} = \begin{bmatrix}
p_{11} & p_{12} & \cdots & p_{1n} & \cdots \\
p_{21} & p_{22} & \cdots & p_{2n} & \cdots \\
\vdots & \vdots & \vdots & \vdots & \vdots \\
p_{n1} & p_{n2} & \cdots & p_{nn} & \cdots \\
\vdots & \vdots & \vdots & \vdots & \vdots
\end{bmatrix}
\tag{14-14}
$$

为系统状态的转移概率矩阵，具有以下两个性质：

$$
p_{ij} \geq 0, \ i, \ j \in I \tag{14-15}
$$

$$
\sum_{j \in I} p_{ij} = 1, \quad i \in I \tag{14-16}
$$

式（14-16）中对 j 求和是对状态空间 I 的所有可能状态进行的，说明转移概率矩阵中任意一行元素之和为 1，满足式（14-15），式（14-16）的矩阵为随机矩阵。

设 $\{X_n, \ n \in T\}$，$T = \{0, \ 1, \ \cdots, \ n, \ \cdots\}$ 为马尔可夫链，则对任意的 i_0，$i_1, \ \cdots, \ i_n, \ i_{n+1} \in I$ 和 $n \geq 1$，有

$$
P\{X_1 = i_1, \ \cdots, \ X_n = i_n\} = \sum_{i \in I} p_i p_{ii_1} \cdots p_{i_{n-1}i_n} \tag{14-17}
$$

其中，$X_0 = i$。由式（14-17）可知，只要知道初始概率和一步转移概率，就可以描述马尔可夫链的统计特性。

14.3.2 马尔可夫链的状态分类

假设 $\{X_n, \ n \in T\}$，$T = \{0, \ 1, \ \cdots, \ n, \ \cdots\}$ 是齐次马尔可夫链，其状态空间 $I = \{0, \ 1, \ 2, \ \cdots\}$，一步转移概率是 p_{ij}，初始分布为 $\{p_j, \ j \in I\}$，用概率性质对状态进行分类。

定义 14-3　如果集合 $\{n: n \geq 1, \ p_{ii}^{(n)} > 0\}$ 非空，则该集合的最大公约数 $d = d(i) = G.C.D\{n: p_{ii}^{(n)} > 0\}$ 为状态 i 的周期。如果 $d > 1$ 就称 i 是周期的，如果 $d = 1$ 就称 i 为非周期的。如果 i 的周期为 d，那么存在正整数 M，对多有 $n \geq M$，都有 $p_{ij}^{(n)} > 0$。

设 $X_0 = i$，则

$$
T_{ij} = \min\{n \mid X_0 = i, \ X_n = j\}, \quad n = (1, \ 2, \ 3, \ \cdots) \tag{14-18}
$$

称为从 i 出发首次进入状态 j 的时刻；如果 $X_0 = i$ 是不可能事件，或者状态 i 不可能到达状态 j，那么规定 $T_{ij} = +\infty$。一般情况下，T_{ij} 是一个随机变量。将在 $X_0 = i$ 的条件下，首次进入状态 j 的时刻恰好等于 n 的概率记作 $f_{ij}(n)$，即

$$
f_{ij}(n) = P(T_{ij} = n \mid X_0 = i) = P(X_n = j, \ X_{n-1} \neq j, \ \cdots, \ X_1 \neq j \mid X_0 = i)
$$

$$
\tag{14-19}
$$

如果以 f_{ij} 表示在 $X_0 = i$ 的条件下，迟早要进入状态 j 的概率，所谓"迟早进入"就是"一步进入""两步进入"等事件的和，而这些事件彼此是互斥的，所以

$$f_{ij} = \sum_{n=11}^{\infty} P(T_{ij} = n \mid X_0 = i) = \sum_{n=1}^{\infty} f_{ij}(n) \tag{14-20}$$

由于 f_{ij}，$f_{ij}(n)$ 都是概率，有 $0 \leqslant f_{ij}(n) \leqslant f_{ij} \leqslant 1$。如果 $j = i$，就是从 i 状态出发首次返回 i 的时刻，f_{ii} 就是从 i 出发，迟早要返回 i 的概率。

定义 14-4 如果 $f_{ii} = 1$，则称状态 i 为常返状态；$f_{ii} < 1$，则称状态 i 为非常返状态。

对常返态 i，由定义知 $\{f_{ii}^{(n)}, n \geqslant 1\}$ 构成概率分布。此分布的期望值

$$\mu_i = \sum_{i=1}^{\infty} n f_{ii}^{(n)} \tag{14-21}$$

表示由状态 i 出发再返回到状态 i 的平均返回时间。如果 $\mu_i < \infty$，则称常返状态 i 为正常返状态；如 $\mu_i = \infty$，则称常返状态 i 为零常返状态，非周期的正常返状态称为遍历状态。

对任意状态 i，j 及 $1 \leqslant n < \infty$，有

$$p_{ij}^{(n)} = \sum_{k=1}^{n} f_{ij}^{(k)} p_{jj}^{(n-k)} = \sum_{k=0}^{n} f_{ij}^{(n-k)} p_{jj}^{(k)} \tag{14-22}$$

状态 i 常返的充要条件为

$$\sum_{n=0}^{\infty} p_{ii}^{(n)} = \infty \tag{14-23}$$

如果状态 i 是非常返状态，那么

$$\sum_{n=0}^{\infty} p_{ii}^{(n)} = \frac{1}{1 - f_{ii}} \tag{14-24}$$

可达关系与互通关系都具有传递性，即如果 $i \to j$，$j \to k$，则 $i \to k$；如果 $i \leftrightarrow j$，$j \leftrightarrow k$，则 $i \leftrightarrow k$。如果 $i \to k$ 则 i 与 j 同为常返状态或非常返状态，如果为常返状态则它们同为正常返状态或零常返状态，且 i 与 j 有相同的周期。

14.4 转移机制准确性验证

选取多名典型倾向性驾驶员，根据上述转移概率分别进行模拟试验和实车实验。如果编组关系观测值为状态 T_i，则取

$$P_{Ti} = \{a_{i1}, a_{i2}, \cdots, a_{i8}\} \tag{14-25}$$

$$P_{Di} = \{P_{i1}, P_{i2}, \cdots, P_{i8}\} \tag{14-26}$$

$$a_{ij}P_{ij} = a_{ij} \begin{bmatrix} b_{ij11} & b_{ij12} & b_{ij13} & b_{ij14} & b_{ij15} \\ b_{ij21} & b_{ij22} & b_{ij23} & b_{ij24} & b_{ij25} \\ b_{ij31} & b_{ij32} & b_{ij33} & b_{ij34} & b_{ij35} \\ b_{ij41} & b_{ij42} & b_{ij43} & b_{ij44} & b_{ij45} \\ b_{ij51} & b_{ij52} & b_{ij53} & b_{ij54} & b_{ij55} \end{bmatrix} \tag{14-27}$$

此编组关系下，如果驾驶倾向性状态为 A_m ，则取

$$P(A_{imn}) = \sum_{j=1}^{8} a_{ij} b_{ijmn} \tag{14-28}$$

$P(A_{imn})$ 表示时刻 t 时，编组关系观测状态为 T_i ，且驾驶倾向性状态属于 A_m 时，在 $t+1$ 时刻时，驾驶倾向性为状态 A_n 的概率值。

如果在 t 时刻时间序列观测值，编组关系观测状态为 T_i ，且驾驶倾向性状态属于 A_m 且有

$$P_{mn} = \max \{ A_{im1}, \ A_{im2}, \ \cdots, \ A_{im5} \} \tag{14-29}$$

则可以得到 $t+1$ 时刻的驾驶倾向性状态为 A_n 。

14.4.1 模拟验证

模拟实验采用交互式并行驾驶模拟系统，进行模拟驾驶实验，构建虚拟现实的双车道交通场景，设置符合我国交通标准的城市道路以及相应道路设施等，实验前对驾驶员进行驾驶模拟器操作培训，实验过程中包括上述所列的八种编组关系，最后获取相应实验数据和在数据基础上的驾驶倾向性实时辨识结果进行分析，如表 14-1 所示。

表 14-1 模拟实验结果

驾驶员编号	预测次数	预测结果与识别结果对比		准确率/%
		相符次数	不符次数	
1	50	44	6	88
2	50	41	9	82
3	50	43	7	86
4	50	42	8	84
5	50	43	7	86
均值	50	42.6	7.4	85.2

由表 14-1 可以得出所建立的预测模型在模拟实验中预测结果和辨识结果的契合度较高。

14.4.2 实车验证

实车实验与模拟实验类似，分别对五名驾驶员进行实车实验，获取实验数据和数据基础上的驾驶倾向性辨识结果，然后进行分析，结果如表14-2所示。

表14-2 实车实验结果

驾驶员编号	预测次数	预测结果与识别结果对比		准确率/%
		相符次数	不符次数	
1	50	42	8	84
2	50	40	10	80
3	50	43	7	86
4	50	41	9	82
5	50	42	8	84
均值	50	41.6	8.4	83.2

由表14-2可以得出所建立的预测模型在实车实验中预测结果和辨识结果的契合度也较高。

综合模拟实验与实车实验的验证结果，可以得出，在实验误差允许的范围内，本章所建立的微观交通态势下驾驶倾向性预测模型是合理的，且预测准确率较高。

14.5 本 章 小 结

环境变化会激发驾驶倾向性的演化；反之，汽车驾驶员对环境信息的认知及处理也会受驾驶倾向性的影响。因此，本章借鉴情感演化的理论和方法，从行驶环境变化角度出发，揭示了汽车驾驶倾向性的转移机制。验证结果表明，所建预测模型预测结果与辨识结果契合度比较高。限于时间和精力，实验选取样本容量有限，很难完全准确地反映出驾驶倾向性转移机制的全貌，以后研究应进一步扩充样本，对于影响因素更多和环境更复杂的三车道或更多车道的情况下驾驶倾向性演化规律进行深入研究探讨。

参 考 文 献

李洪，赵望达，徐志胜. 2009. 马尔可夫预测模型在铁路事故预测方面的应用. 中国公共安全（学术版），（Z1）：149-151.

李相勇, 张南, 蒋葛夫. 2003. 道路交通事故灰色马尔可夫预测模型. 公路交通科技, (4): 98-101.

刘江, 田萍, 荣健, 等. 2006. 驾驶员气质与行车速度关系的初步研究. 北京工业大学学报, 32 (1): 27-32.

王晓原, 王雷, 杨新月. 2006. 驾驶员多源信息融合协同仿真算法研究. 计算机工程与应用, 42 (24): 195-198.

王晓原, 杨新月, 张敬磊. 2010. 交通流微观仿真与驾驶员行为建模理论及方法. 北京: 科学出版社.

王晓原. 2005. 基于心理物理综合认知结构的微观交通仿真模型. 计算机仿真, 22 (11): 233-236.

吴超仲, 严新平, 马晓凤. 2007. 考虑驾驶员性格特性的跟驰模型. 交通运输工程与信息学报, 5 (4): 18-22.

张瑞, 迟道才, 王晓瑜, 等. 2008. 基于马尔可夫过程的改进残差灰色灾变预测模型研究. 中国农村水利水电, (1): 10.

张欣, 马宏伟. 2008. 灰色马尔可夫预测模型及在我国用水总量预测中的应用. 中国制造业信息化, 37 (15): 66-68.

张元元, 王晓原, 谭德荣, 等. 2010. 基于模糊多目标决策的车道变换模型. 山东理工大学学报, 24 (12): 126-130.

张元元, 王晓原, 谭德荣. 2011. 基于最优控制的车辆跟驰模型. 山东理工大学学报, 25 (1): 6-11.

Fang C Y, Fuh C q, Yen P S, et al. 2004. An automatic road sign recognition system based on a computational model of human recognition processing. Computer Vision and Image Understanding, 96 (2): 237-268.

Kalyuga S. 2011. Cognitive load theory: implications for affective computing. Proceedings of the 24th International Florida Artificial Intelligence Research Society, 105-110.

Ko J, Guensler R, Hunter M. 2010. Analysis of effects of driver/vehicle characteristics on acceleration noise using GPS- equipped vehicles. Transportation Research Part F: Traffic Psychology and Behaviour, 13 (1): 21-31.

Kumagai T, Akamatsu M. 2006. Prediction of human driving behavior using dynamic bayesian networks. IEICE Transactions on Information and Systems, E89-D (2): 857-860.

Lv L, Zhou C. 2011. Improved affective computing fuzzy model of guqin music. Journal of Information and Computational Science, 8 (14): 3063-3073.

Nakaoka M, Raksincharoensak P, Nagai M. 2008. Study on forward collision warming system adapted to driver characteristics and road environment. International Conference on Control, Automation and Systems. 2890-2895.

Pour P A, Calvo R A. 2011. Towards a generic framework for automatic measurements of web usability using affective computing techniques. Lecture Notes in Computer Science: 447-456.

Tkalcic M, Kosir A, Tasic J. 2011. Usage of affective computing in recommender systems.

Elektrotehniski Vestnik/Electrotechnical Review, 78（2）: 12-17.

Wu D, Parsons, T D. 2011. Inductive transfer learning for handling individual differences in affective computing. Lecture Notes in Computer Science,（2）: 142-151.

Zhou W. 2003. Analysis of distance headway. Journal of Southeast University, 19（4）: 379-381.

本篇研究总结

　　本篇通过设计各类实验，采集车辆运动状态、驾驶员及操作行为、驾驶环境等微观动态信息；采用神经网络分类器及误差反向传播算法，把微观动态信息作为神经网络输入层，驾驶员倾向性类型作为输出层，对数据进行训练，确定输入、输出层与隐含层之间的连接权重，获得分类正确率估计，再运用离散粒子群算法，对驾驶倾向性的特征数据进行了提取；针对双车道情况并重点考虑环境因素中直接影响驾驶员情感的态势因素，运用遗传模拟退火算法，提取时变环境下不同的驾驶倾向性特征，利用动态贝叶斯网络建立适应环境演化的驾驶倾向性识别模型；通过不同环境下驾驶倾向性数据统计分析，揭示双车道条件下，随着交通环境演化的汽车驾驶倾向性转移规律。

附　　录

附录一　卡特尔 16 种人格因素问卷

本测验共有 187 道题目，都是有关个人的兴趣和态度等问题。每个人对这些问题都会有不同的看法，回答也不相同，因而对问题如何回答，并没有对与不对之分，只是表明你对这些问题的态度。请尽量表达个人的意见，不要有顾虑。

请注意：①每道测试题选择一个答案；②不可漏掉任何测题；③尽量不选择 B 选项；④本测验不计时间，但应凭自己的直觉反应进行作答，不要迟疑不决，拖延时间，且一定要在一小时以内完成整个测验；⑤有些题目你可能从未思考过，或者感到不太容易回答，对于这样的题目，同样要求你做出一种倾向性的选择。

1. 我很明了本测试的说明：
   （A）是的
   （B）不一定
   （C）不是的

2. 我对本测试的每一个问题，都能做到诚实回答：
   （A）是的
   （B）不一定
   （C）不同意

3. 如果我有机会的话，我愿意：
   （A）到一个繁华的城市去旅行
   （B）介于 A，C 之间
   （C）浏览清静的山区

4. 我有能力应付各种困难：
   （A）是的
   （B）不一定

5. 即使是关在铁笼里的猛兽，我见了也会感到惴惴不安：
   （A）是的
   （B）不一定
   （C）不是的

6. 我总是不敢大胆批评别人的言行：
   （A）是的
   （B）有时如此
   （C）不是的

7. 我的思想似乎：
   （A）比较先进
   （B）一般
   （C）比较保守

8. 我不擅长说笑话，讲有趣的事：
   （A）是的

(B) 介于 A，C 之间

(C) 不是的

9. 当我见到邻居或新友争吵时，我总是：

(A) 任其自己解决

(B) 介于 A，C 之间

(C) 予以劝解

10. 在群众集会时，我：

(A) 谈吐自如

(B) 介于 A，C 之间

(C) 保持沉默

11. 我愿意做一个：

(A) 建筑工程师

(B) 不确定

(C) 社会科学研究者

12. 阅读时，我喜欢选读：

(A) 自然科学书籍

(B) 不确定

(C) 政治理论书籍

13. 我认为很多人都有些心理不正常，只是他们不愿承认：

(A) 是的

(B) 介于 A，C 之间

(C) 不是的

14. 我希望我的爱人擅长交际，无需具有文艺才能：

(A) 是的

(B) 不一定

(C) 不是的

15. 对于性情急躁，爱发脾气的人，我仍以礼相待：

(A) 是的

(B) 介于 A，C 之间

(C) 不是的

16. 受人侍奉时我常常局促不安：

(A) 是的

(B) 介于 A，C 之间

(C) 不是的

17. 在从事体力或脑力劳动之后，我总是需要有别人更多的休息时间，才能保持工作效率：

(A) 是的

(B) 介于 A，C 之间

(C) 不是的

18. 半夜醒来，我常常为种种不安而不能入睡：

(A) 常常如此

(B) 有时如此

(C) 极少如此

19. 事情进行的不顺利时，我常常急得涕泪交流：

(A) 常常如此

(B) 有时如此

(C) 极少如此

20. 我以为只要双方同意可离婚，可以不受传统观念的束缚：

(A) 是的

(B) 介于 A，C 之间

(C) 不是的

21. 我对人或物的兴趣都很容易改变：

(A) 是的

(B) 介于 A，C 之间

(C) 不是的

22. 工作中，我愿意：

(A) 和别人合作

(B) 不确定

(C) 自己单独进行

23. 我常常无缘无故自言自语：

（A）常常如此

（B）偶尔如此

（C）从不如此

24. 无论是工作，饮食或外出游览，我总是：

（A）匆匆忙忙不能尽兴

（B）介于 A，C 之间

（C）从容不迫

25. 我怀疑别人是否对我的言行真正有兴趣：

（A）是的

（B）介于 A，C 之间

（C）不是的

26. 如果我在工厂里工作，我愿做：

（A）技术科的工作

（B）介于 A，C 之间

（C）宣传科的工作

27. 在阅读时我愿阅读：

（A）有关太空旅行的书籍

（B）不太确定

（C）有关家庭教育的书籍

28. 本题后面列出三个单词，哪个与其他两个单词不同类：

（A）狗

（B）石头

（C）牛

29. 如果我能到一个新的环境，我要：

（A）把生活安排的和从前一样

（B）不确定

（C）和从前不一样

30. 在一生中，我总觉得我能达到我所预期的目标：

（A）是的

（B）不一定

（C）不是的

31. 当我说谎时总觉得内心羞愧不敢正视对方：

（A）是的

（B）不一定

（C）不是的

32. 假使我手里拿着一颗装着子弹的手枪，我必须把子弹拿出来才能安心：

（A）是的

（B）介于 A，C 之间

（C）不是的

33. 多数人认为我是一个说话风趣的人：

（A）是的

（B）不一定

（C）不是的

34. 如果人们知道我内心的成见，他们会大吃一惊：

（A）是的

（B）不一定

（C）不是的

35. 在公共场合，如果我突然成为大家注意的中心，就会感到局促不安：

（A）是的

（B）介于 A，C 之间

（C）不是的

36. 我总喜欢参加规模庞大的晚会或集会：

（A）是的

（B）介于 A，C 之间

（C）不是的

37. 在学科中，我喜欢：

（A）音乐

（B）不一定

（C）手工劳动

38. 我常常怀疑那些出乎我意料的对我过于友善的人的动机是否诚实：

（A）是的

（B）介于 A，C 之间

（C）不是的

39. 我愿意把我的生活安排得像一个：

（A）艺术家

（B）不确定

（C）会计师

40. 我认为目前所需要的是：

（A）多出现一些改造世界的理想家

（B）不确定

（C）脚踏实地的实干家

41. 有时候我觉得我需要剧烈的体力劳动：

（A）是的

（B）介于 A，C 之间

（C）不是的

42. 我愿意跟有教养的人来往而不愿意同粗鲁的人交往：

（A）是的

（B）介于 A，C 之间

（C）不是的

43. 在处理一些必须凭借智慧的事务中：

（A）我的亲人表现得比一般人差

（B）普通

（C）我的亲人表现得超人一等

44. 当领导召见我时，我：

（A）觉得可以趁机提出建议

（B）介于 A，C 之间

（C）总怀疑自己做错事

45. 如果待遇优厚，我愿意做护理精神病人的工作：

（A）是的

（B）介于 A，C 之间

（C）不是的

46. 读报时，我喜欢读：

（A）当今世界的基本问题

（B）介于 A，C 之间

（C）地方新闻

47. 在接受困难任务时，我总是：

（A）有独立完成的信心

（B）不确定

（C）希望有别人帮助和指导

48. 在游览时，我宁愿观看一个画家的写生，也不愿听大家的辩论：

（A）是的

（B）不一定

（C）不是的

49. 我的神经脆弱，稍有点刺激就会战栗：

（A）时常如此

（B）有时如此

（C）从不如此

50. 早晨起来，常常感到疲乏不堪：

（A）是的

（B）介于 A，C 之间

（C）不是的

51. 如果待遇相同，我愿选做：

（A）森林管理员

（B）不一定

（C）中小学教员

52. 每逢过年过节或亲友结婚时，我：

（A）喜欢赠送礼品

（B）不太确定

（C）不愿相互送礼

53. 本题后列有三个数字，那个数字与其他两个数字不同类：

（A）5

（B）2

（C）7

54. 猫和鱼就像牛和：

（A）牛奶

（B）木材

（C）盐

55. 小学时敬佩的老师，到现在仍然值得我敬佩：

（A）是的

（B）不一定

（C）不是的

56. 我觉得我确实有一些别人所不及的优良品质：

（A）是的

（B）不一定

（C）不是的

57. 根据我的能力，即使让我做一些平凡的工作，我也会安心的：

（A）是的

（B）不太确定

（C）不是的

58. 我喜欢看电影或参加其他娱乐活动的次数：

（A）比一般人多

（B）和一般人相同

（C）比一般人少

59. 我喜欢从事需要精密技术的工作：

（A）是的

（B）介于 A，C 之间

（C）不是的

60. 在有威望有地位的人面前，我总是较为局促谨慎：

（A）是的

（B）介于 A，C 之间

（C）不是的

61. 对于我来说在大众面前演讲或表演，是一件难事：

（A）是的

（B）介于 A，C 之间

（C）不是的

62. 我愿意：

（A）指挥几个人工作

（B）不确定

（C）和同志们一起工作

63. 做了一件让别人笑话的事，我也能坦然处之：

（A）是的

（B）介于 A，C 之间

（C）不是的

64. 我认为没有人会幸灾乐祸的希望我遇到困难：

（A）是的

（B）不确定

（C）不是的

65. 一个人应该考虑人生的真正意义：

（A）是的

（B）不确定

（C）不是的

66. 我喜欢去处理被别人弄得一塌糊涂的工作：

（A）是的

（B）介于 A、C 之间

（C）不是的

67. 当我非常高兴时，总有一种"好景

不长"的感受：
(A) 是的
(B) 介于 A，C 之间
(C) 不是的

68. 在一般困难情境中，我总能保持乐观：
(A) 是的
(B) 不一定
(C) 不是的

69. 迁居是一件极不愉快的事：
(A) 是的
(B) 介于 A，C 之间
(C) 不是的

70. 在年轻的时候，当我和父母的意见不同时：
(A) 保留自己的意见
(B) 介于 A，C 之间
(C) 接受父母的意见

71. 我希望把我的家庭：
(A) 建设成适合自身活动和娱乐的地方
(B) 介于 A，C 之间
(C) 成为邻里交往活动的一部分

72. 我解决问题时，多借助于：
(A) 个人独立思考
(B) 介于 A，C 之间
(C) 和别人互相讨论

73. 在需要当机立断时，我总是：
(A) 镇静地运用理智
(B) 介于 A，C 之间
(C) 常常紧张兴奋

74. 最近在一两件事情上，我觉得我是无辜受累的：
(A) 是的

(B) 介于 A，C 之间
(C) 不是的

75. 我善于控制我的表情：
(A) 是的
(B) 介于 A，C 之间
(C) 不是的

76. 如果待遇相同，我愿做一个：
(A) 化学研究工作者
(B) 不确定
(C) 旅行社经理

77. 以"惊讶"与"新奇"搭配为例，认为"惧怕"与（ ）搭配：
(A) 勇敢
(B) 焦虑
(C) 恐怖

78. 本题后面列出三个分数，哪一个数与其他两个分数不同类：
(A) 3/7
(B) 3/9
(C) 3/11

79. 不知为什么，有些人总是回避或冷淡我：
(A) 是的
(B) 不一定
(C) 不是的

80. 我虽然好意待人，但常常得不到好报：
(A) 是的
(B) 不一定
(C) 不是的

81. 我不喜欢争强好胜的人：
(A) 是的
(B) 介于 A，C 之间
(C) 不是的

82. 和一般人相比，我的朋友的确太少：
    （A）是的
    （B）介于 A，C 之间
    （C）不是的

83. 不在万不得已的情况下，我总是回避参加应酬性的活动：
    （A）是的
    （B）不一定
    （C）不是的

84. 我认为对领导逢迎得当比工作表现更重要：
    （A）是的
    （B）介于 A，C 之间
    （C）不是的

85. 参加竞赛时，我总是着重在竞赛的活动，而不计较其成败：
    （A）总是如此
    （B）一般如此
    （C）偶然如此

86. 按照我个人的意愿，我希望做的工作是：
    （A）有固定而可靠的工资收入
    （B）介于 A，C 之间
    （C）工资高低应随我的工作表现而随时调整

87. 我愿意阅读：
    （A）军事与政治的实事记载
    （B）不一定
    （C）富有情感的幻想的作品

88. 我认为有许多人之所以不敢犯罪，其主要原因是怕被惩罚：
    （A）是的
    （B）介于 A，C 之间
    （C）不是的

89. 我的父母从来不严格要求我事事顺从：
    （A）是的
    （B）不一定
    （C）不是的

90. "百折不挠，再接再厉"的精神常被人们所忽略：
    （A）是的
    （B）不一定
    （C）不是的

91. 当有人对我发火时，我总是：
    （A）设法使他镇静下来
    （B）不太确定
    （C）自己也会发起火来

92. 我希望人们都要友好相处：
    （A）是的
    （B）不一定
    （C）不是的

93. 不论是在极高的屋顶上，还是在极深的隧道中，我很少感到胆怯不安：
    （A）是的
    （B）介于 A，C 之间
    （C）不是的

94. 只要没有过错，不管别人怎么说，我总能心安理得：
    （A）是的
    （B）不一定
    （C）不是的

95. 我认为凡是无法用理智来解决的问题，有时就不得不靠强权处理：
    （A）是的
    （B）介于 A，C 之间
    （C）不是的

96. 我在年轻的时候，和异性朋友
    交往：
    （A）较多
    （B）介于 A、C 之间
    （C）较别人少

97. 我在社团活动中，是一个活跃
    分子：
    （A）是的
    （B）介于 A，C 之间
    （C）不是的

98. 在人声嘈杂中，我仍能不受干扰，
    专心工作：
    （A）是的
    （B）介于 A，C 之间
    （C）不是的

99. 在某些心境下，我常常因为困惑陷
    入空想而将工作搁置下来：
    （A）是的
    （B）介于 A，C 之间
    （C）不是的

100. 我很少用难堪的语言去刺伤别人
    的感情：
    （A）是的
    （B）不太确定
    （C）不是的

101. 如果让我选择，我宁愿选做：
    （A）列车员
    （B）不确定
    （C）描图员

102. "理不胜词" 的意思是：
    （A）理不如词
    （B）理多而词少
    （C）词藻华丽而理不足

103. 以"铁锹"与"挖掘"搭配为例，

我认为"刀子"与（　　）搭配：
    （A）琢磨
    （B）切割
    （C）铲除

104. 在大街上，常常避开我所不愿意
    打招呼的人：
    （A）绝不如此
    （B）偶然如此
    （C）有时如此

105. 当我聚精会神地听音乐时，假若
    有人在旁边高谈阔论：
    （A）我仍能专心听音乐
    （B）介于 A，C 之间
    （C）不能专心而感到恼怒

106. 在课堂上，如果我的意见与老师
    不同，我常常：
    （A）保持沉默
    （B）不一定
    （C）表明自己的看法

107. 我单独跟异性谈话时，总显得不
    自然：
    （A）是的
    （B）介于 A，C 之间
    （C）不是的

108. 我在待人接物方面，的确不太
    成功：
    （A）是的
    （B）不完全这样
    （C）不是的

109. 每当做一件困难工作时，我总是：
    （A）预先做好准备
    （B）介于 A，C 之间
    （C）相信到时候总会有办法解
        决的

110. 在我结交朋友中，男女各占一半：
     （A）是的
     （B）介于 A，C 之间
     （C）不是的

111. 我在结交朋友方面：
     （A）结识很多的人
     （B）不一定
     （C）维持几个深交的朋友

112. 我愿意做一个社会科学家，而不愿做一个机械工程师：
     （A）是的
     （B）不太确定
     （C）不是的

113. 如果我发现别人的缺点，我常常不顾一切地提出指责：
     （A）是的
     （B）介于 A，C 之间
     （C）不是的

114. 我喜欢设法影响和我一起工作的同事，他们能协助我所计划的目的：
     （A）是的
     （B）介于 A，C 之间
     （C）不是的

115. 我喜欢做音乐、跳舞、新闻采访等工作：
     （A）是的
     （B）不一定
     （C）不是的

116. 当人们表扬我的时候，我总觉得羞愧窘促：
     （A）是的
     （B）介于 A，C 之间
     （C）不是的

117. 我认为一个国家最需要解决的问题是：
     （A）政治问题
     （B）不太确定
     （C）道德问题

118. 有时我会无故产生一种面临大祸的恐惧：
     （A）是的
     （B）有时如此
     （C）不是的

119. 我在童年时，害怕黑暗的次数：
     （A）很多
     （B）不太多
     （C）几乎没有

120. 在闲暇的时候，我喜欢：
     （A）看一部历史性的探险小说
     （B）不一定
     （C）读一本科学性的幻想小说

121. 当人们批评我古怪不正常时，我：
     （A）非常气恼
     （B）有些气恼
     （C）无所谓

122. 当来到一个新城市里找地址时，我常常：
     （A）找人问路
     （B）介于 A，C 之间
     （C）参考地图

123. 当朋友声明她要在家休息时，我总是设法怂恿她同我一起到外面去玩：
     （A）是的
     （B）不一定
     （C）不是的

124. 在就寝时，我常常：

(A) 不易入睡

(B) 介于 A，C 之间

(C) 极易入睡

125. 有人烦扰我时，我：

(A) 能不露声色

(B) 介于 A，C 之间

(C) 总要说给别人听，以泄愤怒

126. 如果待遇相同，我愿做一个：

(A) 律师

(B) 不确定

(C) 航海员

127. "时间变成了永恒"这是比喻：

(A) 时间过得快

(B) 忘了时间

(C) 光阴一去不复返

128. 本题后的哪一项应接在"×0000×
×00×××"的后面：

(A) ×0×

(B) 00×

(C) 0××

129. 我不论到什么地方，都能清楚地
辨别方向：

(A) 是的

(B) 介于 A，C 之间

(C) 不是的

130. 我热爱我所学的专业和所从事的
工作：

(A) 是的

(B) 不一定

(C) 不是的

131. 如果我急于想借朋友的东西，而
朋友又不在家时，我认为不告而
取也没有关系：

(A) 是的

(B) 介于 A，C 之间

(C) 不是的

132. 我喜欢给朋友讲述一些我个人有
趣的经历：

(A) 是的

(B) 介于 A，C 之间

(C) 不是的

133. 我宁愿做一个：

(A) 演员

(B) 不确定

(C) 建筑师

134. 业余时间，我总是做好安排，不
使时间浪费：

(A) 是的

(B) 介于 A，C 之间

(C) 不是的

135. 在和别人交往中，我常常会无缘
无故的产生一种自卑感：

(A) 是的

(B) 介于 A，C 之间

(C) 不是的

136. 和不熟识的人交谈，对我来说：

(A) 毫不困难

(B) 介于 A，C 之间

(C) 一件难事

137. 我所喜欢的音乐是：

(A) 轻松活泼的

(B) 介于 A，C 之间

(C) 富有感情的

138. 我爱想入非非：

(A) 是的

(B) 不一定

(C) 不是的

139. 我认为未来 20 年的世界局势，定将好转：

(A) 是的

(B) 不一定

(C) 不是的

140. 在童年时，我喜欢阅读：

(A) 神话幻想故事

(B) 不确定

(C) 战争故事

141. 我向来对机械、汽车等发生兴趣：

(A) 是的

(B) 介于 A, C 之间

(C) 不是的

142. 即使让我做一个缓刑释放的罪犯的管理人，我也会把工作搞得很好：

(A) 是的

(B) 介于 A, C 之间

(C) 不是的

143. 我仅仅被认为是一个能够苦干而稍有成就的人而已：

(A) 是的

(B) 介于 A, C 之间

(C) 不是的

144. 在不顺利的情况下，我仍能保持精神振奋：

(A) 是的

(B) 介于 A, C 之间

(C) 不是的

145. 我认为节制生育是解决经济与和平问题的重要条件：

(A) 是的

(B) 不太确定

(C) 不是的

146. 在工作中，我喜欢独自筹划，不

愿受别人干涉：

(A) 是的

(B) 介于 A, C 之间

(C) 不是的

147. 尽管有的同志和我的意见不和，但仍能跟他搞好团结：

(A) 是的

(B) 介于 A, C 之间

(C) 不是的

148. 我在工作和学习上，总是使自己不粗心大意，不忽略细节：

(A) 是的

(B) 介于 A, C 之间

(C) 不是的

149. 在和人争辩或险遭事故后，我常常表现出筋疲力尽，不能安心工作：

(A) 是的

(B) 介于 A, C 之间

(C) 不是的

150. 未经医生处方，我是从不乱吃药的：

(A) 是的

(B) 介于 A, C 之间

(C) 不是的

151. 根据我个人的兴趣，我愿意参加：

(A) 摄影组织活动

(B) 不确定

(C) 文娱类活动

152. 以星火与燎原搭配为例，姑息与（　　）搭配：

(A) 同情

(B) 养奸

(C) 纵容

153. "钟表"与"时间"的关系犹如"裁缝"与（　）的关系：
    （A）服装
    （B）剪刀
    （C）布料

154. 生动的梦境，常常干扰我的睡眠：
    （A）经常如此
    （B）偶然如此
    （C）从不如此

155. 我爱打抱不平：
    （A）是的
    （B）介于 A，C 之间
    （C）不是的

156. 如果我要到一个新城市，我将要：
    （A）到处闲逛
    （B）不确定
    （C）避免去不安全的地方

157. 我爱穿朴素的衣服，不愿穿华丽的服装：
    （A）是的
    （B）不太确定
    （C）不是的

158. 我认为安静的娱乐远远胜过热闹的宴会：
    （A）是的
    （B）不太确定
    （C）不是的

159. 我明知自己有缺点，但不愿接受别人的批评：
    （A）偶然如此
    （B）极少如此
    （C）从不如此

160. 总是把"是，非，善，恶"作为处理问题的原则：

    （A）是的
    （B）介于 A，C 之间
    （C）不是的

161. 当我工作时，我不喜欢有许多人在旁边参观：
    （A）是的
    （B）介于 A，C 之间
    （C）不是的

162. 我认为，侮辱那些即使有错误但有文化教养的人，如医生，教师等也是不应该的：
    （A）是的
    （B）介于 A，C 之间
    （C）不是的

163. 在各种课程中，我喜欢：
    （A）语文
    （B）不确定
    （C）数学

164. 那些自以为是，道貌岸然的人使我生气：
    （A）是的
    （B）介于 A，C 之间
    （C）不是的

165. 和循规蹈矩的人交谈：
    （A）很有兴趣，并有所收获
    （B）介于 A，C 之间
    （C）他们的思想简单，使我太厌烦

166. 我喜欢：
    （A）有几个有时对我很苛求但富有感情的朋友
    （B）介于 A，C 之间
    （C）不受别人的干扰

167. 如果征求我的意见，我赞同：

（A）切实制止精神病患者和智能
低下的人生育
（B）不确定
（C）杀人犯必须判处死刑

168. 有时我会无缘无故的感到沮丧，
痛哭：
（A）是的
（B）介于 A，C 之间
（C）不是的

169. 当和立场相反的人争辩时，我
主张：
（A）尽量找出基本概念的差异
（B）不一定
（C）彼此让步

170. 我一向重感情而不重理智，因而
我的观点常常动摇不定：
（A）是的
（B）不一定
（C）不是的

171. 我的学习多赖于：
（A）阅读书刊
（B）介于 A，C 之间
（C）参加集体讨论

172. 我宁愿选择一个工资较高的工作，
不在乎是否有保障，而不愿做工
资低的固定工作
（A）是的
（B）不一定
（C）不是的

173. 在参加讨论时，我总是能把握自
己的立场：
（A）经常如此
（B）一般如此
（C）必要时才如此

174. 我常常被一些无所谓的小事所
烦恼：
（A）是的
（B）介于 A，C 之间
（C）不是的

175. 我宁愿住在嘈杂的闹市区，而不
愿住在僻静的地区：
（A）是的
（B）不太确定
（C）不是的

176. 下列工作如果任我挑选的话，我
愿做：
（A）少先队辅导员
（B）不太确定
（C）修表工作

177. 一人（　）事，人人受累：
（A）偾
（B）愤
（C）喷

178. 望子成龙的家长往往（　）苗
助长：
（A）揠
（B）堰
（C）偃

179. 气候的变化并不影响我的情绪：
（A）是的
（B）介于 A，C 之间
（C）不是的

180. 因为我对一切问题都有一些见解，
所以大家都认为我是一个有头脑
的人：
（A）是的
（B）介于 A，C 之间
（C）不是的

181. 我讲话的声音：
 (A) 洪亮
 (B) 介于 A，C 之间
 (C) 低沉

182. 一般人都认为我是一个活跃热情的人：
 (A) 是的
 (B) 介于 A，C 之间
 (C) 不是的

183. 我喜欢做出差机会较多的工作：
 (A) 是的
 (B) 介于 A，C 之间
 (C) 不是的

184. 我做事严格，力求把事情办得尽善尽美：
 (A) 是的

 (B) 介于 A，C 之间
 (C) 不是的

185. 在取回或归还所借的东西时，我总是仔细检查，看是否保持原样：
 (A) 是的
 (B) 介于 A，C 之间
 (C) 不是的

186. 我通常精力充沛，忙碌多事：
 (A) 是的
 (B) 不一定
 (C) 不是的

187. 我确信我没有遗漏或漫不经心回答上面的任何问题：
 (A) 是的
 (B) 不确定
 (C) 不是的

卡特尔 16 种人格因素测验（16PF）标准解释

16 种人格因素是各自独立的，每一种因素的测量都能使你对自己某一方面的人格特征有清晰而独特的认识，更能对自己人格的各种因素的不同组合进行综合性了解，从而全面地评价自己的整个人格。每种因素分数高低的意义及重要性，有赖于其他各因素分数的高低，或全体因素的组合方式。所以，在评价各个因素分数的高低时，应参考其他方面的行为和生活状况，不应仅仅根据测验的结果武断地评价自己的人格。需要特别强调的是，现在所反映出的人格特点并不是不可改变的，个人的成长过程，学习的机会，动机、目的和生活环境的变化，会随时随地改变一个人的人格因素与类型。因此，通过对自己人格特点的了解，有助于我们通过努力来改善、优化人格。

分数含义：

16 种人格因素和次级因素 Y3 的分数解释以标准分为准，次级因素 X1、X2、X3、X4、Y1、Y2、Y3、Y4 的分数解释以原始分为准。其中，各因素标准分的范围为 1~10 分，3 分以下（含 3 分）属于低分，8 分以上（含 8 分）属于高分，4~7 分为中间状态。

16 种人格因素：

（1）因素 A（乐群性）。低分特征为缄默，孤独，冷漠；高分特征为外向，热情，乐群。

（2）因素 B（聪慧性）。低分特征为知识面比较窄，抽象思考能力比较弱；高分特征为富有才识，善于抽象思考，学习能力强，思考敏捷。

（3）因素 C（稳定性）。低分特征为情绪激动，易生烦恼，心神动摇不定，易受环境支配；高分特征为情绪稳定而成熟，能面对现实。

（4）因素 E（恃强性）。低分特征为谦逊，顺从，通融，恭顺；高分特征为好强固执，独立积极。

（5）因素 F（兴奋性）。低分特征为严肃，审慎，冷静，寡言；高分特征为轻松兴奋，随遇而安。

（6）因素 G（有恒性）。低分特征为苟且敷衍，缺乏奉公守法的精神；高分特征为有恒负责，做事尽职。

（7）因素 H（敢为性）。低分特征为畏怯退缩缺乏自信心；高分特征为冒险敢为，少有顾忌。

（8）因素 I（敏感性）。低分特征为理智，着重现实，自恃其力；高分特征为敏感，感情用事。

（9）因素 L（怀疑性）。低分特征为依赖随和，易与人相处；高分特征为怀疑，刚愎，固执己见。

（10）因素 M（幻想性）。低分特征为现实，合乎成规，力求妥善合理；高分特征为幻想，狂放不羁。

（11）因素 N（世故性）。低分特征为坦白，直率，天真；高分特征为精明能干，世故。

（12）因素 O（忧虑性）。低分特征为安详，沉着，有自信心；高分特征为忧虑抑郁，烦恼自扰。

（13）因素 Q1（实验性）。低分特征为保守的，尊重传统观念与行为标准；高分特征为自由的，批评激进，不拘泥于现实。

（14）因素 Q2（独立性）。低分特征为依赖，随群附众；高分特征为自立自强，当机立断。

（15）因素 Q3（自律性）。低分特征为矛盾冲突，不顾大体；高分特征为知己知彼，自律谨严。

（16）因素 Q4（紧张性）。低分特征为心平气和，闲散宁静；高分特征为紧张困扰，激动挣扎。

八种次级因素：

次级人格因素是由以上有关的基本因素标准分，经过数量均衡，连同指定常数，相加而成的（见如下各项中的公式）。另外，以下各因素分数的高低并不等同于心理健康状态的好坏以及成就、创造力、成长能力的水平。它只是表明人格因素对这些方面的影响程度。事实上，除了人格因素，成就大小、创造力水平、心理健康状况等还受到其他诸多因素影响。

（1）适应与焦虑型

$$X1 = [(38+2\times L+3\times O+4\times Q4) - (2\times C+2\times H+2\times Q2)] \div 10$$

低分特征：生活适应顺利，通常感到心满意足，能做到所期望的及自认为重要的事情。如果分数极低，则可能对困难的工作缺乏毅力，有事事知难而退，不肯奋斗努力的倾向。高分特征：不一定有神经症，因为它可能是情境性的，但也可能有一些调节不良的情况，即对生活上所要求的和自己意欲达成的事情常感到不满意。高度的焦虑可能会使工作受到破坏和影响身体健康。

（2）内向与外向型

$$X2 = [(2\times A+3\times E+4\times F+5\times H) - (2\times Q2+11)] \div 10$$

低分特征：内倾，趋于胆小，自足，在与别人接触中采取克制态度，有利于从事精细工作。这种类型无所谓利弊，主要取决于在哪种情况下采取这种态度。高分特征：外倾，开朗，善于交际，不受拘束，有利于从事贸易工作。

（3）感情用事与安详机警型

$$X3 = [(77+2\times C+2\times E+2\times F+2\times N) - (4\times A+6\times I+2\times M)] \div 10$$

低分特征：情感丰富而感到困扰不安，它可能是缺乏信心、颓丧的类型，对生活中的细节较为含蓄敏感，性格温和，讲究生活艺术，采取行动前再三思考，顾虑太多。高分特征：富有事业心，果断，刚毅，有进取精神，精力充沛，行动迅速，但常忽视生活上的细节，只对明显的事物注意，有时会考虑不周，不计后果，贸然行事。

（4）怯懦与果断型

$$X4 = [(4\times E+3\times M+4\times Q1+4\times Q2) - (3\times A+2\times G)] \div 10$$

低分特征：依赖别人，纯洁，个性被动，受人驱使而不能独立，对支持他的人在行动上常适应其需求，为获取别人的欢心会事事迁就。高分特征：果断，独立，锋芒毕露，有气魄，有攻击性的倾向，通常会主动地寻找可以施展这种行为的环境或机会，以充分表现自己的独创能力，并从中取得利益。

（5）心理健康因素

$$Y1 = C+F+ (11-O) + (11-Q4)$$

心理健康状况几乎是一切职业及事业成功的基础。心理不健康者，其学习和工作效率都会因之减低。心理健康标准可介于 4～40，均值为 22 分。低于 12 分者仅占人数分配的 10%，情绪不稳定的程度颇为显著。

（6）专业有成者的人格因素

$$Y2 = Q3×2+G×2+C×2+E+N+Q2+Q1$$

本次级因素意指人格中的某些因素可能对将来的专业成就具有的影响，它并不代表将来专业成就达到的水平。其总分可介于 10～100，平均分为 55，67 以上者其成功的机会更大。

（7）创造力强者的人格因素

$$Y3 = （11-A）×2+B×2+E+（11-F）×2+H+I×2+M+（11-N）+Q1+Q2×2$$

标准分高于 7 者属于创造力强者的范围，应有其成就。

（8）在新环境中有成长能力的人格因素

$$Y4 = B+G+Q3+（11-F）$$

本次级因素总分可介于 4～40，平均值为 22 分，不足 17 分者仅占人数的 10% 左右，从事专业或训练成功的可能性较小。25 分以上者，则有成功的希望。

计分方法如下：

（1）原始分。本项测验共包括对 16 种性格因素的测评，以下是各项性格因素所包括的测试题。将每项因素所包括的测试题得分加起来，就是该项性格因素的原始得分。

A：3 . 26. 27. 51. 52. 76. 101. 126. 151. 176.

B：28. 53. 54. 77. 78. 102. 103. 127. 128. 152. 153. 177. 178. 180.

C：4. 5. 29. 30. 55. 79. 80. 104. 105. 129. 130. 154. 179.

E：6. 7. 31. 32. 56. 57. 81. 106. 131. 155. 156. 180. 181.

F：8. 33. 58. 82. 83. 107. 108. 132. 133. 157. 158. 182. 183.

G：9. 34. 59. 84. 109. 134. 159. 160. 184. 185.

H：10. 35. 36. 60. 61. 85. 86. 110. 111. 135. 136. 161. 186.

I：11. 12. 37. 62. 87. 112. 137. 138. 162. 163.

L：13. 38. 63. 64. 88. 89. 113. 114. 139. 164.

M：14. 15. 39. 40. 65. 90. 91. 115. 116. 140. 141. 165. 166.

N：16. 17. 41. 42. 66. 67. 92. 117. 142. 167.

O：18. 19. 43. 44. 68. 69. 93. 94. 118. 119. 143. 144. 168.

Q1：20. 21. 45. 46. 70. 95. 120. 145. 169. 170.

Q2：22. 47. 71. 72. 96. 97. 121. 122. 146. 171.

Q3：23. 24. 48. 73. 98. 123. 147. 148. 172. 173.

Q4：25. 49. 50. 74. 75. 99. 100. 124. 125. 149. 150. 174. 175.

具体每题的计分方法如下：

1. 下列题选以下对应的选项加 1 分，否则得 0 分

28. B　53. B　54. B　77. C　78. B　102. C　103. B　127. C　128. B
152. B　153. C　177. A　178. A

2. 下列题选 B 均加 1 分，选以下对应的选项加 2 分，否则得 0 分（第 1、第 2、第 187 题不计分）

3. A	4. A	5. C	6. C	7. A	8. C	9. C	10. A	11. C
12. C	13. A	14. C	15. C	16. C	17. A	18. A	19. C	20. A
21. A	22. C	23. C	24. C	25. A	26. C	27. C	29. C	30. A
31. C	32. C	33. A	34. C	35. C	36. A	37. A	38. A	39. A
40. A	41. C	42. A	43. A	44. C	45. C	46. A	47. A	48. A
49. A	50. A	51. C	52. A	55. A	56. C	57. C	58. A	59. A
60. C	61. C	62. C	63. C	64. C	65. A	66. C	67. C	68. C
69. A	70. A	71. A	72. A	73. A	74. A	75. C	76. C	77. C
78. C	79. C	80. C	81. C	82. C	83. C	84. C	85. C	86. C
87. C	88. A	89. C	90. C	91. A	92. C	93. C	94. C	95. C
96. C	97. C	98. A	99. C	100. C	101. A	102. A	103. A	104. A
105. A	106. C	107. A	108. A	109. A	110. A	111. A	112. A	113. A
114. A	115. A	116. A	117. A	118. A	119. A	120. C	121. C	122. C
123. C	124. A	125. C	126. A	129. A	130. A	131. C	132. A	133. A
134. A	135. C	136. C	137. C	138. A	139. C	140. A	141. C	142. A
143. A	144. C	145. A	146. A	147. A	148. A	149. C	150. A	151. C
154. C	155. A	156. C	157. C	158. C	159. C	160. A	161. C	162. C
163. A	164. A	165. C	166. C	167. A	168. A	169. A	170. C	171. A
172. C	173. A	174. A	175. C	176. A	179. A	180. A	181. A	182. A
183. A	184. A	185. A	186. A					

（2）标准分换算

附表1-1　标准分换算

原始分 ＼ 标准分	1	2	3	4	5	6	7	8	9	10
A	0～1	2～3	4～5	6	7～8	9～11	12～13	14	15～16	17～20
B	0～3	4	5	6	7	8	9	10	11	12～13
C	0～5	6～7	8～9	10～11	12～13	14～16	17～18	19～20	21～22	23～26
E	0～2	3～4	5	6～7	8～9	10～12	13～14	15～16	17～18	19～26

标准分 原始分	1	2	3	4	5	6	7	8	9	10
F	0～3	4	5～6	7	8～9	10～12	13～14	15～16	17～18	19～26
G	0～5	6～7	8～9	10	11～12	13～14	15～16	17	18	19～20
H	0～1	2	3	4～6	7～8	9～11	12～14	15～16	17～19	20～26
I	0～5	6	7～8	9	10～11	12～13	14	15～16	17	18～19
L	0～3	4～5	6	7～8	9～10	11～12	13	14～15	16	17～20
M	0～5	6～7	8～9	10～11	12～13	14～15	16～17	18～19	20	21～26
N	0～2	3	4	5～6	7～8	9～10	11	12～13	14	15～20
O	0～2	3～4	5～6	7～8	9～10	11～12	13～14	15～16	17～18	19～26
Q1	0～4	5	6～7	8	9～10	11～12	13	14	15	16～20
Q2	0～5	6～7	8	9～10	11～12	13～14	15	16～17	18	19～20
Q3	0～4	5～6	7～8	9～10	11～12	13～14	15	16～17	18	19～20
Q4	0～2	3～4	5～6	7～8	9～11	12～14	15～16	17～19	20～21	22～26

附录二　驾驶心理测试问卷及评分方法

附表 2-1　心理测试问卷

1. 性别
   男（1），女（2）

2. 年龄
   小于30岁（1），30~40岁（2），40~50岁（3），50岁以上（4）

3. 驾龄
   小于5年（4），5~10年（3），10~15年（2），15年及以上（1）

4. 无其他车辆干扰时行车速度是否超过限定速度
   经常（1），偶尔（2），从不（3）

5. 无其他车辆干扰时是否经常下意识变换车道
   经常（1），偶尔（2），从不（3）

6. 行驶中经常紧跟前车
   是（1），不一定（2），一般不会（3）

7. 总想超越前车
   是（1），不一定（2），一般不会（3）

8. 时常急加速或减速
   是（1），不一定（2），一般不会（3）

9. 有时一旦被其他车超过会感到生气
   是（1），不一定（2），一般不会（3）

10. 车间距一缩小，就会超过去
    是（1），不一定（2），一般不会（3）

11. 即使空余很小，也会加塞
    是（1），不一定（2），一般不会（3）

12. 遇有行驶缓慢的车，会感到急躁
    是（1），不一定（2），一般不会（3）

13. 对外车道上慢速行驶车辆感到不耐烦而从内车道超车
    是（1），不一定（2），一般不会（3）

14. 在信号交替变换期间，加速通过交叉口
    经常（1），偶尔（2），从不（3）

15. 等信号或交通堵塞时，心情烦躁
　　是（1），不一定（2），一般不会（3）

16. 有朋友乘车，不知不觉就会提高车速
　　是（1），不一定（2），一般不会（3）

17. 打转向灯的同时变更行驶线路
　　是（1），不一定（2），一般不会（3）

18. 弯道时也会加油高速通过
　　是（1），不一定（2），一般不会（3）

19. 驾驶中一个劲地提高车速，跑个痛快
　　是（1），不一定（2），一般不会（3）

20. 在城市道路上超速行驶
　　经常（1），偶尔（2），从不（3）

21. 在城际高速公路上超速行驶
　　经常（1），偶尔（2），从不（3）

22. 有把握不发生事故的情况下会违章驾驶
　　经常（1），偶尔（2），从不（3）

23. 对前方道路（如前方有障碍物或道路变窄等）的适应性
　　临时适应（1），不一定（2），提前加以适应（3）

24. 对障碍目标的回避
　　十分紧迫时回避（1），不一定（2），提前回避（3）

25. 进行驾驶操作时
　　较匆忙（1），稍微匆忙（2），较从容（3）

26. 对高风险驾驶
　　能接受，喜欢有刺激（1），确定安全的前提下，偶尔能接受（2），不能接受（3）

27. 一般操作失误的发生原因
　　情绪兴奋（1），不一定（2），认识缺陷（3）

28. 气质类型
　　胆汁质（1），多血质（2），粘液质（3），抑郁质（4）——参照附表3

注：1. 表中选项后括号内数字为对应选项的分值；
　　2. 附表3为气质类型测试问卷。

附表2-2　驾驶员气质类型调查问卷

气质类型测试题（每题都要回答）	分数
（01）做事力求稳妥，不做无把握的事	
（02）遇到可气的事就怒不可遏，想把心里话说出来才痛快	
（03）宁肯一个人干事，不愿很多人在一起	
（04）到一个新的环境很快就能适应	
（05）厌恶那些强烈的刺激，如尖叫、噪声、危险镜头等	
（06）和人争吵时，总是先发制人，喜欢挑衅	
（07）喜欢安静的环境	
（08）善于和人交往	
（09）羡慕那种善于克制自己的感情的人	
（10）生活有规律，很少违背作息制度	
（11）在多数情况下情绪是乐观的	
（12）碰到陌生人觉得很拘束	
（13）遇到令人气愤的事，能很好地自我克制	
（14）做事总是有旺盛的精力	
（15）遇到问题常常举棋不定，优柔寡断	
（16）在人群中从不觉得过分地拘谨	
（17）情绪高昂时，觉得干什么都有趣；情绪低落时，又觉得干什么都没有意思	
（18）当注意力集中一个事物时，别的事很难使我分心	
（19）理解问题总是比别人快	
（20）碰到危险情境时，常有一种极度的恐怖感	
（21）对学习、工作、事业怀有很高的热情	
（22）能够长时间做枯燥、单调的工作	
（23）符合情趣的事情，干起来劲头十足，否则就不想干	
（24）一点小事就能引起情绪波动	
（25）讨厌那种需要耐心、细致的工作	
（26）与人交往不卑不亢	
（27）喜欢参加热烈的活动	
（28）爱看感情细腻、描写人物内心活动的文学作品	
（29）工作学习时间长了，常感到厌倦	
（30）不喜欢长时间论谈一个问题，愿意实际动手干	
（31）宁愿侃侃而谈，不愿窃窃私语	
（32）别人说我总是闷闷不乐	
（33）理解问题常比别人慢一些	
（34）疲倦时只要短暂的休息就能精神抖擞，重新投入工作	

气质类型测试题（每题都要回答）	分数

（35）心里有话宁愿自己想，不愿说出来

（36）认准一个目标就希望尽快实现，不达目的，誓不罢休

（37）学习、工作同样一段时间后，常比别人更疲劳

（38）做事有些莽撞，常常不考虑后果

（39）老师或师傅讲授新知识、技术时，总希望他讲慢些，多重复几遍

（40）能够很快地忘记那些不愉快的事

（41）做作业或完成一件工作总比别人花的时间多

（42）喜欢运动量大的剧烈体育活动，或参加各种文艺活动

（43）不能很快地将注意力从一件事情转移到另一件事情上去

（44）接受一个任务后，就希望把它迅速解决

（45）认为墨守成规比冒风险强些

（46）能够同时注意几件事

（47）当我闷闷不乐时，别人很难使我高兴起来

（48）爱看情节跌宕起伏、激动人心的小说

（49）对工作抱认真、严谨、始终如一的态度

（50）和周围人们的关系总是相处不好

（51）喜欢复习学过的知识、重复已掌握的工作

（52）希望做变化大、花样多的工作

（53）小时候会背的诗歌，我似乎比别人记得清楚

（54）别人说我"出语伤人"，可我不觉得这样

（55）在体育活动中，常因反应慢而落后

（56）反应敏捷，头脑机智

（57）喜欢有条理而不甚麻烦的工作

（58）兴奋的事常使我失眠

（59）对于新概念，常常听不懂，但弄懂以后很难忘记

（60）假如工作枯燥无味，马上就会情绪低落

注：1. 每题共有 5 个档次分数，你认为符合自己情况的，请记下数值 2；比较符合的记 1；介于符合 与不符合之间的记 0；比较不符合的记-1；完全不符合的记-2；

2. 把每题得分按附表 2 题号相加，并算出各栏的总分；

3. 如果多血质一栏得分超过 20，其他三栏得分较低，则属典型多血质；如这一栏在 20 以下、10 以上，其他三栏得分较低，则为一般多血质；如果有两栏的得分显著超过另两栏得分，而且分 数比较接近，则为混合型气质，如胆汁—多血质混合型，多血—黏液质混合型，黏液—抑郁质 混合型等；如果一栏的得分较低，其他三栏都不高，但很接近，则为三种气质的混合型，如多 血—胆汁—黏液质混合型或黏液—多血—抑郁混合型。

附表 2-3　气质类型与题目划分

气质类型	气质类型对应题目编号
胆汁质	02 06 09 14 17 21 27 31 36 38 42 48 50 54 58
多血质	04 08 11 16 19 23 25 29 34 40 44 46 52 56 60
粘液质	01 07 10 13 18 22 26 30 33 39 43 45 49 55 57
抑郁质	03 05 12 15 20 24 28 32 35 37 41 47 51 53 59

附录三　动态贝叶斯网络辨识模型前期参数设置

附表 3-1　T1-T2 下驾驶员特性条件概率矩阵

驾驶员特性	P (d_2 | 倾向性)（低，中，高）			P (d_{12} | 倾向性)（低，中，高）			P (d_{13} | 倾向性)（高，中，低）			P (t_4 | 倾向性)（慢，中，快）		
保守型	0.75	0.15	0.10	0.80	0.15	0.05	0.70	0.20	0.10	0.85	0.10	0.05
普通保守型	0.45	0.45	0.10	0.50	0.40	0.10	0.50	0.40	0.10	0.45	0.45	0.10
普通型	0.15	0.70	0.15	0.15	0.70	0.15	0.10	0.80	0.10	0.15	0.70	0.15
普通激进型	0.10	0.40	0.50	0.10	0.40	0.50	0.10	0.40	0.50	0.10	0.40	0.50
激进型	0.10	0.15	0.75	0.05	0.10	0.85	0.10	0.10	0.80	0.05	0.15	0.80

附表 3-2　T3-T4 下车辆特性条件概率矩阵

车辆特性	P (d_2 | 倾向性)（低，中，高）			P (d_3 | 倾向性)（低，中，高）		
保守型	0.80	0.10	0.10	0.75	0.15	0.10
普通保守型	0.50	0.40	0.10	0.50	0.40	0.10
普通型	0.10	0.80	0.10	0.15	0.70	0.15
普通激进型	0.10	0.40	0.50	0.10	0.40	0.50
激进型	0.10	0.10	0.80	0.10	0.15	0.75

附表 3-3　T3-T4 下环境特性条件概率矩阵

环境特性	P (d_4 | 倾向性)（低，中，高）			P (d_8 | 倾向性)（低，中，高）			P (d_9 | 倾向性)（高，中，低）		
保守型	0.80	0.10	0.10	0.75	0.15	0.10	0.70	0.20	0.10
普通保守型	0.50	0.40	0.10	0.50	0.40	0.10	0.50	0.40	0.10
普通型	0.10	0.80	0.10	0.15	0.70	0.15	0.10	0.80	0.10
普通激进型	0.10	0.40	0.50	0.10	0.40	0.50	0.10	0.40	0.50
激进型	0.10	0.10	0.80	0.10	0.15	0.75	0.10	0.15	0.75

附表 3-4　T3-T4 下驾驶员特性条件概率矩阵

驾驶员特性	P (d_{12} | 倾向性)（低，中，高）			P (d_{13} | 倾向性)（低，中，高）			P (t_4 | 倾向性)（高，中，低）		
保守型	0.75	0.15	0.10	0.70	0.20	0.10	0.75	0.15	0.10
普通保守型	0.50	0.40	0.10	0.50	0.40	0.10	0.45	0.50	0.05
普通型	0.15	0.70	0.15	0.10	0.80	0.10	0.15	0.70	0.15
普通激进型	0.10	0.40	0.50	0.10	0.40	0.50	0.10	0.40	0.50
激进型	0.10	0.15	0.75	0.10	0.15	0.75	0.05	0.15	0.80

附表 3-5　T3-T4 下倾向性类型条件概率矩阵

倾向性类型	P（人因｜倾向性）					P（车｜倾向性）					P（环境｜倾向性）				
保守型	0.75	0.10	0.05	0.05	0.05	0.65	0.15	0.10	0.05	0.05	0.70	0.15	0.05	0.05	0.05
普通保守型	0.15	0.65	0.10	0.05	0.05	0.10	0.70	0.10	0.05	0.05	0.10	0.70	0.10	0.05	0.05
普通型	0.05	0.10	0.70	0.10	0.05	0.05	0.10	0.70	0.10	0.05	0.05	0.10	0.70	0.10	0.05
普通激进型	0.05	0.05	0.10	0.70	0.10	0.05	0.05	0.10	0.65	0.15	0.05	0.05	0.10	0.65	0.15
激进型	0.05	0.05	0.10	0.15	0.65	0.05	0.05	0.10	0.15	0.60	0.05	0.05	0.10	0.15	0.65

附表 3-6　T5-T6 下驾驶员特性条件概率矩阵

驾驶员特性	P（d_{12}｜人因）(高，中，低)			P（d_{13}｜人因）(低，中，高)			P（t_4｜人因）(慢，中，快)			P（d_{14}｜人因）(高，中，低)			P（d_{15}｜人因）(低，中，高)		
保守型	0.80	0.10	0.10	0.75	0.15	0.10	0.80	0.10	0.10	0.85	0.10	0.05	0.80	0.15	0.05
普通保守型	0.50	0.40	0.10	0.45	0.45	0.10	0.50	0.40	0.10	0.55	0.40	0.05	0.60	0.30	0.10
普通型	0.10	0.80	0.10	0.15	0.75	0.10	0.10	0.80	0.10	0.15	0.70	0.15	0.10	0.80	0.10
普通激进型	0.10	0.40	0.50	0.10	0.40	0.50	0.10	0.40	0.50	0.15	0.25	0.60	0.10	0.40	0.50
激进型	0.10	0.15	0.75	0.10	0.15	0.75	0.10	0.10	0.80	0.10	0.15	0.75	0.05	0.15	0.80

附表 3-7　T5-T6 下车辆特性条件概率矩阵

车辆特性	P（d_2｜倾向性）(低，中，高)			P（d_3｜倾向性）(低，中，高)		
保守型	0.80	0.15	0.05	0.75	0.15	0.10
普通保守型	0.50	0.40	0.10	0.50	0.40	0.10
普通型	0.10	0.80	0.10	0.10	0.80	0.10
普通激进型	0.10	0.40	0.50	0.10	0.40	0.50
激进型	0.05	0.15	0.80	0.10	0.15	0.75

附表 3-8　T5-T6 下倾向性类型条件概率矩阵

倾向性类型	P（人因｜倾向性）					P（车｜倾向性）				
保守型	0.70	0.15	0.05	0.05	0.05	0.65	0.15	0.10	0.05	0.05
普通保守型	0.15	0.65	0.10	0.05	0.05	0.15	0.65	0.10	0.05	0.05
普通型	0.05	0.10	0.70	0.10	0.05	0.05	0.10	0.70	0.10	0.05
普通激进型	0.05	0.05	0.10	0.65	0.15	0.05	0.05	0.10	0.65	0.15
激进型	0.05	0.05	0.10	0.15	0.65	0.05	0.10	0.10	0.15	0.60

附表 3-9　T5-T6 下动态贝叶斯网络状态转移概率表

新节点/旧节点	保守型（旧）	普通保守型（旧）	普通型（旧）	普通激进型（旧）	激进型（旧）
保守型（新）	0.65	0.15	0.10	0.05	0.05
普通保守型（新）	0.10	0.70	0.10	0.05	0.05
普通型（新）	0.05	0.10	0.70	0.10	0.05
普通激进型（新）	0.05	0.05	0.10	0.70	0.10
激进型（新）	0.05	0.05	0.05	0.10	0.75

附表 3-10　T1-T2 下动态贝叶斯网络状态转移概率表

新节点/旧节点	保守型（旧）	普通保守型（旧）	普通型（旧）	普通激进型（旧）	激进型（旧）
保守型（新）	0.65	0.15	0.10	0.05	0.05
普通保守型（新）	0.10	0.70	0.10	0.05	0.05
普通型（新）	0.05	0.10	0.70	0.10	0.05
普通激进型（新）	0.05	0.05	0.10	0.70	0.10
激进型（新）	0.05	0.05	0.05	0.10	0.75

附表 3-11　T3-T4 下动态贝叶斯网络状态转移概率表

新节点/旧节点	保守型（旧）	普通保守型（旧）	普通型（旧）	普通激进型（旧）	激进型（旧）
保守型（新）	0.65	0.15	0.10	0.05	0.05
普通保守型（新）	0.10	0.70	0.10	0.05	0.05
普通型（新）	0.05	0.10	0.70	0.10	0.05
普通激进型（新）	0.05	0.05	0.10	0.70	0.10
激进型（新）	0.05	0.05	0.05	0.10	0.75

附录四　汽车驾驶倾向性演化的统计特征

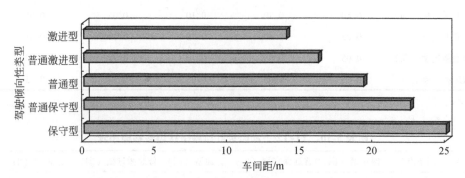

附图 4-1　跟车状态下汽车驾驶倾向性车间距特征统计

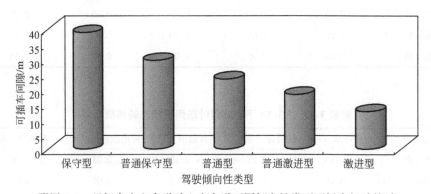

附图 4-2　目标车由左车道驶入右车道不同倾向性类型可插车间隙统计

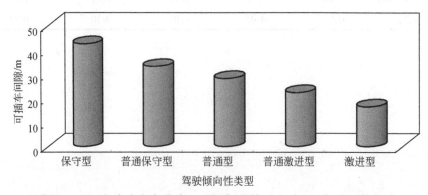

附图 4-3　目标车由右车道驶入左车道不同倾向性类型可插车间隙统计

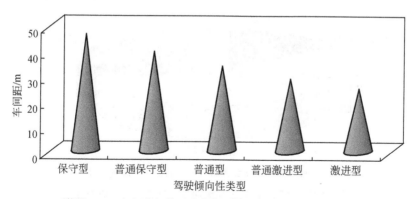

附图 4-4　双车道条件下汽车驾驶倾向性车间距特征统计

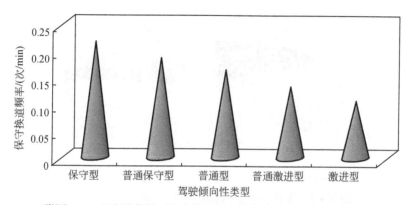

附图 4-5　双车道条件下汽车驾驶倾向性保守换道频率特征统计

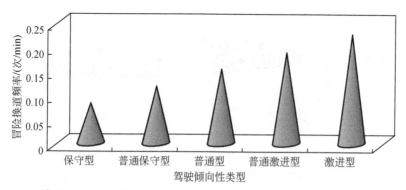

附图 4-6　双车道条件下汽车驾驶倾向性冒险换道频率特征统计

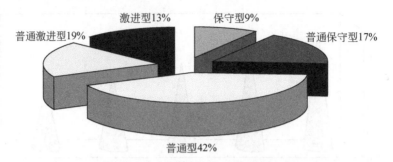

附图 4-7 生理节律处于高潮期汽车驾驶倾向性概率分布

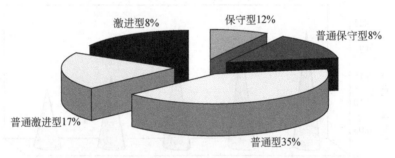

附图 4-8 生理节律处于低潮期汽车驾驶倾向性概率分布

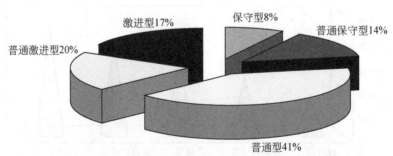

附图 4-9 生理节律处于临界期汽车驾驶倾向性概率分布

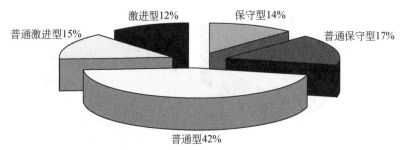

附图 4-10　平静状态下汽车驾驶倾向性概率分布

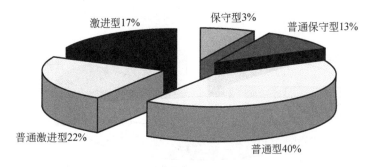

附图 4-11　激动状态下汽车驾驶倾向性概率分布

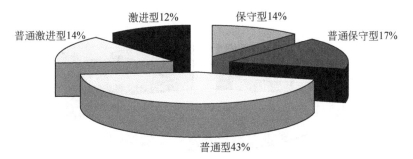

附图 4-12　愉悦状态下汽车驾驶倾向性概率分布

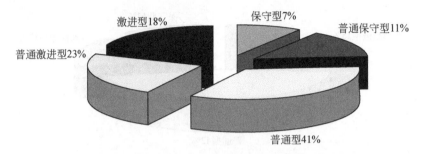

附图 4-13 愤怒状态下汽车驾驶倾向性概率分布

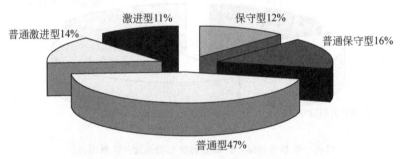

附图 4-14 轻松状态下汽车驾驶倾向性概率分布

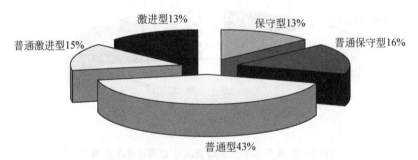

附图 4-15 紧张状态下汽车驾驶倾向性概率分布

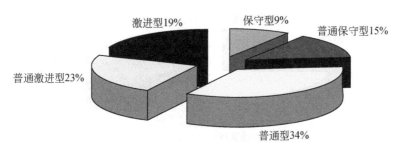

附图 4-16　胆汁质类型汽车驾驶倾向性概率分布

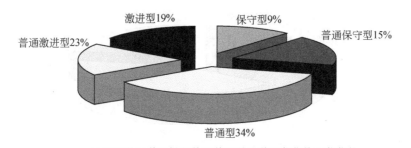

附图 4-17　多血质类型汽车驾驶倾向性概率分布

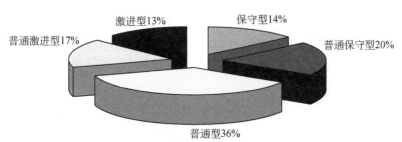

附图 4-18　黏液质类型汽车驾驶倾向性概率分布

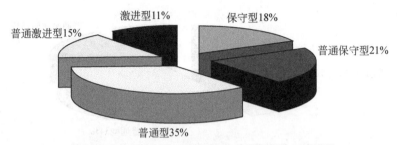

附图 4-19　抑郁质类型汽车驾驶倾向性概率分布

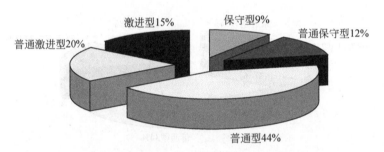

附图 4-20　车辆性能极佳时汽车驾驶倾向性概率分布

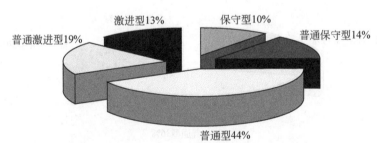

附图 4-21　车辆性能良好时汽车驾驶倾向性概率分布

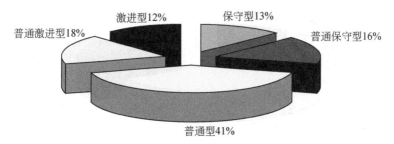

附图 4-22　车辆性能一般时汽车驾驶倾向性概率分布

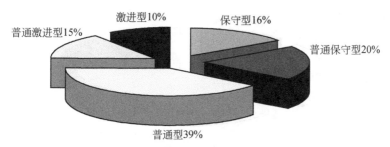

附图 4-23　车辆性能较差时汽车驾驶倾向性概率分布

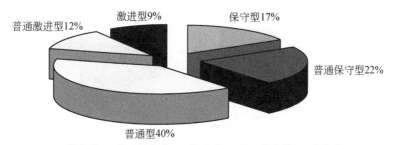

附图 4-24　车辆性能极差时汽车驾驶倾向性概率分布

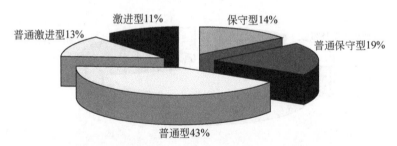

附图 4-25　适应型人格下汽车驾驶倾向性概率分布

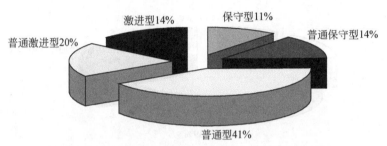

附图 4-26　焦虑型人格下汽车驾驶倾向性概率分布

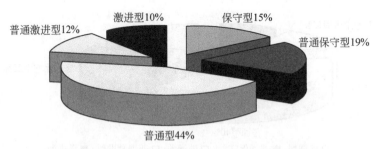

附图 4-27　内向型人格下汽车驾驶倾向性概率分布

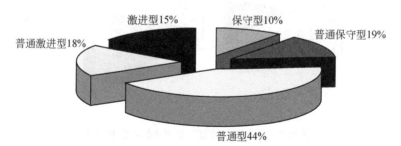

附图 4-28　外向型人格下汽车驾驶倾向性概率分布

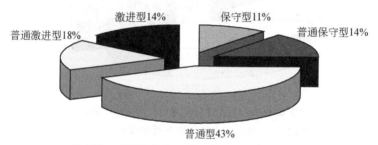

附图 4-29　感情用事型人格下汽车驾驶倾向性概率分布

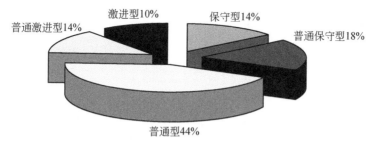

附图 4-30　安详机警型人格下汽车驾驶倾向性概率分布

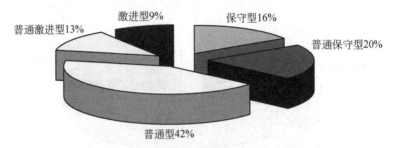

附图 4-31 怯懦型人格下汽车驾驶倾向性概率分布

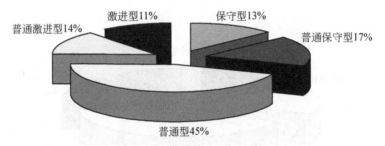

附图 4-32 机警型人格下汽车驾驶倾向性概率分布